PASAJE AL ACTO HOMICIDA

María Cristina De Biasi

Pasaje al acto homicida

Lecturas psicoanalíticas

Colección UAI – Investigación

UAI EDITORIAL

teseo

De Biasi, María Cristina

Pasaje al acto homicida: lecturas psicoanalíticas / María Cristina De Biasi. – 1a ed. – Ciudad Autónoma de Buenos Aires: Teseo; Ciudad Autónoma de Buenos Aires: Universidad Abierta Interamericana, 2016.

276 p.; 20 x 13 cm.

ISBN 978-987-723-092-5

1. Psicoanálisis. 2. Homicidio. 3. Psicología. I. Título.

CDD 150.195

Teseo – UAI. Colección UAI – Investigación

Buenos Aires, Argentina

Editorial Teseo

Hecho el depósito que previene la ley 11.723

Para sugerencias o comentarios acerca del contenido de esta obra, escríbanos a: **info@editorialteseo.com**

www.editorialteseo.com

ISBN: 9789877230925

Autoridades

Presentación

La Universidad Abierta Interamericana ha planteado desde su fundación en el año 1995 una filosofía institucional en la que la enseñanza de nivel superior se encuentra integrada estrechamente con actividades de extensión y compromiso con la comunidad, y con la generación de conocimientos que contribuyan al desarrollo de la sociedad, en un marco de apertura y pluralismo de ideas.

En este escenario, la Universidad ha decidido emprender junto a la editorial Teseo una política de publicación de libros con el fin de promover la difusión de los resultados de investigación de los trabajos realizados por sus docentes e investigadores y, a través de ellos, contribuir al debate académico y al tratamiento de problemas relevantes y actuales.

La *colección investigación* TESEO – UAI abarca las distintas áreas del conocimiento, acorde a la diversidad de carreras de grado y posgrado dictadas por la institución académica en sus diferentes sedes territoriales y a partir de sus líneas estratégicas de investigación, que se extiende desde las ciencias médicas y de la salud, pasando por la tecnología informática, hasta las ciencias sociales y humanidades.

El modelo o formato de publicación y difusión elegido para esta colección merece ser destacado por posibilitar un acceso universal a sus contenidos. Además de la modalidad tradicional impresa comercializada en librerías seleccionadas y por nuevos sistemas globales de impresión y envío pago por demanda en distintos continentes, la UAI adhiere a la red internacional de acceso abierto para el conocimiento científico y a lo dispuesto por la Ley n°:

26.899 sobre *Repositorios digitales institucionales de acceso abierto en ciencia y tecnología,* sancionada por el Honorable Congreso de la Nación Argentina el 13 de noviembre de 2013, poniendo a disposición del público en forma libre y gratuita la versión digital de sus producciones en el sitio web de la Universidad.

Con esta iniciativa la Universidad Abierta Interamericana ratifica su compromiso con una educación superior que busca en forma constante mejorar su calidad y contribuir al desarrollo de la comunidad nacional e internacional en la que se encuentra inserta.

Dra. Ariadna Guaglianone
Secretaría de Investigación
Universidad Abierta Interamericana

Índice

Introducción

El texto cuyas páginas aquí se abren es un intento de recorrer ciertos casos de parricidio, con el propósito de interrogar ese acto hacia el cual, desde la singularidad de cada uno de ellos, el sujeto se ha visto empujado. Casos célebres, por cierto, lo cual implica ya, de un modo u otro, la construcción de los mismos a partir de quienes los han escuchado o bien los han descubierto e investigado, perteneciendo a épocas pretéritas. La construcción de los casos con la que nos hemos encontrado, por tanto, responde a distintas vertientes: la psiquiatría, la filosofía bajo la pluma de un Foucault, o el psicoanálisis mismo.

Ninguno de ellos en este texto, en consecuencia, nos hará participar de la frescura del hallazgo y de una primera escritura sobre el mismo. No obstante, por el hecho de haber sido reunidos por una misma pluma, puede, quizás, esta lectura, arrojar el saldo positivo de haber puesto a dialogar estos diferentes casos, así como la trama conceptual en que cada uno de ellos ha ido cobrando vida; dejando también cada uno de ellos, por cierto, más que una conclusión cerrada, la estela de un silencio: el eco mismo de una no respuesta, allí donde, intentando siempre en nuestros abordajes "llegar hasta el final", sabemos que esa ilusión es sustentable sólo porque no es realizable, y se topa cada vez con ese silencio resistente a todo intento de responder al enigma, y con ello anular la barradura misma que hace a lo singular de cada sujeto, ese vacío de significación alrededor del cual se organiza toda subjetividad.

¿Qué es aquello que nos ha convocado al estudio de estos casos: el horror de un acto tal, la locura que los habita, su enigma? Mucho antes de plantear: "desde el

Psicoanálisis", es decir, sin precipitarnos en ninguna investidura, y de un modo más despojado, simplemente en tanto sujetos de la palabra, dejémonos atravesar por esta pregunta. Sí, hay horror, y sí, hay locura. Pero ni uno ni otra
nos son ajenos. Si nos conmueven, si nos dejan pasmados,
es porque el horror y la locura nos muestran, en esos casos,
la inoperancia del límite que debió estar en juego. En esa
locura, el horror, en tanto límite, ya no tuvo protagonismo,
y es esta ausencia, la que, paradójicamente, y sin mira-
mientos, cobra fuerza: esa fuerza proviene de la atracción
de un abismo que ha perdido todo contorno. Esa locura
está ya habitada por un grito desesperado del sujeto, algo
que busca hacerse oír, hacerse saber. En esa locura que
empuja al acto, el sujeto ya no se topa con la barrera del
horror al homicidio y, más bien, es este último el que se
impone como límite ante otro horror indecible.

El poema de Paul Eluard capta con intuición y fineza
ese indecible cuando dice, a propósito de la célebre parricida de los años treinta, lo siguiente: "Violeta soñó con deshacer. Deshizo. El horrible nudo de serpientes de los lazos
de sangre". Magma indiferenciado del que el sujeto no
puede emerger en tanto tal, allí donde el *nudo de serpientes*
viene a metaforizar el horror que supone la enfermedad
de los *lazos de sangre,* cuando ellos no se ven atravesados
por la función filiatoria.

Fue precisamente a partir de interrogarnos por dicha
función que hemos dado un lugar de privilegio, en nuestro recorrido, a las articulaciones del jurista y psicoanalista Pierre Legendre, quien, en el cruce de ambos discursos, intenta ceñir lo propio del lazo filiatorio, investigando
su montaje y su función, no sin haber ido descubriendo
también estos engranajes en el acto loco homicida. En su
rigurosa lectura del mismo, el autor fue desentrañando la
lógica que empuja al acto parricida, allí donde, precisa y

paradójicamente, la función paterna se ha tornado inoperante. Si el acto loco supone un intento de restaurar al padre en su función, lo propio y destacado de los desarrollos de Legendre nos invita a pensar el callejón sin salida que implica dicho pasaje al acto. Nuevamente la sutileza del poeta: Violeta *soñó* con deshacer el nudo de serpientes, pero con ello no logró restaurar el nudo filiatorio, es decir, emerger de allí en su diferenciación de sujeto. El engranaje propio de ese acto la devuelve a un lugar de objeto en el que el sujeto queda una vez más aplastado, el anudamiento muestra nuevamente su falla. Es cierto que el sujeto no será el mismo antes y después de su acto y, en ese sentido, se hace necesario deslindar en qué y cómo se diferencia dicho acto de aquel que debió instituir al sujeto en tanto deseante.

Si el acto loco pone sobre el tapete el interrogante en torno a la filiación y la constitución subjetiva, la locura que lo atraviesa no dejará de remitirnos a distintas vertientes, que no son sino respuestas diversas del sujeto al drama del encuentro con el deseo del Otro. De ahí que decidimos ingresar a esta temática por el sesgo de la paranoia, con el propósito de retomar los desarrollos de Lacan en su Seminario sobre Las psicosis, donde veremos articularse la problemática filiatoria a la forclusión del nombre del padre, allí donde la voz imperativa prevalece sobre la voz delegativa que viene al lugar de nominación del sujeto. Se trata, en relación a esta última, de aquello que proviene del Otro, introduciendo, desde su demanda, una falla, una hiancia, que haría lugar a la enunciación del sujeto, a la emergencia misma del sujeto en tanto deseante. El mero mandato, cuando es esto lo que domina el escenario de constitución subjetiva, forcluye la castración que debe atravesar a todo padre en su función de tal. Lo que ha de transmitirse al sujeto, en tanto sujeto por advenir al orden deseante, es la falta, la castración. Es esto lo que un padre –padre o madre– debe a su hijo. La psicosis no deja de mostrarnos esta verdad de estructura.

Si bien la posición subjetiva relativa a la paranoia retorna de diversos modos a lo largo del presente texto, ello no supone situar todos los casos abordados según esas únicas coordenadas. El caso Wagner, que abre nuestro recorrido, se sitúa claramente en relación a la paranoia, guardando el interés, para nosotros, de invitarnos a investigar cómo y por qué, en determinado momento, dicha paranoia deviene locura parricida. En otros casos, sólo fue posible precisar algo en torno a la atmósfera delirante que precedió al acto homicida, e interrogar desde ahí el papel y la función de ese delirio en relación al mismo. Los fragmentos referidos al crimen del cabo Lortie y aquellos extraídos de los escritos de Pierre Rivière entran, si se quiere, en un cierto diálogo entre ellos, y con lo abordado en relación al crimen múltiple de Wagner. Diálogo que se ordena retomando mucho de las precisiones de Legendre en relación a Lortie.

El doble crimen de las hermanas Papin, abriéndonos hacia otros horizontes, no retomará el sesgo de la problemática filiatoria puesta de relieve en los casos anteriores, como punto a interrogar, sino que nos introducirá en la temática del lazo especular y la presencia del objeto criminógeno en el pasaje al acto homicida. De la mano de quienes han fabricado el caso, siguiendo las huellas del único y breve escrito de Lacan sobre el mismo, y con los aportes también de otros psicoanalistas, se pondrá de relieve en este caso el *campo paranoico* que está en juego en la emergencia del sujeto en la psicosis. El anudamiento de las locuras familiares se muestra claramente en el lazo que une a las hermanas Papin, tanto como en aquel que une a Christine con su madre. Su delirio y el pasaje al acto constituyen una objeción a este lazo, y a la locura maternal que le da sustento.

El último de los casos abordados, el crimen de Iris Cabezudo, nos permite transitar, gracias a la exhaustiva investigación de quienes fabricaron el caso, los distintos momentos del sujeto, antes y después de su pasaje al acto homicida, viendo florecer tras el mismo un delirio que cambia completamente de signo la posición subjetiva de Iris en su relación al Otro materno. No es el delirio, en este caso, el que empuja al acto, si bien la presencia de ciertos signos vinculándose claramente a su ejecución no dejan de plantear la posición paranoica del sujeto. El pasaje al acto y el delirio quedan, entonces, dando cuenta de los diferentes recursos que pone en acto un sujeto para la defensa de su lugar en tanto tal. El sujeto emerge en sus síntomas y, se trate de la estructura de la que se trate, lo que estará en juego siempre allí es la defensa del propio sujeto. Ciñéndonos, más específicamente, al delirio y al pasaje al acto en la psicosis, entendemos cada uno de ellos en un sentido transferencial: el sujeto pone en juego allí, de un modo paradójico, una demanda. El sujeto quiere hacer saber algo, convoca al Otro, quiere, como sea, ser escuchado. No seguramente al modo en que podemos pensarlo en la neurosis, no es de esa demanda de la que se trata.

Este último caso continúa la senda conceptual abierta por el que le precede, ahondando en ella desde su singularidad. Pone de relieve sobre todo, al igual que el caso anterior, ese exquisito término proveniente de la psiquiatría clásica, *folie à deux*, que habría sufrido una decisiva torsión desde el Psicoanálisis al considerarlo un elemento de estructura que daría cuenta del *campo paranoico de las psicosis*, dejando ya, en ese sentido, su lugar de mero cuadro clínico. Pero además, el abordaje de este caso nos deja el saldo de poder reabrir, sobre el final del recorrido, la pregunta que le dio inicio. Iris Cabezudo mata a su padre. Jurídicamente se trata de un parricidio. Los autores, en la segunda edición de su texto, modifican su concepción del acto parricida, considerando que, en este caso, no podemos hablar en términos psicoanalíticos de *parricidio*. Se pondrá en discusión esta modificación, lo cual nos permitirá al mismo tiempo volver sobre nuestros propios pasos.

Queda la pregunta, planteada ya al pasar en esta introducción, de si el pasaje al acto homicida guarda alguna relación, y cuál sería en todo caso, con el acto de constitución subjetiva. Hay un intento, veremos sobre todo al trabajar los primeros casos, de fundación del sujeto: restaurando la función del padre simbólico, el sujeto busca, a través de su crimen, algo de su propia instauración. Objetando, desde el pasaje al acto en el caso de Christine Papin o desde el delirio en el caso de Iris Cabezudo, la locura maternal, el sujeto busca allí dar solución a algo que ahogaba su propio lugar. No obstante, ¿lo logra? He aquí el interrogante que abordaremos luego de habernos dejado llevar por las distintas voces que componen este texto.

Capítulo I: Fracaso de la función filiatoria

"Allí, donde cada quien no puede evitar enfrentarse al abismo, interviene la filiación como montaje de legalidad, que constituye a la vez el instrumento jurídico de socialización del sujeto y el intermediario del lenguaje por el que cada quien reanuda indefinidamente su propia representación del 'qué es?', con sus fantasmas de los orígenes [...] El orden de la filiación es estructural [...], es un principio fundador, de esencia institucional, que permite que el '¿qué es?' se estructure, funcione humanamente, es decir, fuera de la locura"[1].

Pierre Legendre

Paranoia: una posición subjetiva del ser

¿De qué modo podría el Psicoanálisis, fundado en un discurso y una praxis absolutamente diferentes, ir más allá de las fronteras diagnósticas establecidas por la Psiquiatría clásica? Lacan propone, al finalizar su abordaje de los conceptos fundamentales del Psicoanálisis, año 1964, hablar de diferentes *posiciones subjetivas del ser*[2], en un intento de refundar una nosología propia de nuestra praxis. Esta cuestión, retomada un año después en su Seminario *Problemas cruciales del Psicoanálisis*, supone definir dichas posiciones de acuerdo al particular modo de emergencia del objeto *a*, objeto causa del deseo; dando con ello un

---

[1] Legendre, P., *El inestimable objeto de la transmisión*, Siglo Veintiuno, México, 1996, p. 95 y 96.
[2] Lacan, J., *Los cuatro principios fundamentales del Psicoanálisis*, Barral Editores, España, 1977, p. 251.

lugar central a esa hiancia estructural que define y precisa el inconciente freudiano. Sólo a partir de interrogar el drama mismo del deseo en que se instituye un sujeto es que podremos dar cuenta de dichas posiciones subjetivas. Si el deseo del hombre es el deseo del Otro y, más allá de Hegel, esta dialéctica implica interrogar el objeto en juego en dicho deseo, aquel drama fundador de la subjetividad no puede sino remitirnos al vínculo del sujeto –por advenir– con su *Otro prehistórico*, y al enigma del deseo nacido de ese mismo lazo.

De especial interés, en el marco más amplio de la problemática que nos ocupa –el acto loco homicida–, es interrogar esa posición subjetiva llamada, desde el discurso de la Psiquiatría, "paranoia". El desafío será entonces, sin renunciar por el momento a esta terminología, interrogar los elementos de estructura que en ella cobran relieve reordenándose de un modo diferente, y donde el objeto del deseo –hiancia estructural del inconciente– jugará otro papel que aquel que juega en las neurosis, allí donde ha posibilitado la constitución misma del fantasma, lugar de regulación imaginaria del deseo. Dicha hiancia a la cual se articula lo real se situará, en las psicosis, de otro modo.

Pensar la clínica desde estas diferentes posiciones subjetivas supone ya de antemano renunciar a la tranquilizadora diferenciación de lo normal y lo patológico, postura ideológica esta última tendiente a contrarrestar la angustia de aquel que escucha el sufrimiento subjetivo, y desde donde le es dirigida cierta demanda. Dar por sentado esa tajante diferenciación entre lo normal y lo patológico implica ubicarse ya desde un lugar de poder, detentando una verdad que no es sino la consecuencia de las ficciones de turno que pretenden sostenerla. La noción relativa a las posiciones subjetivas del ser supone abordar de otro modo el *malestar de vivir*[3], en sus diversas manifestaciones. De entrada algo viene allí a zanjar la cuestión: si ellas se ordenan según la particular emergencia del objeto causa del deseo, aquel que escucha se encuentra ya involucrado, de un modo u otro, en ese elemento de estructura que determina el discurso del sujeto que le dirige una demanda. Interrogar el lugar que dicho discurso le atribuye es al mismo tiempo definir el diagnóstico desde la transferencia.

Ya Freud renuncia a esta diferenciación entre lo normal y lo patológico cuando nos propone pensar la clínica del siguiente modo:

"La situación en que nos hallamos al comienzo de nuestra indagación debe enseñarnos por sí misma el camino. Queremos tomar como asunto de ella al yo, a nuestro yo más propio. Pero, ¿es posible hacerlo? El yo es por cierto el sujeto más genuino: ¿cómo podría devenir objeto? Ahora bien, sin duda ello es posible. El yo puede tomarse a sí mismo por objeto, tratarse como a los otros objetos, observarse, criticarse, y Dios sabe cuántas otras cosas podrá emprender consigo mismo. Para ello, una parte del yo se contrapone al resto. El yo es entonces escindible, se escinde en el curso de muchas de sus funciones, al menos provisionalmente. Los fragmentos parcelados pueden reunificarse luego. Esto no es ninguna novedad, acaso no es sino una desacostumbrada insistencia en cosas consabidas. Por otra parte, estamos familiarizados con la concepción de que la patología, mediante sus aumentos y engrosamientos, puede llamarnos la atención sobre constelaciones normales que de otro modo se nos escaparían. Toda vez que nos muestra una ruptura o desgarradura, es posible que normalmente preexistiera una articulación. Si arrojamos un cristal al suelo se hace añicos, pero no

---

[3] Acertada expresión que retomo de Maud Mannoni, *Cf. El psiquiatra, su loco y el psicoanálisis*, Siglo Veintiuno Editores, México, 1990, p. 163.

caprichosamente, sino que se fragmenta siguiendo líneas de escisión cuyo deslinde, aunque invisible, estaba comandado ya por la estructura del cristal. Unas tales estructuras desgarradas y hechas añicos son también los enfermos mentales. Tampoco nosotros podemos denegarles algo del horror reverencial que los pueblos antiguos testimoniaban a los locos. Ellos se han extrañado de la realidad exterior, pero justamente por eso saben más de la realidad interior, psíquica, y pueden revelarnos muchas cosas que de otra manera nos resultarían inaccesibles. De un grupo de estos enfermos decimos que padecen el delirio de ser observados. Se nos quejan de que sin cesar, y hasta en su obrar más íntimo, son fastidiados por la observación de unos poderes desconocidos, aunque probablemente se trata de personas; y por vía alucinatoria oyen cómo esas personas anuncian los resultados de su observación: '*Ahora va a decir eso, se viste para salir, etc.*'. Esa observación no es por cierto idéntica a una persecución, pero no está muy lejos de esta; presupone que se desconfía de ellos, que se espera sorprenderlos en acciones prohibidas por las que deben ser castigados. ¿Qué tal si estos locos tuvieran razón, si en todos nosotros estuviera presente dentro del yo una instancia así, que observa y amenaza con castigos, con la sola diferencia de que en ellos se habría separado más tajantemente del yo y desplazado de manera errónea a la realidad exterior?"[4]

Una vez más nos remitimos a esta metáfora freudiana, surgida precisamente de la interrogación en torno al Yo, ese genuino sujeto, que tomará el lugar de objeto para otra instancia escindida de sí mismo: el superyó. Y el ejemplo, que aquí es *la cosa misma* que nos ocupa, nos remite a *esos locos* que ponen en una mirada o una voz, exterior a

---

4   Freud, S., "Conferencia 31. La descomposición de la personalidad psíquica", T. XXII, Amorrortu Editores, Buenos Aires, 1993, p. 54.

ellos mismos, esta dimensión persecutoria, cuyo germen a todos nos habita. La pregunta no será, entonces, cómo esta instancia superyoica ha devenido patológica, sino, y por un camino por entero diverso, cómo el Yo constitui-do –en todos los casos– paranoicamente, ha sufrido un destino diferente. La así nombrada patología nos muestra, dice Freud, en sus agrandamientos y deformaciones, las articulaciones propias de la estructura originaria del cris-tal. Sin confundir el término estructura con el sentido que fue adquiriendo para el Psicoanálisis desde Lacan, pode-mos no obstante, y legítimamente, retomar esta metáfora desde estas nuevas concepciones, e interrogar a qué ele-mentos de estructura nos remite esta posición subjetiva llamada "paranoia", mostrándolos en sus exageraciones y desfiguraciones, pero además reordenándolos y articulán-dolos de otra manera.

Por lo demás, y esta es la pregunta que irá hilvanando nuestros recorridos, ¿cuál es el sufrimiento propio de esta posición subjetiva? Si el dolor de existir, en todos los casos, tiene su fuente más determinante –tal como lo precisa Assoun[5]– en el sentimiento de encarnar el desecho del Otro, y si es el padre en su función quien viene a desen-carnar dicho dolor, ¿a qué nos remite el sufrimiento propio del sujeto en la paranoia? ¿Cómo se enlaza a este dolor? Allí donde, podemos adelantar, algo opera en sus síntomas como un intento de contrarrestar esa mera posición de desecho. El Yo en la paranoia *sufrirá* este destino: defen-derse de quedar reducido al lugar de objeto de goce del Otro, advenido este último *en lo real* de ese sujeto. Mirada o voz que lo fijan en dicho lugar. Mirada o voz que habitan lo real del sujeto y constituyen el lugar mismo de emergencia de este último en las psicosis.

---

[5]   Assoun, P.L., *Cuerpo y síntoma*, Nueva Visión, Buenos Aires, 1998, p. 192 y 184.

Algunas consideraciones en torno a la noción de Paranoia en el discurso de la Psiquiatría, en Freud y en Lacan

En su momento, hemos destacado el borramiento que ha sufrido el término melancolía en los manuales diagnósticos actuales del tipo DSM IV[6]. Curiosamente, el mismo destino parece haber tenido el término "paranoia", el cual adquirirá el sentido de un subtipo de trastorno delirante, atendiendo a su contenido persecutorio, o bien el de un rasgo en la descripción de un episodio psicótico, y por supuesto todo ello desembocará –ése es el propósito último de estos manuales– en la indicación farmacológica de turno: "El haloperidol y la tioridazina dentro de los neurolépticos clásicos fueron los más estudiados y utilizados con buenos resultados en dosis bajas para los síntomas como las alucinaciones, ideas delirantes, paranoia y suspicacia. Dentro de los antipsicóticos atípicos existe mejoría de los síntomas psicóticos con risperidona a dosis inferiores a las usuales. En esta edad, la clozapina (25–200 mg) ha demostrado ser de utilidad por la baja incidencia de efectos extrapiramidales..."[7] La indicación relativa a las "dosis inferiores" no remite a otra cuestión, en este caso, que la de tratarse de pacientes seniles; en caso contrario, las dosis serían "las habituales".

Estos manuales constituyen la más eficaz de las herramientas de la psiquiatría biológica, al servicio de los laboratorios psicofarmacológicos. Y si bien podemos encontrar continuidades, en cuanto a ciertas concepciones de base, en relación a la psiquiatría clásica, no podemos dejar de destacar también las discontinuidades entre ambas,

---

6   De Biasi, M.C., *Ser nada. Formas clínicas de la melancolía en Psicoanálisis,* Letra Viva, Buenos Aires, 2013
7   *DSM-IV y Manuales.* Psicofarmacología – Psicodinámica IV. Tratamiento psicofarmacológico de los episodios psicóticos agudos.

poniendo de relieve el modo sustancialmente diferente en que se pensaba el cuadro diagnóstico. Es a este último, en términos de la Psiquiatría clásica, al que nos referiremos en sus diferencias con la clínica psicoanalítica, dando por sentado que aquello en lo que ha devenido la Psiquiatría actual no permite siquiera interrogar las razones de estructura que podrían fundamentar la fina descripción diagnóstica de los pioneros de la Psiquiatría llamada "científica".

Kalbhaun, psiquiatra alemán del siglo XIX, es quien introduce el término "paranoia" para designar lo que hasta allí se conocía como "delirios crónicos sistematizados" (*verrücktheit*), tipo clínico que las clasificaciones psiquiátricas de entonces oponían a "las psicosis delirantes agudas" (*wahnsinn*). En cuanto a la Psiquiatría francesa, será Lasègue, quien, en 1852, comience a describir una nueva "especie natural": el delirio de persecución[8]. No obstante, para este último psiquiatra, la idea de persecución no constituye algo específico, y se encontraría presente en todos los tipos de locura. Esta designación de Lasègue se irá modificando en las sucesivas clasificaciones diagnósticas, alcanzando el cuadro su máxima sistematización en la descripción clínica del delirio crónico, realizada por Magnan[9].

En la Psiquiatría alemana del siglo XIX el término "paranoia" llegó a recubrir casi íntegramente todas las locuras. "El setenta por ciento de los enfermos de los asilos llevaba la etiqueta de paranoia", señala Lacan, en 1955[10]. Será Krepelin, precisamente, quien se abocará en

---

[8] Bercherie, P., *Los fundamentos de la clínica. Historia y estructura del saber psiquiátrico*, Manantial, Buenos Aires, 2002, p. 62.

[9] *Ibíd.*, p. 100.

[10] Lacan, J., *El Seminario. Libro 3 – Las Psicosis*, Editorial Paidós, España, 1984, p. 13.

sus sucesivos manuales a la restricción del cuadro, cuya vastedad semántica ya no permitía las finas diferenciaciones que caracterizaron el saber de la Psiquiatría clásica.

Lacan destacaba, en 1955, en su Seminario *Las Psicosis*, que para la doctrina freudiana la paranoia tenía una situación algo privilegiada, en tanto ella constituía un nudo. Efectivamente, Freud, en su texto sobre Schreber, aludirá a las modificaciones introducidas por Krepelin, tendientes a restringir el término paranoia, el cual se había tornado en el curso de las elaboraciones doctrinales en un término demasiado abarcativo. Ahora bien, mientras Krepelin proponía aislar dentro de ese vasto conjunto un grupo más específico, denominándolo "demencia precoz" –esquizofrenia de Bleuler–, Freud proponía en relación a esa forma clínica el nombre de "parafrenias", haciendo respecto de ese término un uso más general y otro más restringido[11]. No obstante, y en el contexto de esta controversia, dirá lo siguiente: "Pero, en general, no es muy importante como se nombre a los cuados clínicos. *Más sustantivo me parece conservar la paranoia como un tipo clínico independiente,* aunque su cuadro harto a menudo se complique con rasgos esquizofrénicos..."[12].

La paranoia, y aquello a lo cual nos remite como forma clínica, parece constituir para Freud un núcleo importante dentro de sus desarrollos y no habría estado dispuesto a renunciar al término, ni a la noción que se iría forjando desde el espacio mismo del Psicoanálisis.

Podemos dibujar entonces la curva de aparición, auge y finalmente casi extinción del término paranoia del siguiente modo: tras el momento inicial de emergencia del

---

[11] *Cf.* Freud, S., *Puntualizaciones psicoanalíticas sobre un caso de paranoia (Dementia paranoides) descrito autobiográficamente*, Amorrortu editores, Buenos Aires, 1993, p. 70, *n.* 25.

[12] *Ibíd.*, p. 70.

cuadro como nueva categoría diagnóstica, el mismo atravesará un período de máxima extensión, para finalmente ver restringido su dominio a partir de las elaboraciones de Krepelin. Será precisamente a partir de esta restricción del cuadro de la paranoia que se encenderá, durante la primera mitad del siglo XX, el más vivo debate sobre la misma. El comentario de Freud al que aludimos no deja de situarse en dicho marco histórico, así como también –de otro modo– la tesis de Lacan de 1932. Asistimos hoy, en cambio, a una casi extinción del término en los manuales ingenieriles del DSM IV.

Ahora bien, rescatar los desarrollos de la Psiquiatría clásica destacando la grieta que la separa de la psiquiatría actual, más allá de ciertas continuidades de base, conlleva el objetivo de señalar claramente el espacio diferencial que introduce a nivel clínico y conceptual el Psicoanálisis y su descubrimiento del inconciente.

Lacan, sin referirse a lo más vivo del debate sobre la Paranoia en Francia, irá retomando desde una lectura crítica, al comienzo del Seminario III, a ciertos autores de la Psiquiatría clásica, delineando al mismo tiempo su posición respecto de la noción de paranoia entonces vigente. En ese sentido, y en principio, pondrá en cuestión la teoría de la *constitución paranoica*, sostenida por quien habría introducido el término en la Psiquiatría francesa: Genil Perrin (1927)[13]. De acuerdo a esta teoría, un paranoico era "un malvado, un intolerante, un tipo con mal humor, orgullo, desconfianza, susceptibilidad, sobrestimación de sí mismo. Y..., cuando el paranoico era demasiado paranoico llegaba a delirar"[14].

---

[13]   *Cf.* Bercherie, P., *Op. Cit.*, p. 146.
[14]   Lacan., J., *Op. Cit.*, p.13.

Lacan reivindicará a Clérambault como su maestro en Psiquiatría, y subrayará fundamentalmente su referencia a un *núcleo anideico,* constitutivo de los fenómenos de automatismo mental en las psicosis. Dicha noción supone que estos últimos están habitados por algo que siendo del orden del lenguaje escapa no obstante al sentido: *anideico* significa "no conforme a una sucesión de ideas"[15]. Noción de especial interés para Lacan en tanto constituía una vía para seguir construyendo su propia teoría del significante.

No obstante, no acordará con su maestro en cuanto a la consideración del delirio como una superestructura que se agrega, a modo explicativo, a los fenómenos elementales que irrumpen en el sujeto, y lo sumirían en la perplejidad ante el sin sentido que ellos conllevan. Lacan dirá que el delirio es tan elemental, es decir, referido al orden significante, como dichos fenómenos. Se tratará, en todo caso, de diferenciar a qué diversas cuestiones de estructura remiten cada uno de ellos, el fenómeno elemental y el delirio, en cuanto a su función restitutiva.

Lacan se detendrá muy especialmente en la definición de paranoia dada por Krepelin en la 6ª edición de su manual, momento en el cual este cuadro sufre una decidida restricción de su dominio. Dicha definición, dice Lacan: "fruto de la pluma de un clínico eminente tiene algo llamativo, y es que contradice punto por punto todos los datos de la clínica. Nada en ella es cierto"[16].

Mientras Krepelin plantea "un desarrollo insidioso del sistema delirante", Lacan sostiene: "siempre hay brotes, fases, un momento fecundo" –noción esta última que parece pertenecerle– en el comienzo de una paranoia. Tampoco se trata de "una evolución continua del delirio dependiente de causas internas", ya que "cuando se buscan las

---

15 *Ibíd.*, p.15.
16 *Ibíd.*, p. 31.

causas desencadenantes de una paranoia, siempre se pone de manifiesto [...] un elemento emocional en la vida del sujeto, una crisis vital que tiene que ver con sus relaciones externas..."[17]. Lacan sitúa en el desencadenamiento de una psicosis un momento inicial de perplejidad del sujeto ante un enigma doloroso, frente al cual reacciona mediante tentativas de restitución[18].

En cuanto a "la evolución continua de un sistema delirante duradero e imposible de quebrantar", nada más falso, señala Lacan: el sistema delirante varía y no deja de tener en cuenta "a las intervenciones del exterior, al mantenimiento o la perturbación de cierto orden del mundo que rodea al enfermo". En su definición, Krepelin también aludirá a "la conservación completa de la claridad y el orden del pensamiento, la volición y la acción" en la instauración de la paranoia. Lacan concuerda con ello, no obstante dejará planteada la pregunta acerca de qué sería dicha claridad y orden del pensamiento[19].

"No se vuelve loco quien quiere": una hipótesis estructural[20]

Ahora bien, despejar progresivamente el terreno conceptual heredado del saber de la Psiquiatría conlleva sucesivas reformulaciones de la problemática en cuestión, a partir

---

17 *Ibíd.*, p. 31.

18 Dice Lacan, *Ibíd.*, p. 277: "En el fondo se trata en la psicosis de un impasse, de una perplejidad respecto del significante. Todo transcurre cual si el sujeto reaccionase a él mediante una tentativa de restitución, de compensación. La crisis se desencadena fundamentalmente por una pregunta que no duda: ¿Qué es...?. No sé. Supongo que el sujeto reacciona a la ausencia de significante por la afirmación tanto más subrayada de otro que, en tanto tal, es esencialmente enigmático". *Cf.* Maleval, J.C., *Lógica del delirio*, Ediciones del Serbal, España, 1998, p. 133.

19 *Ibíd.*, p. 31.

20 Maleval retoma esta afirmación de Lacan, dándole el estatuto de una *hipótesis estructural*. *Cf.* Maleval, J. C., *Op. Cit.*, p. 27.

de las nuevas coordenadas introducidas por el discurso del Psicoanálisis. Ello supone momentos en la formalización teórica donde se sientan más claramente las bases de dicha praxis, al mismo tiempo que la diferencia, la ruptura, con aquel saber heredado. Uno de esos momentos no deja de ser aquel que conlleva la afirmación de Lacan, en su Seminario de 1955, relativa a la causalidad en las psicosis, en estrecha correlación con los desarrollos que hasta allí viene realizando.

Al tiempo que reivindica, en ese momento, a Clérambault, en cuanto a su lectura del automatismo mental como anideico, Lacan articulará su crítica a la *noción de comprensión* perteneciente a quien fuera su otro referente en el campo de la Psiquiatría: K. Jaspers[21]. Se distanciará de dicha noción, de la cual se habría servido ampliamente en su tesis del año 1932, al interrogar la noción de Personalidad –esencial en sus desarrollos de entonces, y que será retomada muchos años después, en 1975, en su Seminario *Le Sinthome*–. Será precisamente desarrollando su crítica a la *noción de comprensión* que Lacan afirmará: "Si esto

---

[21] La noción de *comprensión* en Jaspers se introduce diferenciándose de la de *proceso*. A lo largo del siglo XIX la clasificación de las psicosis estaba gobernada por la noción de "proceso mórbido", la cual suponía un curso irreversible en la misma y una causa orgánica. En contraposición a esta concepción proveniente tanto de la Psiquiatría alemana como de la francesa, Jaspers propone la noción de *comprensión* frente a perturbaciones en el desarrollo, que implicando, por lo demás, una reacción frente a determinados acontecimientos, se tornan perfectamente comprensibles: "reacciones verdaderas cuyo contenido está en relación comprensible con el acontecimiento original, que no hubieran nacido sin este acontecimiento, y cuya evolución depende del acontecimiento y de su relación con él. La psicosis permanece ligada al acontecimiento central". Pero la cuestión introducida por Jaspers no se agota en la oposición de relaciones de *comprensión* –psicogénesis– o *proceso* –organogénesis–. Lacan destaca en su tesis que el concepto central del psiquiatra pasa a ser el de *proceso psíquico*, vale decir que podría haber rupturas en la comprensión que no obstante remiten a una causalidad psíquica. (*Cf.* Lacan, J., *De la psicosis paranoica y su relación con la personalidad*, Siglo XXI Editores, México, 1976, p. 128, 129). Años después, en ocasión de su Seminario III, Lacan producirá un giro decisivo respecto de estas referencias jaspersianas.

es la psicogénesis, entonces el gran secreto el psicoanálisis es que no hay psicogénesis..."[22]. Con ello, Lacan tomará definitivamente distancia no sólo de toda referencia a la causalidad orgánica en relación a la locura, sino también de su opuesto: la causalidad psíquica, noción esta última de la que sí se valía en su tesis[23].

Desterrar toda noción de causalidad psíquica es al mismo tiempo limpiar el terreno conceptual en la consideración del sujeto en cuestión. No se trata del sujeto psicológico ni del psiquismo, sino lisa y llanamente de lo que introduce la revolución freudiana: el sujeto del inconciente y del deseo. Ahora bien, ¿cuál será la novedad lacaniana respecto del inconciente? Abordando en toda su rigurosidad la letra freudiana, Lacan va a introducir un giro decisivo en la conceptualización del inconciente: articulará el lenguaje al concepto de inconciente forjando su propia teoría del significante, lo cual lo conducirá necesariamente a situar dicho inconciente como marcado por la experiencia de un *sin sentido* irreductible, definiendo de ese modo el espacio mismo de lo real[24].

Una perspectiva estructural desplaza definitivamente toda visión causalista y sustancialista del sujeto y sus determinaciones. De todas maneras, precisará Lacan, "no se vuelve loco quien quiere..."[25] y él hablará, entonces, en términos no de causa, sino de "condición" para que se desencadene una locura. ¿Dónde situará Lacan esta condición?

En ese momento de sus conceptualizaciones se hace necesario, para Lacan, precisar las coordenadas simbólicas desde las cuales se articula el registro imaginario, el

---

[22] Lacan, J., *Op. Cit.*, p. 17.
[23] *Cf.* De Biasi, M. C., *Op. Cit.*, Capítulo: *La causa. De la psiquiatría al psicoanálisis.*
[24] *Cf.* Lacan, J., *El inconciente freudiano y el nuestro*, en *Los cuatro principios fundamentales del Psicoanálisis*, Barral Editores, España, 1977.
[25] Lacan., J., *Op.Cit.*, p.27.

cual habría cobrado especial relevancia en sus planteos iniciales en torno a la estructura subjetiva. Articulación de ambos registros ya presente en su texto de 1936, *Acerca de la causalidad psíquica*[26], y respecto de la cual en este Seminario de 1955 se darán pasos decisivos.

La función paterna, articulada desde la teoría del significante, tomará el lugar de organizador de la estructura subjetiva, al modo del trazado de una carretera principal, a falta de la cual se cumple esa *condición* en juego en el desencadenamiento de una locura. Que este significante principal del *nombre del padre* sea rechazado, abolido, que no esté en función, se convertirá entonces en la *condición de la locura.* La forclusión de dicho significante traza la frontera entre la psicosis y la neurosis, dando lugar a un particular ciframiento de los síntomas –a través de los cuales se presentifica el sujeto en la psicosis–, caracterizados por un *retorno en lo real del significante del nombre del padre forcluido en lo simbólico.*

El orden simbólico supone, por tanto, una cierta relación a la ley que el *significante del nombre del padre* viene a situar, siendo en estos términos que podemos pensar la noción de estructura subjetiva en Psicoanálisis, en tanto ella remite a la relación del sujeto al lenguaje y sus condiciones de constitución. El término "estructura" no define ninguna sustancia última, sino la posición del sujeto en

---

[26] Lacan se verá obligado a despejar el siguiente malentendido: "No creo que nunca haya habido dos tiempos en lo que yo he enseñado, un tiempo centrado en el estadio del espejo y en lo imaginario y luego, más tarde, en ese momento de nuestra historia que se sitúa con el discurso de Roma – el descubrimiento que yo habría hecho, de golpe, del significante. Ruego a quienes se interesen en la cuestión que así me plantean que se remitan a un texto que ya no es de muy fácil acceso, pero que se encuentra en todas la buenas bibliotecas psiquiátricas. Dicho texto, publicado en *L'evolution psyquiatrique* y que se titula *Acerca de la causalidad psíquica,* es un discurso que nos hace remontarnos a 1946, si mal no recuerdo, justo después de la guerra. Lo que allí verán les demostrará que no es de ahora que trenzo íntimamente el interjuego de los dos registros." Lacan, J., *El Seminario, Libro 10 – La angustia*, Editorial Paidós, Buenos Aires, 2008, p. 40.

relación al Otro –lugar del significante– y la ley. En ese mismo sentido, la estructura en sus diferenciaciones diagnósticas implica una determinada relación del sujeto a la Alteridad allí en juego.

La forclusión del *significante del nombre del padre*[27] compromete gravemente la inserción del sujeto en el mundo simbólico, definiendo un Otro radicalmente distinto de aquel que estaría en juego en las neurosis. Dicha forclusión constituye una hipótesis metapsicológica tendiente a orientarnos en la clínica, a partir de la cual apuntamos –en la psicosis– a una cierta restauración de la inserción desfalleciente del sujeto en el registro simbólico[28]. Hipótesis que no implica, valga la aclaración, la ausencia de toda referencia al padre en los enunciados del sujeto psicótico: la proliferación en lo imaginario de esta figura será fruto, precisamente, de su rechazo en lo simbólico.

Al forjar la noción de forclusión del nombre del padre relativa al campo de las psicosis, Lacan señala, al mismo tiempo, el límite interno a todos los desarrollos en Psiquiatría, en tanto esta última no aborda la estructura subjetiva ni, en consecuencia, su articulador fundamental: la función paterna. Noción esta última que dará cuenta del mecanismo o nudo filiatorio, problemática a la que especialmente nos remite la paranoia, y nos permite entender claramente por qué le resultaba a Freud de suma importancia conservar la noción de paranoia como independiente.

---

[27] El *significante del nombre del padre* no es un significante particular y predeterminado de antemano. Es un significante cualquiera que viene a ocupar el lugar abierto a la sustitución metafórica. En este sentido los significantes del nombre del padre son múltiples, pero su función es una: constituir el *deseo materno* desde la ley de la prohibición del incesto.

[28] *Cf.* Dör. J., *El padre y su función en psicoanálisis*, Nueva Visión, Buenos Aires, 1998, p. 95.

El encuentro de Freud con la escritura de Schreber

Lacan va a destacar algo fundamental en el encuentro de Freud con Schreber: él no se encuentra con el hombre Schreber, sino con sus memorias, con su escritura, con el testimonio escrito de sus padecimientos. Freud producirá allí un giro decisivo en la concepción de la psicosis, y más particularmente de la paranoia, ya que va a proceder a un desciframiento "champollionesco" que le permite reconstruir, abordando el material significante, la cadena del texto y aun reconstruir esa famosa lengua fundamental de la que nos habla Schreber. Nada hubo de comparable, dice Lacan, a la manera en que procede Freud con Schreber[29].

Freud descubrirá, a través de dicho procedimiento, la presencia central de un *complejo paternal* en el delirio de Schreber[30]. Tres figuras dan consistencia a este complejo paternal: Flechsig, Dios y el Sol. Pero estas figuras no adquieren tal consistencia, ordenadora del delirio, sino por obra de esta invención de Schreber que es su *lengua fundamental*, vinculada también a sus fenómenos alucinatorios. Dichas figuras, procedentes del delirio de Schreber, nos abren el camino hacia al abordaje de distintas problemáticas, por lo demás, en estrecha correlación. Así, en Flechsig, se pone de relieve la cuestión de la transferencia, la figura de Dios nos permite interrogar la inflexión que se produce en su delirio y, por último, el Sol no dejará de brindarnos precisiones claves respecto de la problemática filiatoria[31].

---

[29] Lacan, J., *El Seminario. Libro 3 – Las Psicosis*, Editorial Paidós, España, 1984, p. 21.

[30] *Cf.* Maleval, *Op. Cit.*, p. 117.

[31] Retomar estas tres vías estrechamente interrelacionadas, para ahondar en ellas desde el texto mismo de Schreber, será objeto de un trabajo posterior.

Ahora bien, los desarrollos freudianos nos confrontarán también a cierto impasse por el cual no quedará claramente situada la frontera entre neurosis y psicosis. Al finalizar su texto sobre Schreber, Freud formula esta conjetura:

"[...] La tonalidad especialmente positiva del complejo paterno, el vínculo (que podemos pensar no turbado en años posteriores) con un padre excelente, posibilitó la reconciliación con la fantasía homosexual y, así, el decurso restaurador"[32].

Recordemos que en los inicios de su psicosis surge en Schreber, en estado de duermevela, "la representación de lo hermosísimo que es sin duda ser una mujer sometida al acoplamiento"[33]. Representación que irá situando a Schreber frente a un "enigma doloroso"[34], sumiéndolo progresivamente en un estado de perplejidad. Atravesará momentos de un sufrimiento atroz hasta que el trabajo del delirio logre instalar cierto apaciguamiento, en la medida misma en que cobre forma la metáfora delirante. Momento en el cual esa representación inicial cobrará otro estatuto y se transformará en un *tener–que–ser* la mujer de Dios, para dar cumplimiento a su misión redentora respecto de la Humanidad[35].

---

[32] Freud, S., *Op. Cit.*, p. 72.

[33] *Ibíd.*, p.14.

[34] Cf. Maleval, J. C., *Op. Cit.*, p. 138.

[35] Es a esta imposición, a este *tener–que–ser*, que debemos remitir la homosexualidad en la psicosis; situada, en ese sentido, en la senda del transexualismo delirante y no de la homosexualidad perversa. Lacan destacará en Freud una interesante contradicción, en tanto "acepta como momento de viraje en el delirio lo que rechazó en su concepción general" (*Cf.* Lacan, *De una cuestión preliminar a todo tratamiento posible de la psicosis*, Siglo Veintiuno, México, 1978, p. 252). En dicha concepción, basada en la gramática misma del delirio, Freud planteaba que el mismo suponía una defensa contra la idea homosexual: así, en la megalomanía la frase *"Yo no amo en absoluto, y no amo a nadie"* contradice *"Yo (un varón) lo amo (a un varón)"* (*Cf.* Freud, *Op. Cit.*, p. 58–60); mientras que, al señalar aquel viraje, subrayará que ser la mujer de Dios prepara la solución del conflicto: "si era imposible avenirse al papel de la mujerzuela frente al médico, la tarea de ofrecer al propio Dios la voluptuosidad que busca no tropieza con igual

Es este el proceso restaurador al que se refiere Freud. Pero ¿cómo entender allí ese vínculo positivo con el padre? ¿Quién era ese tan "excelente" padre? Famoso médico ortopedista, conocido por sus muy divulgados tratados de educación física y espiritual de los niños y jóvenes de Alemania, fundó también instituciones gimnásticas y numerosos jardines de Alemania llevarán su nombre. Conocido también por las célebres "máquinas" ortopédicas que, entre otras cosas, permitían mantener tiesa la columna vertebral del niño durante la lectura[36].

Escuchemos por un momento al propio Moritz Gottlieb Schreber: "Cuando el humor del niño se manifiesta a través de gritos y llantos, inmotivados [...] incluso para expresar un capricho o una simple obstinación, [...] se lo debe enfrentar de manera positiva [...] distrayendo rápidamente su atención, usando palabras severas, o si esto no bastara [...] reiterados y contundentes castigos corporales [...]. De esta manera, y solamente de ésta, el niño sentirá sus dependencias del mundo exterior, y aprenderá [...] a someterse [...]; basta con tomar esta actitud una vez, a lo sumo dos, y uno se convertirá en el amo del niño para siempre"[37] [38].

---

resistencia del yo. La emasculación deja de ser insultante, deviene 'acorde al orden del universo' [...] El yo es resarcido por la manía de grandeza" (Freud, *Ibíd.*, p.45). Claro que, entre aquel rechazo indignado de la fantasía femenina y su posterior aceptación, se habría producido el almicidio, Freud mismo lo destaca –*Ibíd.*, p.19–. El delirio va tejiendo su metáfora.

[36] *Cf.* Schreber, D. P., *Memorias de un neurópata*, Ediciones Petrel, Argentina, 1978, p. 3.

[37] *Ibíd.*, p. 5.

[38] Freud repara en la corta edad de Schreber al morir su padre y conjetura en el hermano, tres años mayor, una figura paterna que habría de acompañarlo. De este hermano sabemos que también se graduó como abogado, y que al poco tiempo de ser designado Consejero Judicial se descerrajó un balazo poniendo fin a su vida. Esto ocurre cuando Daniel Paul Schreber tenía 34 años de edad, ocho años antes de manifestarse su enfermedad.

Podríamos preguntarnos ¿por qué habría que ser el Amo del niño? o bien, ¿en qué fantasma anida esa pretensión? Pero mucho más relevante es el siguiente interrogante: ¿cómo éste, si podemos decir así, "demasiado" padre –si se entendiera por tal dicha posición de autoridad– puede derivar en una carencia paterna, en el sentido que antes le dimos: una carencia en lo simbólico? Intentaremos responder a esto, no sin un necesario rodeo.

Aunque para Freud se tratara de un padre excelente y por cierto apropiado para ser transfigurado en Dios, él no dejaba de advertir "los rarísimos rasgos que hallamos en el Dios de Schreber y en la relación de Schreber con su Dios": una asombrosa mezcla de crítica blasfema y rebeldía, con una respetuosa devoción[39]. Así como tampoco dejará de subrayar lo enfatizado por el mismo Schreber: que este Dios "no comprende nada del hombre vivo, y sólo sabe tratar con cadáveres..."[40]

Lacan dirá en relación a este Dios de Schreber que se trata de un Otro Absoluto, el cual, aunque considerado como un ser viviente en su delirio, estará desprovisto de toda comprensión respecto de las necesidades vitales de Schreber[41].

Asombrado por esta rara relación de Schreber con su Dios, Freud acotará algo más: a diferencia de lo que pasa con Schreber, "para nuestro sentimiento hay un abismo insalvable entre la personalidad de Dios y la de un hombre"[42]. Retengamos sólo esto: este abismo, esta distancia con lo Absoluto, no era tal en esa rara relación de Schreber con su Dios. Él atraía a Dios con sus rayos o nervios,

---

[39] Freud, *Op. Cit.*, p. 48.
[40] *Ibíd.*, p. 49.
[41] Lacan, J., *El Seminario. Libro 3 – Las Psicosis*, Editorial Paidós, España, 1984, p. 390.
[42] Freud, *Op. Cit.*, p. 48.

tanto como era llamado por Dios a ocupar un cierto lugar. Schreber pone en escena en su delirio, tal como señala Legendre respecto de la institucionalidad en la locura, un seudointercambio en directo con esa instancia imaginaria del Otro Absoluto, sin el partenaire mediador[43].

Por tanto, vemos cómo Freud capta maravillosamente la relación de Schreber con esta Alteridad tan singular, aunque reconduce este hallazgo a la ambivalencia inconciente de todo niño con su padre, borrando en ese punto la frontera estructural que separa las neurosis de las psicosis.

Sin embargo, apenas un año después de este trabajo sobre Schreber, Freud dio a luz su texto *Tótem y Tabú*. Podemos conjeturar que la cuestión del Padre, que habría quedado en un cierto impasse en aquel texto, vuelve allí con la fuerza de un retorno que lo conducirá a Freud a la elaboración de su *mito científico del asesinato del padre*. Abordar este punto esencial de las elaboraciones freudianas nos permitirá interrogar acerca del por qué "el trabajo del delirio genera la producción de Padres míticos, con una notable frecuencia"[44].

El padre mítico y sus derivaciones: dimensiones de la paternidad

En el texto *Totem y tabú*, exhaustivo tratado sobre el padre, Freud va a construir lo que él llama su mito científico del asesinato del padre. Se delimita allí la figura de un padre Absoluto, en su poder y en su goce, quien, asesinado por la banda de hermanos, despertará en ellos la llamada *obediencia retrospectiva*, fruto del amor y la culpa: raíz del superyó. El texto del mito circunscribe claramente dos

---

[43] Legendre, P., *El crimen del cabo Lortie. Tratado sobre el Padre,* Siglo veintiuno editores, México, 1994, p. 64.

[44] Maleval, J. C., *Op. Cit.*, p. 118.

tiempos, en el primero de los cuales reina un padre Absoluto en su poder y en su goce, mientras en el segundo, quien reina es el Padre muerto.

El mito nos permite circunscribir la figura del Padre simbólico, el cual, en tanto muerto, hace posible el cumplimiento de la ley. Freud presenta, de ese modo, el origen de la ley bajo una forma mítica. Dejemos también sentado de antemano que las dos prohibiciones fundamentales sobre cuya base se instaura toda sociedad humana son: la prohibición del incesto y del asesinato –"no matarás"–. Freud reconduce, en sus elaboraciones, dicho "no matarás" a sus raíces simbólicas, es decir, a la prohibición del parricidio.

Ahora bien, de este mito freudiano podemos desprender dos cuestiones más. La primera de ellas es que la ley necesita de un tal artificio mítico, ficcional, para forjarse y hacerse además efectiva. No otra cosa nos dicen las prohibiciones tabú que tan minuciosamente va a analizar Freud al comienzo del texto. La segunda cuestión que podemos desprender de esta construcción mítica es que el mito está poniendo en escena una verdad decisiva: que ningún padre puede ocupar el lugar de ese Padre mítico, Absoluto; figura esta última cuya esencia consiste precisamente en permanecer siempre a distancia, constituyéndose de ese modo en una referencia simbólica. Freud lo decía de esta manera en el texto del mito: "ningún hijo ocuparía jamás su lugar...", y es esto lo que pone a resguardo esa dimensión tercera de la ley a la que todo padre debe estar sujeto. Ningún padre particular, como soporte de la función paterna, será quien hace la ley. Lo Absoluto, el Padre mítico, debe quedar fuera de él[45].

---

[45] Que esté en función el padre mítico para *los padres* –para cada padre particular– significa que en el orden de la estructura el asesinato ha tenido lugar en el mundo de la palabra, como acto de palabra, lo cual no hará necesario un acto de otras dimensiones para que un sujeto pueda instituirse. Por lo demás, al decir *los*

La función en la estructura de este Padre mítico es la de situar un imposible de goce y poder absolutos; en ese sentido, el Padre mítico, como construcción de lenguaje[46], es un enunciado de lo imposible, y se convierte, tal como lo indica Lacan, en un *operador estructural*[47]. Absoluto de goce desterrado hacia un imposible que instaura por ello mismo la prohibición, es decir, un universo de Ley. Es en ese mismo sentido que podemos situar la castración en tanto que simbólica, es decir, ligada al enunciado de una prohibición. Sólo como producto de esta operación habrá causa del deseo.

Por tanto, remitimos dicho *operador estructural* al Padre real del primer tiempo del mito, pero en su articulación con el padre del segundo tiempo que, en tanto muerto, instaura la prohibición, es decir, el Padre simbólico. Operador estructural del cual va a derivar la *dependencia estructural* que es el Padre imaginario[48]. En tanto el padre real es algo que se nos escapa, esto hará que el padre de carne y hueso, aquel que se convierte en el soporte de esta función, sea imaginado necesariamente como privador. El padre imaginario viene a constituir de ese modo una necesidad de la estructura, y la transmisión de la ley,

---

padres nos estamos refiriendo, en ese plural, tanto al padre como a la madre: es para ambos que debe funcionar esta referencia a un Tercero; de lo cual dependerá también la diferenciación de lugares.

[46] En cuanto al padre tirano, señala Lacan, "se trata del padre real como construcción del lenguaje [...], lo que Freud siempre señaló: el padre real es un efecto de lenguaje, y no tiene otro real" (Lacan, J., *El Seminario. Libro 17 – El reverso del Psicoanálisis*, Editorial Paidós, Argentina, 1992, p. 135).

[47] *Ibíd.*, p. 131.

[48] *Ibíd.*, p. 136.

instituyente de un sujeto, no se realiza sin su raigambre pulsional, sin instituir, al mismo tiempo, el campo pulsional del cual depende[49].

No se trata, por tanto, y como podría interpretarse desde una lectura ingenua del mito freudiano, de un acto de asesinato efectivamente consumado a nivel histórico, sino que, en un universo legislado, en un universo donde la ley funciona y ha sido transmitida, será posible el acto instituyente de un sujeto, en tanto acto de enunciación que remite a la interdicción, a la ley[50], y a la puesta en juego de la castración simbólica. En ese mismo sentido, dirá Hassoun:

"Transmitir supone que el padre ceda sobre su goce [...] Es precisamente esta parte cedida, podríamos incluso decir sacrificada, la que permitirá que el niño constituya un espacio para recibir la transmisión"[51].

En resumen, es cediendo sobre su goce que el padre transmite la castración simbólica y con ello permite la instauración de la ley. El padre mítico refiere a ese Absoluto

---

[49] Raíz pulsional de la ley a la cual Freud en cierto modo nos remite al plantear, a propósito del masoquismo erógeno, el lugar del padre castrador en las diferentes fases del desarrollo libidinal. *Cf.* Freud, S., *El problema económico del masoquismo*, Amorrortu, Argentina, 1993, T. XIX, p. 170.

[50] Lacan articula del siguiente modo el acto fundador de un sujeto en el contexto de un universo legislado: "Por otra parte, hay que recalcar aquí el término acto. Si lo que llegué a enunciarles sobre el nivel del acto cuando traté del acto psicoanalítico debe tomarse en serio, a saber, si es verdad que sólo podría haber acto en el contexto ya ocupado por todo lo que es la incidencia significante, por su entrada en juego en el mundo, no podría haber ningún acto al principio que pueda calificarse de asesinato. El mito no podría tener aquí otro sentido que aquel al que yo lo he reducido, el de un enunciado de lo imposible. No podría haber acto fuera de un campo ya tan completamente articulado que la ley se sitúe en él. No hay otro acto que el acto que se refiere a los efectos de esta articulación significante y que encierra toda su problemática –con la caída que supone o que es, mejor dicho, la existencia misma de cualquier cosa que pueda articularse como sujeto, por una parte, y, por otra parte, lo que le preexiste como función legisladora"–. Lacan, J., *El Reverso del Psicoanálisis, Op. Cit.*, p. 133.

[51] Hassoun, J., *Los contrabandistas de la memoria*, Ediciones de la Flor, Argentina, 1996, p. 171

que debe quedar fuera de todo sujeto, siendo esto último lo que funda la estructura. Este Padre mítico, en tanto
operador estructural, lo podemos pensar en términos de
una Referencia fundadora[52]. Aquel que esté en función de
padre para un sujeto será por tanto quien represente la ley,
y no aquel que imagine hacerla.

Estamos ahora en condiciones de retomar nuestra
pregunta sobre el padre de Schreber. Este hombre empe-
ñado en legislar –y es allí donde se aloja su goce–, más
que en representar la ley, tal como lo indica Safouan, nos
muestra cómo para él la ley es letra muerta. Y, en tanto
muerta para él, se hará nula y sin valor para su hijo. Tanta presencia del nombre del padre de Schreber en libros,
monumentos y jardines de Alemania no hizo sentir menos
su ausencia en el campo de la relación madre-hijo, aplana-
da en la mera vinculación imaginaria con el otro: "Schreber
debía ser el falo para la madre, porque allí no había falo; ya
que el falo es una metáfora paterna, y este efecto metafórico faltó en él. Esta metáfora es entonces el rasgo distintivo
que separa la estructura neurótica de la psicosis"[53].

El padre simbólico: fracaso de su función

Que la ley se torne nula y sin valor para el hijo, es decir,
la imposibilidad de remitirse al Padre simbólico, es lo que
define cabalmente el proceso inductor de la psicosis: la
forclusión del nombre del padre.

---

[52] Es en estos términos que P. Legendre retoma el mito freudiano del asesinato del
Padre, convirtiéndolo en uno de sus ejes más importantes en el análisis del acto
loco homicida. *Cf.* Legendre, P., *El crimen del cabo Lortie. Tratado sobre el padre.*
[53] Safouan, M., *Estudios sobre el Edipo*, Siglo Veintiuno, México, 1977, p. 115 y 116.

Hemos referido al padre de Schreber quien, pretendidamente en el lugar del legislador, no transmite la ley.
Ahora bien, ¿qué otras condiciones preparan el terreno de
una tal imposibilidad de advenimiento del padre simbólico? Lacan no dejará de insistir en el lugar que debe reservar
la madre al Nombre del Padre en la promoción de la ley.
El nombre del padre, por tanto, será forcluido, como muy
bien lo señala J. Dör[54], cuando este significante, y con ello
toda representación del padre simbólico, aparece renega-
do en el discurso de la madre, perdiéndose en ella todo el
alcance significativo de la ley. En consecuencia, el proceso
metafórico del nombre del padre no se realiza, quedando
el niño en una relación arcaica con la madre, como su solo
y único objeto de deseo, es decir, como su falo imaginario:
"[...] en último extremo, el niño cautivo de esta relación
fusional patológica sufre de *un defecto de filiación*. Apresado en la renegación materna de la función paterna, nunca
puede ser reconocido y designado como hija o hijo de un
padre. Quizás no existe definición más evocadora de lo que
Lacan entiende por forclusión del nombre del padre"[55].

Dice Pierre Legendre[56] que un hijo debe nacer dos
veces: nacer de madre y nacer de padre. En consecuencia, no hay sujeto autofundado. Particularmente evocador
de este defecto filiatorio se torna el delirio de un paciente, cuya psicosis se desencadena a la hora de ser padre, y
quien sostenía haber nacido de sí mismo, al tiempo que se
nombraba con el nombre de su hijo.

---

[54] Cf. Dor, J., *El padre y su función en psicoanálisis, Op. Cit.*, p. 98 y 102.
[55] *Ibíd.*, 102.
[56] Pierre Legendre interpela, en sus lecciones, a los psicoanalistas que descuidan la
dimensión de la ley y, al mismo tiempo, a los juristas, señalando que no hay
posibilidades de entender las cuestiones jurídicas si no se tienen en cuenta las
raíces inconscientes de la ley. Trabaja, por tanto, el discurso jurídico en su inter-
sección con el sujeto del inconciente –es decir, con el psicoanálisis–.

Lacan, a propósito de la *nostalgia del todo*, hablará de ese "abismo místico de la fusión afectiva", cuya contracara es "la más pura aspiración a la muerte"[57]. Por su parte, sostiene Legendre:

"Allí donde cada quien no puede evitar enfrentarse al abismo interviene la filiación como montaje de legalidad, que constituye a la vez el instrumento jurídico de socialización del sujeto y el intermediario del lenguaje por el que cada quien reanuda indefinidamente su propia representación del '¿Qué es?', con sus fantasmas de los orígenes[58] [...]. El orden de la filiación es estructural [...], es un principio fundador, de esencia institucional, que permite que el ¿qué es? se estructure, funcione humanamente, es decir, fuera de la locura"[59].

Precisamente el desencadenamiento de una psicosis, momento de perplejidad y anonadamiento subjetivo, no deja de vincularse a dicho abismo[60], así como tampoco será ajeno al mismo, de un particular modo, todo aquello que a lo largo de este texto trabajaremos en términos de *acto loco homicida*.

---

[57] Lacan, J., *La familia*, Editorial Argonauta, Barcelona, 1978, p. 43.
[58] Recordar que para Freud las fantasías primordiales son construcciones del sujeto que van al lugar de "las lagunas de la verdad individual". No carece de interés que esas construcciones Freud las ponga a cuenta de un saber transmitido 'filogenéticamente'. Aunque la teoría de la filogénesis que se repite en la ontogénesis no sea sostenible, su fantasmagoría no deja de poner en juego el hecho de la transmisión y la herencia en la cadena de las generaciones.
[59] Legendre, P., *El inestimable objeto de la transmisión*, Siglo Veintiuno, México, 1996, p. 95 y 97.
[60] *Cf.* Lacan, J., *El Seminario. Libro 3 - Las psicosis. Op. Cit.*, p. 277 y Maleval, J. C., *Lógica del delirio, Op. Cit.*, p. 133.

La filiación por la vía del llamado[61]

La transmisión de la ley es homogénea a la transmisión del nombre del padre, y es ello lo que funda la subjetividad. Ahora bien, ¿cómo es posible que este significante llegue al sujeto, pase al sujeto, al mismo tiempo que lo instituye como tal? No por otra cosa, nos dice Lacan, que por la vía de la invocación, del llamado. En desarrollos posteriores, Lacan introducirá la noción de *pulsión invocante,* respecto de la cual J. Hassoun precisará: "La pulsión invocante tiene su punto de partida en la oreja que intenta entender, escuchar algo que aún no ha sido emitido. Se trata de un llamado a la enunciación, un llamado a la palabra"[62].

El trazado de la carretera principal –metáfora del nombre del padre– se hará a partir de una invocación que llega al sujeto como un significante del Otro y que Lacan situará en el "tú", pronombre que remite esencialmente al superyó[63]. Él intentará precisar dicha función de llamado, planteando la diferencia entre dos frases que suenan iguales en su lengua, en francés, pero que son esencialmente diferentes en cuanto al sentido: *Tu es celui qui me suivras* y *Tu es celui qui me suivra.* Y dirá al respecto: "Hay en estas dos frases, con sus diferencias, una llamada. Más en una que en la otra, incluso completamente en una y nada en absoluto en la otra. En el *Tú eres quien me seguirás,* hay

---

[61] Lacan abordará, específicamente, la articulación del orden filiatorio a la función del llamado, en el Seminario *Las Psicosis* (*Cf. Op. Cit.,* capítulos XXII, XXIII y XXIV), y en el Seminario *Las formaciones del inconciente* (*Cf.* Lacan, J., *El Seminario. Libro 5 - Las Formaciones del inconciente,* Editorial Paidós, Argentina, 2005, Capítulo VIII).

[62] Hassoun, J., *Los contrabandistas de la memoria, Op. Cit.,* p. 78.

[63] Retomamos en estos desarrollos dos definiciones claves de Lacan: "El Otro es el lugar donde se constituye el yo *(je)* que habla con el que escucha" y "el superyó, que no es más que la función del *tú*" (*Cf. Las Psicosis, Op. Cit.,* p. 389 y 395, respectivamente).

algo que no está en el *Tú eres quien me seguirá*, y es lo que se llama invocación. Si digo *Tú eres quien me seguirás*, te invoco [...]"[64].

Hay una diferencia sustancial, por tanto, si digo a alguien *Tú eres el que me seguirás* o si le digo, en cambio, *Tú eres el que me seguirá*. Veamos puntualmente dónde radica lo más relevante de esta distinción, y las consecuencias que a partir de ella se engendran[65].

En el *seguirás* se escucha cabalmente el llamado, la invocación, en tanto me dirijo a una segunda persona. El *tú* con el que comienza la frase está allí vivamente invocado, pervive en el *seguirás*; y en esta interpelación, que le llega a esa segunda persona así invocada, se abre también la posibilidad a una réplica posible, es decir, convoca a la enunciación.

En el *seguirá*, en cambio, el *tú* del comienzo se perdió. El *seguirá* mata al *tú*: el tú es aplastado por la tercera persona, la cual, en rigor de verdad, no es persona, tal como sostiene Benveniste, sino *objeto de un enunciado posible*. Es un *él*, no un *tú*. En la frase *Tú eres el que me seguirá*, el sujeto está por cierto aludido, pero el mensaje no lo llama a responder, sino a la obediencia. Dicho mensaje se convertirá entonces en una mera constatación, a diferencia del *seguirás* en el cual se escucha una delegación. *La función del mandato en este último caso es de delegación, abriendo a una réplica posible y a la interpretación como acto del sujeto*. En el *seguirá*, dice Lacan, hay más certeza y linda con la per-secución, mientras que en el *seguirás* hay más confianza[66].

---

[64] Lacan, J., *Las formaciones del inconciente, Op. Cit.*, p. 155.
[65] *Véase* las precisas articulaciones realizadas, en torno a esta problemática, por David Kreszes y Edgardo Haimovich, en el texto *Superyó y filiación. Destinos de la transmisión*, Laborde Editor, Rosario, Argentina, 2001.
[66] *Cf.* Lacan, J., *El Seminario. Libro 3 – Las psicosis, Op. Cit.*, p. 398 y 399.

Si además tenemos en cuenta que estas frases, en la lengua originaria del autor, son homófonas, se entiende más claramente que el propósito de esta distinción es poner el acento en aquel que las escucha, en tanto será él quien decida su sentido, llamando por tanto a la interpretación como acto, a lo cual se enlaza la función oracular del superyó cifrado en esas *frases de destino* que alcanzan a todo sujeto.

Planteamos antes la transmisión del nombre del padre, tomando como metáfora el trazado de una carretera principal. ¿Qué quiere decir esto? Que así como la carretera principal es un lugar a partir del cual se van generando conglomerados poblacionales, del mismo modo los significantes en función de significantes del nombre del padre, son significantes polarizantes que van creando el campo de significación[67].

Lacan va a introducir en esta metáfora un matiz decisivo cuando plantee que esta carretera principal debe pensarse también como un "nudo de rutas", como una "encrucijada"[68]. Entonces, cuando pensemos en términos de la inscripción del nombre del padre, no podemos dejar de articular allí la encrucijada, en el orden del sentido, que interpela al sujeto.

Hay que tener en cuenta que estamos siempre sobre una doble vía: el padre como transmisor, el hijo como interpretante. Doble vía que en un punto viene a confluir: ya que es el lugar al que se ha accedido en tanto hijo el que posibilitará que, a su turno, se convierta en transmisor. Entonces, hablar del montaje filiatorio va a suponer siempre esta articulación.

---

[67] *Ibíd.*, p. 416.
[68] *Ibíd.*, p. 417.

Precisemos además que entre el *seguirá* –donde situamos la constatación y la obediencia–, y el *seguirás* –donde se escucha más plenamente la invocación–, se juega toda la paradoja del lazo filiatorio, el cual supone simultáneamente la atadura y la desatadura[69], la discontinuidad en la continuidad, como bien señala Hassoun. El acto del sujeto introduce, a través de su interpretación, la diferencia en el lazo identificatorio. No se trata de ser la caricatura del padre. La continuidad sin falla habla, más bien, de una falla filiatoria[70].

Un paciente comentaba que su padre siempre le decía "lo peor es que te traicionen". Se refería a las mujeres, pero sin duda este mensaje llegaba al hijo, en tanto hijo. ¿Cómo interpretar los dichos de este padre si, *traduttore-traditore*, toda interpretación conlleva siempre cierta traición, poniendo de relieve la ambigüedad misma del lazo filiatorio? Padre a su vez violento, con su mujer y sus hijos, que dejaba al sujeto en el sometimiento y la imposibilidad de cuestionarlo. Por mucho tiempo sólo se trató para él de "tomar la posta" y repetir, sin interpretar, las frases de destino de su padre.

Dice Hassoun a propósito de una *ética de la transmisión*:

"La ética de una posición como esta supone que aquel que está a cargo de la transmisión pueda asumir la herencia de aquel que lo precede, al mismo tiempo que se prohíbe instalarse en una posición similar a la de un padre feroz y omnipotente que designa imperativamente las huellas

---

[69] *Cf.* Kreszes, D. y Haimovich, D., *Op. Cit.*

[70] Recomiendo al lector el film *Días de furia*, particularmente revelador de la paradoja propia del lazo filiatorio, y de las consecuencias trágicas de no atravesarla, quedando el sujeto varado en una posición de replicar –imitar– al padre, en lugar de poder replicarle –ponerlo en cuestión–. *Días de furia (Affliction)*, Estados Unidos, 1997, dirigida por Paul Schrader, y protagonizada por Nick Nolte y Willen Dafoe.

dejadas por él, grabadas en el basalto de su deseo y de su poder de dinosaurio moribundo, por miedo a que sus herederos se alejen de los caminos establecidos"[71].

El lazo filiatorio conlleva una paradoja que deberá atravesarse. Cuando Freud plantea que *el superyó es el superyó de los padres*[72] sitúa claramente la función filiatoria y genealógica de esta instancia, y no deja, por lo demás, de situar de este modo la raíz pulsional de la ley, en la medida misma en que plantea la raíz pulsional del superyó[73].

El Tú delirante o el fracaso de la invocación filiatoria

La forclusión de los significantes del nombre del padre va a comprometer el nudo mismo del montaje filiatorio, y será la función del llamado, del Tú invocante –núcleo del superyó–, la que se verá afectada.

---

[71]   Hassoun, J., *Op. Cit.*, p. 169.

[72]   "Así, el superyó del niño no se edifica en verdad según el modelo de los progenitores, sino según el superyó de ellos; se llena con el mismo contenido, deviene portador de la tradición, de todas las valoraciones perdurables que se han reproducido por este camino a lo largo de las generaciones. Entrevén ustedes qué importante ayuda para comprender la conducta social de los seres humanos (p. ej., la de la juventud desamparada), y acaso indicaciones prácticas para la educación, se obtienen de la consideración del superyó". Freud, S., "31 Conferencia. La descomposición de la personalidad psíquica", Amorrortu, Buenos Aires, 1993, T. XXII, p. 62.

[73]   "En todas estas constelaciones, el superyó da pruebas de su independencia del yo conciente y de sus **íntimos vínculos con el ello inconciente**. Ahora bien, teniendo en vista la significatividad que atribuimos a los restos preconcientes de palabra en el yo, surge una pregunta: el superyó, toda vez que es icc, ¿consiste en tales representaciones-palabra, o en qué otra cosa? La respuesta prudente sería que **el superyó no puede desmentir que proviene también de lo oído**, es sin duda una parte del yo y permanece accesible a la conciencia desde estas representaciones-palabra (conceptos, abstracciones), **pero *la energía de investidura*** no les es aportada a estos contenidos del superyó por la percepción auditiva, la instrucción, la lectura, sino que **la aportan las fuentes del ello**" (Resaltado nuestro). Freud, S., "El yo y el ello", Amorrortu, Buenos Aires, 1993, T.XIX, p. 53.

Lacan se pregunta cómo hacen los usuarios de las carreteras cuando no hay carretera principal[74]. Al pasar por rutas secundarias es preciso que lean los cartelitos a orillas del camino que suplen su ausencia, y compara estos cartelitos con el parloteo de las voces en los fenómenos alucinatorios. La alucinación viene, por tanto, a restituir algo de esta función del llamado particularmente *alterada* en la psicosis.

De modo ejemplar, las frases interrumpidas que surgían alucinatoriamente en Schreber ponen de manifiesto esta función restitutiva. Frases incompletas, tales como "Tú eres...", donde no aparecía ningún sentido, ningún *predicado*[75]. Ese Tú, dice Lacan, es un Tú muerto[76], está allí como un "cuerpo extraño"[77]. Frases interrumpidas que él se veía forzado a completar ya que, de lo contrario, Dios lo dejaba tirado. Ese Dios que, según él mismo decía, "sólo sabe tratar con cadáveres..."[78] –Tú... muerto. El Tú delirante tendrá, precisa Lacan, un carácter de intimidación[79].

Ello significa que este Tú, de carácter alucinatorio, está mucho más cercano a aquella tercera persona que, como sosteníamos, no es persona en el sentido de un interlocutor, sino más bien objeto de algún enunciado. La estructura de la *alusión* en la psicosis parece poner especialmente de manifiesto esta dimensión del ser hablado por otros. Recordaremos precisamente en este punto aquella paciente de Lacan, quien, mientras farfullaba "vengo del fiambrero", escuchaba alucinatoriamente la palabra "marrana" aludiendo a ella, y como proviniendo de un

---

[74] Lacan, J., *El Seminario. Libro 3 – Las psicosis, Op. Cit.*, p.419.
[75] *Cf.* Lacan, J., *El Seminario. Libro 5 – Las formaciones del inconsciente, Op. Cit.*, p. 157, 158 y 159.
[76] Lacan, J., *El Seminario. Libro 3 – Las Psicosis, Op. Cit.*, p. 393.
[77] *Ibíd.*, p. 394.
[78] *Cf.* Schreber, D. P., *Memorias de un neurópata, Op. Cit.*, p. 30 y 148.
[79] *Ibíd.*, 395.

hombre que pasaba a su lado. La palabra "marrana" viene así a constituir esa parte de la cadena discursiva que,
perteneciéndole al sujeto, le vuelve –no en forma invertida– desde afuera. Por el mecanismo de la proyección la
fuente de enunciación es allí puesta afuera, como proviniendo del Otro[80].

También el delirio intenta restituir algo del orden filiatorio, aunque de otro modo. Pensemos aquí no sólo en el
raro Dios de Schreber, sino en la vinculación de este último
con el Sol, y el modo en el cual, en determinado momento
de construcción del delirio, Schreber aparece inscripto en
el linaje solar. Punto que podríamos considerar de cierta abrochadura, o almohadillado, propio de la metáfora
delirante. Punto también de cierta estabilización, no sin la
prueba de la ordalía –prueba de linaje–: "Pude ver al Dios
superior (Ormuzd), esta vez no con los ojos de mi espíritu,
sino con mis propios ojos de individuo carnal. Era el Sol,
pero no el Sol que aparece ordinariamente ante todos los
hombres [...]. El espectáculo era de una tal magnificencia
y de una majestad tan triunfantes que no osaba mirarlo
continuamente y trataba de desviar la vista del prodigio
[...]. Ese Sol glorioso incluso me habló [...]". ¿Cuál fue para
él la prueba?: "Sus rayos palidecen ante mí cuando, enfren-
tándolos, hablo en voz alta. Puedo mirar tranquilamente
al Sol y sólo me encandilo muy débilmente, mientras que

---

[80] *Véase* especialmente los tempranos manuscritos H y K, donde Freud desarrolla
de modo excelente el resorte último de este mecanismo de proyección en la
paranoia, al plantear el *síntoma de defensa primaria,* característico de esta afec-
ción. A propósito de una paciente, dirá: "Se ahorraba de ese modo el reproche de
ser una 'mala persona'. Luego hubo de oírlo desde afuera". (Freud, S., *Manuscrito
H,* Amorrortu, Buenos Aires, 1982, T. I, p. 248). Dimensión del reproche que
supone el más temprano antecedente de la noción de superyó –y su articulación
a la ley–, en la letra freudiana. Por su parte Safouan, precisará en torno al mecanismo de la proyección en la paranoia, lo siguiente: "a este fin se destina la proyección: el objeto no es más el reflejo del yo, se lo ha cargado con aquello de lo
que el sujeto se descarga. Más aun: el sujeto es literalmente rechazado en lo real,
donde se presenta como 'él'. Safouan, M., *Estudios sobre el Edipo, Op. Cit.,* p. 103.

cuando gozaba de buena salud, al igual que los otros seres humanos, no habría podido mirar al Sol de frente durante varios minutos". Esto viene a probar para él su linaje: es hijo del Sol[81].

La metáfora delirante se constituye, entonces, en un recurso que viene a suplir el defecto filiatorio, permitiéndole al sujeto anclar en lo simbólico y lograr un cierto apaciguamiento de sus padecimientos. En el otro extremo, cuando el trabajo de la psicosis no tiende hacia cierta estabilización del sujeto, el riesgo de pasajes al acto cobra relevancia como recurso para dar solución a algo que hace a la nervadura central del sufrimiento del sujeto. Trataremos de circunscribir dentro de esto último las llamadas *locuras parricidas*.

Locuras parricidas

Pierre Legendre va a analizar a fondo cuál es la lógica desde la cual un sujeto puede llegar a consumar un acto loco homicida. Sentando una clara posición crítica respecto del modo de operar contemporáneo, sea de los representantes del campo jurídico como los del campo psi, el autor sostendrá lo siguiente:

"Constatémoslo: los especialistas en derecho penal, testigos de una construcción clasificatoria no regenerada, están como aturdidos por la muletilla gestionaría del control social, mientras que del lado de los expertos en psiquismo, tan frecuentemente implicados en el desarrollo de los procedimientos judiciales, la escalada de una psiquiatría cientista y la verborrea a que da lugar el psicoa-

---

[81] *Cf.* Schreber, D. P., *Memorias de un neurópata*, *Op. Cit.*, p. 146, y Freud, S., *Sobre un caso de paranoia descrito autobiográficamente*, *Op. Cit.*, Apéndice.

nálisis mal asimilado han acabado por diluir la interrogante freudiano sobre el homicidio en tanto que crimen fundamental.

También es necesario retomar las cosas en el nivel más simple: ¿qué sabemos del homicidio? Más exactamente: *¿qué sabemos de la prohibición del homicidio?* A partir de aquí, la cuestión se desnivela: ¿qué relación mantiene cada uno de nosotros con el homicidio?"[82]

Legendre plantea, en relación al *acto loco homicida*, que lo que está en juego allí es el asesinato de la Referencia absoluta, es decir, del Padre mítico[83]. Cuando él analiza el acto homicida del cabo Lortie –al cual ya nos referiremos con mayor detalle–, va a subrayar una frase dicha por él una vez consumado el acto. Lortie quería perpetrar su ataque contra la Asamblea de Quebec, y es encaminándose hacia el recinto donde se suponía estaba sesionando la asamblea que matará al azar a varias personas. Este homicidio, aun dentro de estas características, es también ubicado por Legendre como parricidio. Una vez consumado el acto, y caída de alguna manera la atmósfera delirante que lo empujó al mismo, el cabo Lortie dijo: "el gobierno de Quebec tenía el rostro de mi padre"[84].

El cabo Lortie, inmerso en una atmósfera delirante, se ve empujado al acto: "es preciso que lo haga..."[85], se decía. También en Schreber algo se presentaba en términos de "un empuje a...": para llevar a cabo su misión redentora le

---

82 Legendre, P., *El crimen del cabo Lortie. Tratado sobre el Padre, Op. Cit.*, p. 18.

83 *Ibíd.*, p. 26, 118, 129-140.

84 *Ibíd.*, p. 27, 59, 65, 75, 76.

85 Dice Legendre, a propósito de esta formulación de Lortie: "Después tocamos un punto nodal de lo trágico cuando se expresa sobre su crimen inminente como sobre un acto que *debe* ser consumado: 'lo que yo hago o lo que voy a hacer, no sé por qué, *es preciso que lo haga*.' Subrayo esta formulación que hace la parodia del mundo de la ley: la sujeción compulsiva y, en suma, el reverso del imperativo normativo (El imperativo legal, señal de la normatividad humana, la reencontramos caricaturizada en el acto criminal)". *Ibíd.*, p. 93. *Véase* también p. 109.

era necesario su transformación en mujer[86]. Aclarándonos, por cierto, que no se trataba de algo que él quisiera, sino de algo que se le imponía, un "tener-que-ser", fundado en el orden del universo, y al que no podía en absoluto sustraerse. Lo que en el primer caso se presenta como *empuje al acto,* en el segundo lo hará como *empuje a la transformación en mujer,* operando en el trabajo del delirio.

Intentaremos abordar, a partir de los diferentes casos que recorreremos, de qué se trata y qué pone en juego una imposición de esta índole, sin olvidar que aquella transformación en Schreber venía a constituir una suplencia del Nombre del Padre.

---

[86] "Pues bien, indudablemente ya había tomado conciencia de que, lo quisiera o no, la eviración era un **imperativo absoluto del orden del Universo** y, *procurando un compromiso razonable,* no me quedaba otra solución que hacerme a la idea de ser transformado en mujer. La consecuencia de la eviración debía ser nada menos que mi fecundación por los rayos divinos para generar una nueva raza de hombres. La transformación de mi persona fue facilitada por el hecho de que yo estaba convencido de que fuera de mí, el género humano, en sus formas reales había desaparecido de la superficie de la Tierra; estaba seguro de que las formas humanas que todavía podía ver no eran sino 'imágenes de hombres construidos a la ligera'; mi eviración, por consiguiente, no iba a constituir una infamante humillación. En realidad, los rayos que se encarnizaban por dejarme tirado, y que con este fin se agotaban en sus intentos de aniquilar mi razón, no dejaban ocasionalmente de apelar –de manera hipócrita– a mi sentido del honor viril". (Resaltado nuestro). (Schreber, D. P., *Memorias de un neurópata, Op. Cit.,* p. 180). Respecto de este mismo imperativo véase: Freud, S., *Op. Cit.,* p. 18 y sig., y Lacan, J., *El Seminario. Libro 3 – Las Psicosis, Op. Cit.,* p. 361 y sig.

Capítulo II: El caso Wagner

"Si estuviera en mis manos haría revivir a los vecinos de Mühlhausen que he matado. Pero mis hijos debe-rían permanecer muertos. Ya que me produce un gran dolor pensar que podrían sufrir aunque sea una míni-ma parte de lo que yo he sufrido. [...] La muerte de mi familia sigue siendo, hasta hoy, el mayor consuelo para mi miseria. Mis hijos eran como yo, así que, ¿qué podían esperar de la vida?"[87]

Ernst Wagner

Basándonos en el texto del psiquiatra alemán Robert Gaupp (1870-1953), consagrado al caso Wagner, expon-dremos los ejes fundamentales del mismo con el propó-sito de trazar las coordenadas que nos permitirán situarlo -según nuestra lectura- en el marco de *las locuras parri-cidas*. La singularidad de este caso nos conduce, por lo demás, a interrogar tres cuestiones de capital importancia: el vínculo melancolía/paranoia, la relación del delirio con el pasaje al acto homicida, y el gran tema de la respon-sabilidad subjetiva.

¿Quién fue Ernst Wagner? ¿A partir de qué hecho su nombre cobra celebridad? ¿Quién era antes de que esto aconteciera?

Wagner era un maestro de escuela, que cumplía con su trabajo seria y disciplinadamente. Aunque un tanto pre-suntuoso y arrogante, su trato con la gente era muy correc-to. Se destacaba sí por un rasgo: él hablaba en un ale-mán literario, no hablaba el suabo, su lengua materna –su

---

[87]   Gaupp, R., *El caso Wagner*, Ed. Asociación Española de Neuropsiquiatría, Espa-ña, 2001, p. 12.

"lengua vulgar", como diría Dante Alighieri–. Fue también dramaturgo. Escribió numerosas tragedias, cuya publicación no fue aceptada por los editores a quienes él se las enviaba. Él se había costeado la publicación de algunas de ellas. Hasta el día de consumar su trágico pasaje al acto, desempeñó "normalmente" su vida laboral y familiar. Al menos esto era lo que parecía.

El acto loco

Un amanecer, cuando apenas "la luz alcanzaba para recortar los contornos de los cuerpos", Ernst Wagner, a los 38 años de edad, mató a su esposa y a sus cuatro hijos. No fue un acto impulsivo, no fue algo que irrumpiera en el momento cobrando el carácter de un arrebato. Los niños dormían, la esposa también, y cada detalle del acto que estaba consumando estuvo silenciosa y finamente planeado durante algo más de cuatro años, mientras continuaba regularmente con su vida cotidiana. Claro que éste sería sólo el primer acto del plan homicida que habría dado lugar a esta tragedia.

Que la luz fuera suficiente sólo para recortar el contorno de esos cuerpos, y no ver más que eso, formaba parte del plan. Eso fue lo que el autor de estos crímenes dijo después. Él no quería ver, siempre le impresionó la sangre, pero tampoco quería dejar de ser certero en su acto.

Mató a sus hijos "por compasión", a su mujer –a quien no quería, pero tampoco odiaba– la mató para que "no sufriera por la muerte de sus hijos".

El segundo acto de esta tragedia se consumó unos cuantos kilómetros más allá del pueblo donde él vivía. Luego de matar a su familia, Wagner tomó su bicicleta y se encaminó hacia esa localidad con el fin –también largamente premeditado– de matar a los "habitantes de Mühl-hausen...". A ellos, a plena luz, los mataría "por venganza". Su puntería debía afinarse fundamentalmente hacia los hombres, él no quería matar mujeres, ni niños. De todos modos, comenzada la matanza, que arrojó un saldo de 8 muertos en el acto y 12 heridos de gravedad, él estaba enceguecido, sólo veía caer cuerpos –la sangre siempre le impresionó–. Incendió varios lugares. Tenía previsto, como tercer y póstumo acto, matarse él, morir envuelto en llamas en el Palacio de Ludwigsburg.

Fue atrapado y golpeado por algunas personas de Mühlhausen, quienes en medio de la furia y la impotencia lo golpean tanto en su brazo, que le fue posteriormente amputado. No llegó a cumplir, como se ve, con el últi-mo acto.

Cuando se encaminaba hacia Mühlhausen, luego de asesinar a toda su familia, envía unas cuantas cartas, cuyos destinatarios debían leer una vez concluida la matanza, y su propia muerte. En una de ellas, dirigida a alguien a quien le pide editar todas sus obras, le dice: "Tendrá que ayudarme a mí, el Muerto, a tomar la palabra..., quiero que sea el editor de mis obras"[88]. Claro que, cuando efec-tivamente esta persona lee la carta, Ernst Wagner no está muerto, sino preso y en pleno interrogatorio judicial.

Algunas de sus otras cartas tenían como destinatarios a su familia, hermanas y hermanos, a quienes lisa y lla-namente les decía: "¡Tomen veneno!" Les aconsejaba, les pedía, que se maten. Había planificado también matar a parte de su familia de origen, no llegó a hacerlo.

Entre la planificación del crimen –desde hacía cuatro años– y su ejecución hubo momentos de vacilación. Esta-ba por hacerlo y no lo hacía. En esos momentos en que

---

[88]   Gaupp, R., *Op. Cit.*, p. 143.

"los días transcurrían sin que él lograra pasar a la acción",
como él mismo decía, trataba también de aclararse que
su acto no tendría que ser el fruto de un arrebato o de la
embriaguez, ya que, en ese caso: "los responsables serían
entonces un imponderable, una desgracia, un accidente,
no yo mismo [...] Y mi esperanza y mi **ancla** será –lo sé
perfectamente– el propósito de actuar con seguridad el
próximo otoño..."[89]

Luego de consumado el acto homicida, dos cuestiones
fundamentales se modificarán en su posición subjetiva: la
idea del cumplimiento de una *misión* para con la humanidad[90] y su *culpa sexual* –de la cual hablaremos luego–; se
siente, en relación a esta última, más purificado[91]. Ahora
bien, lo que no caerá es su *certeza* de pertenecer a una
"estirpe enfermiza" y, en consecuencia, el imperativo de
eliminar a toda la descendencia[92]. Nunca abandonó, por
tanto, la certeza que fuera el eje de su delirio, y que obró
certeramente en el empuje al acto homicida.

Los motivos

La carátula legal de "asesinato múltiple" no debe extraviar-
nos; bajo la misma, se hace necesario descubrir y reconstruir la lógica de este acto loco. Para lo cual, en principio,
prestaremos especial atención –tal como lo hizo Gaupp– a
las palabras del autor de esta tragedia. Él distinguía claramente los dos primeros momentos de su plan asesino, y los

---

89 *Ibíd.*, p. 122.
90 *Ibíd.*, p. 158.
91 *Ibíd.*, p. 168.
92 *Ibíd.*, p. 159 y 160.

motivos que lo obligaban a consumarlo: fue por *compasión* que debía matar a su familia, y por *venganza* que debía atacar a los habitantes de Mühlhausen.

Matar por venganza puede resultar algo, en cierta forma, más al alcance de nuestro entendimiento. Pero ¿matar por compasión? Wagner nunca tuvo una mala relación con sus hijos. De hecho, la noche anterior a la consumación de su acto la familia se reúne a cenar, comen y charlan como habitualmente lo hacían. No obstante, más allá de esta aparente normalidad en que se desenvolvía la vida familiar, Wagner siempre afirmó en relación a sus hijos lo siguiente: "nunca quise tenerlos"[93], y jamás se arrepintió de haberlos matado.

Iremos viendo, poco a poco, cómo los motivos de un acto se van entrelazando delirantemente con los del otro, permitiéndonos de ese modo conjeturar cuál es la lógica de este pasaje al acto homicida.

La intervención de Gaupp en el caso

Gaupp es llamado para realizar una pericia psiquiátrica, necesidad que surgió a partir del interrogatorio judicial. Él diagnostica a Wagner como paranoico y lo declara "irresponsable de sus actos criminales": "Wagner no es ningún delincuente brutal, sino un hombre enfermo que sólo era peligroso para los otros a causa de su enfermedad"[94].

Pero no finalizará allí su relación con Wagner, seguirá atendiéndolo durante 30 años, tiempo en el que Wagner estuvo internado hasta su muerte. Escribió numerosos trabajos acerca de su paciente. Aún más: en cierto momento,

---

93   *Ibíd.*, 150.
94   *Ibíd.*, p. 11 *n.*12.

en el cual tuvo lugar un encendido debate sobre la paranoia, Gaupp va a realizar una presentación de enfermos a la que llevará a Wagner.

Este último jamás quiso que se lo declarara irresponsable y luchó denodadamente contra esto. Llegó a decirle a Gaupp que él era su peor enemigo. Wagner quería la pena de muerte, quería ser decapitado y conocía a pies juntillas el artículo del Código Penal que se aplicaba en casos como el suyo. Su peor condena era que se lo declarara inimputable. Se abre acá todo un nudo de cuestiones que desplegaremos con más detenimiento cuando articulemos la noción de superyó, dejando planteados –por el momento– los siguientes interrogantes: ¿se trata sólo de dirimir si el sujeto de un acto homicida, de estas características, es loco o normal, declarándolo por ende irresponsable o responsable del mismo? Polarizar de este modo las cuestiones ¿no nos deja en un callejón sin salida en cuanto al sujeto?

Wagner quería ser condenado por sus crímenes, jamás se arrepintió de los mismos. Y esta situación, en principio paradojal –en tanto el reconocimiento de su responsabilidad y la espera de la condena no implican para él ni culpa ni arrepentimiento–, él la resumía en una frase: "soy responsable, pero no culpable":

"Ya he dicho en muchos pasajes de mis cartas y de mis obras que la vida va haciendo al hombre, que cada cual es guiado por los hilos de su destino, que todo está predeterminado y que niego, por tanto, cualquier culpabilidad. Con esta filosofía no quiero, sin embargo, sustraerme a mis responsabilidades ante el tribunal"[95].

"Yo declaro que asumo por entero la responsabilidad prevista en el Código penal y que me siento plenamente responsable"[96].

---

[95] *Ibíd.*, p. 157.
[96] *Ibíd.*, p. 13.

¡Qué modo tan paradójico supone esta posición del sujeto ante la ley! ¿Cómo situar esta enunciación donde la responsabilidad, el hecho de querer responder por su acto, no supone para el sujeto culpabilidad? Volveremos en un próximo capítulo sobre esto. Veamos, en principio, cuándo aparecen en Wagner los primeros trastornos.

Los primeros trastornos

Cuando Wagner tiene 18 años se produce en su vida, tal como dijo Gaupp, una grieta: fuertemente perturbado por el momento del desarrollo sexual –tardío en su aparición, por cierto– y el onanismo, que irrumpe de modo compulsivo en ese momento, se desencadenarán en él los primeros trastornos. Encuentro con la sexualidad que engendra angustia y perplejidad, y que lo sitúa frente a un enigma, un ¿qué es...? profundamente desestabilizador. Grieta que denota ya una falla en el orden simbólico y, en consecuencia, en sus respectivos anudamientos con los otros registros constitutivos de la subjetividad.

Recordaremos, en este punto, algunos señalamientos de Lacan cuando planteaba el carácter devastador que suele tener en el paranoico la primera sensación orgásmica completa:

"Hace mucho que insistí –tanto en mi tesis como en un texto casi contemporáneo– en el carácter devastador, muy especialmente en el paranoico, de la primera sensación orgásmica completa. ¿Por qué en el paranoico? Trataremos de responder a esto de paso. Pero en determinados sujetos encontramos constantemente el testimonio del carácter de invasión desgarradora, de irrupción perturbadora, que presentó para ellos esta experiencia. Con eso basta para indicarnos, en este rodeo en el que nos encontramos que la novedad del pene real debe jugar su papel como elemento de difícil integración"[97].

Podríamos sostener, evocando también precisiones posteriores de Lacan, que el encuentro con su propia erección, en Wagner, no fue autoerótico en lo más mínimo, fue lo más hetero que podríamos suponer, sumiéndolo en un estado de perplejidad devastadora. Al no poder tramitar dicho goce, vía la metáfora paterna, la paranoia sólo contará con la posibilidad de una elaboración delirante del goce.

Dice Wagner en su Autobiografía: "[...] Lo que me hizo perder mi juventud, lo que acabó hundiéndome cada vez más en el fango fue el hecho de sucumbir al onanismo... *se me notaba* [...] Todo el tiempo escuchaba *alusiones.* Una vez encontré *frente al espejo*: '¡levántate, juerguista!' [...] La vergüenza y el pesar me mantenían en una depresión constante..." [Las cursivas son nuestras][98].

La visita a un neurólogo que intentará "consolarlo", como él mismo dijo, y minimizar los motivos de su culpa, provocarán en él un gran enojo.

Gaupp va situar en relación a este momento los primeros síntomas de la enfermedad, más específicamente señalará que empieza a asomar allí el síntoma de "significación personal patológica"[99], que cobraría consistencia más adelante y que habría de "fecundar" su delirio.

---

[97] Lacan, J., *El Seminario. Libro IV – La relación de objeto*, Ediciones Paidós, Buenos Aires, 2010, p. 260.

[98] Gaupp, R., *El caso Wagner, Op. Cit.*, p. 47.

[99] Neisser, psiquiatra alemán, es quien introduce esta noción. Lacan hace referencia al mismo en su tesis: "Neisser encuentra el síntoma primitivo de la paranoia en experiencias de *significación personal*." Lacan, J., *De la psicosis paranoica en su relación con la personalidad*, Siglo Veintiuno, México, 1976, p. 126.

Durante esos años el joven Wagner vivirá atormenta-do por el autorreproche, ligado a la presencia compulsiva de su onanismo, y en la convicción de que "los demás se daban cuenta", "se le notaba". Así hasta sus 26 años.

La primera inflexión en el trabajo de su psicosis

La autoacusación de Wagner adquirirá nuevos ribetes cuando otra cuestión venga a tomar el relevo del onanismo al que originariamente quedaba ligada, cobrando ahora el estatuto de certeza. A sus 26 años, cuenta Wagner, empieza a cometer ciertos actos de zoofilia. Prácticas de bestialis-mo que permanecerán en estado de enigma, ya que jamás quiso decir en qué consistían, y frente a lo cual no dejaría de atormentarse por una culpabilidad que invadía su vida de desazón y desesperación, a punto de asociarse a este particular autorreproche sus ideas e intentos de suicidio, los cuales precedieron su plan criminal.

También a estos actos de zoofilia se anudarían de inmediato los mismos síntomas que habrían surgido en relación al onanismo: tenía la certeza de que los demás se daban cuenta, sabían de estos actos y hablaban de él bur-lándose y difamándolo. Esto surge inmediatamente des-pués de haberlos cometido. Decía Wagner que, por aquel entonces, llevaba siempre un revolver en el bolsillo, ya que si alguna autoridad venía a detenerlo por su "delito sexual", él se pegaba un tiro. Desde ese momento Wagner habría vivido en la certeza de que los demás *aludían* a él en sus risas y miradas, en sus cuchicheos y murmuracio-nes, en torno a estas acciones cargadas de reprobación y burla. Vivió perseguido y atormentado por estas supues-tas habladurías.

El psiquiatra alemán E. Kretschmer, discípulo de Gaupp, retomará el caso Wagner, vinculándolo al delirio del masturbador: "[...] el pecado sexual exageradamente sobrevalorado se elabora en el sentido de la insuficiencia vergonzante, y se invierte en delirio de referencia"[100]. *Delirio sensitivo de referencia*, según los propios términos del psiquiatra, que pone claramente de manifiesto ese "pegoteo imaginario" en el cual *consiste* la paranoia: "Es la voz que se sonoriza, la mirada que se vuelve prevalente, es un asunto de congelación del deseo..."[101]

Después de cierto tiempo Wagner deja embarazada a la hija del tabernero. En ese pueblo pequeño, en el que vivía, la noticia llega rápido a la escuela donde él trabajaba y se decide su traslado a una localidad cercana –de Mühlhausen a Radelstetten–. Un año después, ya nacida su primera hija, Klara, él se casa con esta mujer, por "obligación moral". Nunca la quiso, así como tampoco quiso tener a ninguno de sus hijos. No se cansará de repetir sobre todo esta última afirmación. Así, en una carta a su cuñado, escrita días antes de sus crímenes, y depositada junto a las demás cartas en el correo luego de asesinar a su familia, dice:

"A los niños nunca quise tenerlos, no quería tener ni uno solo. Cuando pienso que algún día hubiera podido irles la mitad de mal que a mí, considero que muertos están perfectamente protegidos y a buen recaudo"[102].

Wagner afirmaba que, al contraer matrimonio, sus prácticas de zoofilia habían quedado atrás hacía bastante tiempo. Sin embargo, esto no modificará en nada la fuerza de actualidad que cobraba su autorreproche, al cual se

---

[100] Citado por Claudio Godoy en *La paranoia en la enseñanza de Lacan*, Ed. por CID Bogotá, Centro de investigaciones y docencia en Psicoanálisis, 2004, p. 19.

[101] Lacan, J., *Seminario R.S.I.*, Clase 8 de abril.

[102] Gaupp. R., *Op. Cit.*, p. 150.

ligaba indisolublemente la persecución que sufría a causa de las alusiones y habladurías, que él atribuía a los habitantes de Mühlhausen.

El *delirio de significación personal* adquiría entonces otra consistencia, en la medida en que localizaba más claramente a su perseguidor: "los habitantes de Mühlhausen" o, como también él diría, "el pueblo causante de mi desgracia".

Wagner pasa todo este período de su vida muy atormentado por sus autorreproches y perseguido por dichas alusiones. En determinado momento –habiendo nacido ya sus cuatro hijos– se va de su casa con el firme propósito de suicidarse. Vuelve abatido por la incapacidad de llevar a cabo este acto. No obstante, sus ideas de suicidio habían comenzado mucho antes. Consignemos, por el momento, algo que él sostenía ya a sus 18 años, haciendo suyas las palabras de Edipo: "Lo mejor sería no haber nacido, y si se nace, haber llegado rápido a la meta"[103].

Una vez producido el desencadenamiento, podríamos distinguir tres momentos en el trabajo de su psicosis. Un primer momento vinculado a la irrupción del onanismo y sus primeros trastornos, un segundo momento donde acontecen sus supuestos actos de zoofilia, dando lugar a una primera inflexión en dicho trabajo, donde cobra un nuevo estatuto el *delirio de significación personal*; y, un tercer momento, a partir de una segunda inflexión[104]. De este último período, en el que se suceden unos tras otros los embarazos de su mujer, Wagner dirá: "Ella estaba embarazada de hijos, yo de pensamientos asesinos".

---

[103] *Ibíd.*, 42.
[104] Surgirá mucho después, ya confinado en la internación psiquiátrica, un cuarto momento en el trabajo de su psicosis cuando aparece en su delirio la cuestión judía.

Segunda inflexión en el trabajo de su psicosis: la confesión y la planificación del acto

Luego del retorno de aquel viaje en el cual habría intentado suicidarse, y meses después de la muerte de su quinto hijo al poco tiempo de nacer, se producirá un viraje en Wagner que la psiquiatría clásica reconocería en la figura del *perseguido–perseguidor*. Viraje del que tendremos el más vivo testimonio en tanto coincide con el comienzo de la escritura de su Autobiografía[105], que será, al mismo tiempo, la planificación de su acto criminal. Curiosa manera de empezar a contar-*se*[106] en una historia.

Así comienza su Autobiografía:

"De entrada quiero hacer esta confesión: soy zoofílico[107]. Pues nada, dicho está, y no me apetece seguir hablando del asunto; vuestra lubricidad no contrapesa un solo minuto de autodesprecio..."[108]

Destaquemos que esta autoacusación estará siempre revestida de hermetismo, cerrada –umbilicada– sobre sí misma, conectada con algo informulable para Wagner: él se negará siempre y contundentemente a especificar o dar detalles de estos actos, así como a revelar el contenido de las alusiones de que fuera objeto y que referían, como sabemos, a los mismos. Éste será su secreto inconfesable, el cual se llevará a la tumba[109].

---

105 Hasta el momento, Wagner sólo había escrito –y seguiría escribiendo– tragedias. Su escritura cobra ahora otro estatuto.

106 Contar como relato, historia, pero también contar, en tanto cuenta generacional.

107 En su lengua: "Ich bin Sodomit". En la introducción al texto citado de Gaupp, José María Alvarez nos aclara que el sustantivo *Die Sodomie* nombraba en la literatura psiquiátrica de la época tanto las prácticas perversas de zoofilia como la homosexualidad. Wagner se refería a la zoofilia.

108 Gaupp, R., *Op. Cit.*, p. 73.

109 Este hombre trágico, autor de esta devastadora tragedia, a su vez autor de tragedias literarias, parece una vez más ponerse en la piel del personaje trágico, e invocar, en ese silencio, aquel de Áyax. Una vez cometido su acto loco, nos

A Gaupp no dejaba de llamarle la atención el misterio que rodeaba esta inamovible afirmación de Wagner. Se preguntaba si los actos habrían sido realmente cometidos o sólo eran el producto de su imaginación. Finalmente, los situará como actos perversos, a los cuales el onanismo habría preparado ya el camino. Apenas cometido el delito sexual, como lo llamaba Wagner, sentirá que "se le notaba", que los demás "se daban cuenta".

Dice Gaupp: "debemos considerar que inmediatamente después de la comisión del delito –sexual– se produjera una profunda transformación en la conciencia del acusado: la percepción del mundo exterior es falseada bajo los efectos de un sentimiento exacerbado de angustia y culpabilidad", "Wagner empezó a proyectar hacia afuera la angustia y los remordimientos que lo atormentaban"[110].

Consideramos nosotros, más bien, que tras esa férrea afirmación –más allá de la comisión efectiva de tal acto de zoofilia– se esconde una certeza de orden delirante ligada al horror al incesto, al nudo de serpientes que supone el magma indiferenciado de los lazos de parentesco, como efecto de la forclusión del nombre del padre. Aquella *irrupción de goce* –momento de desencadenamiento de su psicosis– en el despuntar tardío de su desarrollo sexual, y el onanismo concomitante, se anudarán –según nuestra lectura– a la convicción delirante de haber cometido un delito sexual atroz.

Dice Wagner: "Mis delitos sexuales me han parecido siempre algo horrible. Puede que las habladurías y cuchicheos de los habitantes reforzaran todavía más esta idea

---

recuerda Legendre, este último se mata diciendo en su desesperación: "Lo demás, iré a contárselo a las sombras" –*Cf.* Legendre, P., *El crimen del cabo Lortie. Tratado sobre el Padre, Op. Cit.*, p. 75–. Claro que, a diferencia de Áyax, este silencio se plantea no tras el acto loco, sino como punto de partida en la planificación del mismo, que viene a coincidir con la escritura de su autobiografía.

[110] Gaupp., R., *Op. Cit.*, p. 202.

de haber hecho algo atroz, pero seguro que no la provoca-
ron. A mediados de mi estancia en Radelstetten, es decir
entre 1904 y 1908, cuando no percibía ningún tipo de burlas o acosos a mi alrededor, me despertaba cada mañana pensando en ello. Y me decía: aunque nadie supiera
nada, deberías sentir vergüenza de haber hecho todo eso
y suicidarte. Y la idea de que los habitantes de Mühlhausen sabían algo jamás me abandonó del todo, ni siquiera durante los tranquilos años que pasé en Radelstetten.
Tenía un miedo constante por mis hijos, miedo de que
hubieran heredado mis tendencias inmorales bajo una forma todavía peor, si cabe. Cierto es que no advertía nada
raro en ellos. Pero yo mismo y toda mi familia éramos, a mi
juicio, gente degenerada. Nunca me he sentido totalmente a gusto en mi cuerpo, he padecido muchas jaquecas y
neurastenias, y la neurastenia es peor que todas las otras
enfermedades"[111].

Wagner calificará su onanismo y su zoofilia como
"actos contra natura". Una vez cometido sus crímenes, dirá
que "se había apaciguado por completo su impulso sexual"
y que ahora se sentía "totalmente puro"[112].

Pero lo fundamental del viraje que señalábamos,
como segunda inflexión en el trabajo de su psicosis, está
cifrado en ese anudamiento de su autobiografía con la planificación de su acto criminal, que incluía su propia muerte, y al cual llamaría su "gran obra": "Quiero ponerme a
trabajar como quien realiza una tarea cotidiana. Perspicaz
deberá ser mi ojo, seguro y sereno mi brazo, para disparar, apuñalar y golpear [...] Quiero obligar a mi brumoso
cerebro a pensar sólo en las exigencias del momento [...]
No deberá faltar la voluntad de destruir, [...] el hombre ha

---

111 *Ibíd.*, p. 190.
112 *Ibíd.*, p. 12 y 13.

de tener suerte, sobre todo el 'asesino' [...] Y cuando haya realizado la gran obra, me gustaría entonar una canción neroniana y morir"[113].

Viraje, por tanto, de sus ideas e intentos de suicidio hacia la planificación del asesinato-suicidio[114]. Punto donde situamos esta inflexión a partir de la cual su paranoia deviene *locura parricida*.

¿Qué lo habría llevado a Wagner a este callejón sin salida? ¿Qué sabemos de Wagner, de su historia familiar, de su historia en tanto hijo?

Referencias de su historia familiar

Wagner fue el noveno de diez hijos. Cuatro de sus hermanos murieron a edad muy temprana: el cuarto, el séptimo, el octavo y el décimo[115].

De la madre de Wagner dirá Gaupp lo siguiente: "Sobre su madre sabemos algo más por las actas. Parece haber sido una mujer frívola que, tras la muerte del marido, no tardó en mantener relaciones sexuales con otros hombres y, en febrero de 1877, es decir a los cinco meses de morir su marido, se casó con B., un campesino, aunque ya por entonces esperase un hijo de P.[116], un guardavías casado que vivía en E. Parece ser que por aquel tiempo también mantuvo relaciones con W., un mesonero [...]. B. impugnó el matrimonio ya en marzo de 1880 [...], por adulterio de

---

[113] *Ibíd.*, p. 69.
[114] Para Kretschmer, la singularidad de este caso remite al modo en que se entrelazan la culpa y el delirio de referencia con la megalomanía y el pasaje al acto homicida, desembocando en una "acción liberadora": a través de una violenta catástrofe externa intenta dar solución a un tormento íntimo (*Cf.* Godoy C., *Op. Cit.*, p. 19).
[115] Él quedará así situado en la cuenta de sus hermanos entre tres muertos.
[116] Hijo que muere al poco tiempo de nacer.

la mujer. En el expediente del divorcio se lee que la mujer pasó una temporada deprimida y quiso quitarse la vida cuando B., su segundo marido, intentó repudiarla. [...] El propio asesino llegó a contarme que su madre tenía más bien una concepción melancólica y pesimista de la vida, así como recelo y animadversión hacia los tribunales y las autoridades [...]"[117].

La madre de Wagner muere, "de un infarto o una apoplejía"[118], cuando él tiene 28 años.

Así sintetiza Gaupp su propia investigación sobre la historia familiar de su paciente:

"Estas constataciones nos permiten, pues, deducir claramente que en la familia del acusado había habido varios casos patológicos. Dos hermanos de la madre eran enfermos mentales, la madre misma era neurasténica y moralmente voluble, padecía de migrañas y tenía un temperamento melancólico y, al parecer, proclive a padecer vagos delirios persecutorios: el padre era veleidoso, inclinado a la bebida, presuntuoso e insatisfecho"[119].

A su vez, también nos transmite la posición de Wagner en torno a esta pesquisa de su psiquiatra:

"El propio Wagner no proporcionó mucha información sobre estos parientes. Sabía muy pocas cosas de ellos y se negó a hablar de su madre en términos desfavorables; le indignaba que se rastrearan cosas tan lejanas ya en su pasado. También le parecía erróneo cualquier intento por descargar una parte de culpa sobre sus antepasados cuando creían descubrir en él alguna tara hereditaria. Se burlaba de los criterios modernos que pretendían responsabilizar a los antepasados de un individuo de cualquier tara que lo aquejase. Se veía obligado a rechazar de plano,

---

[117] Gaupp, *Op. Cit.*, p. 37 y 38.
[118] *Ibíd.*, p. 37.
[119] *Ibíd.*, p. 39.

decía, que buscaran en sus padres los motivos de su conducta. Por otro lado hacía hincapié en que *tanto él como
toda su familia constituían una estirpe enfermiza* que debería desaparecer de la faz de la Tierra. Todos eran, según él,
neurasténicos, aunque la debilidad y la enfermedad eran
las 'mayores taras'" [La cursiva es nuestra][120].

Se destaca en lo anterior cierto punto de controversia
entre la *teoría hereditaria* del psiquiatra y la fuerte oposición de su paciente a descargar la responsabilidad en sus
antepasados. No obstante, la *teoría –delirio– de la estirpe
enfermiza* de Wagner viene más bien a coincidir con aquélla, dejando en nosotros abierta la pregunta, desde otras
coordenadas, por el *campo paranoico* en que esta psicosis
cobró forma. Tomemos, por el momento, algunos extrac-
tos de su Autobiografía y escuchemos al propio Wagner
en el relato de su historia. ¿Qué nos dice de su madre y
de él mismo?:

"En general a una edad muy temprana empecé a abo-
rrecer a la autoridad en general y a sus representantes. Mi
madre me decía que los alcaldes y los jueces sólo ayudan a
la gente rica y torturan a los pobres [...]. Estaba firmemente
convencido de que los jueces y todos los abogados eran
unos pillos. Y aborrecía a los ricos. Es cierto. Habría poca
gente que nos tuviera afecto. El 'hijo de la viuda' era algo
que escuchaba a menudo en la calle, incluso en boca de
gente mayor, y en la voz no se advertía el menor asomo
de compasión"[121].

Continúa Wagner:

"Por mucho que respete la memoria de mi madre y
lamente haberle causado pocas alegrías y muchas preo-
cupaciones, permítaseme decir que fue en gran parte la
culpable del ensombrecimiento de mi espíritu. Ella lo veía

---

[120] *Ibíd.*, p. 39.
[121] *Ibíd.*, p. 44.

todo desde el ángulo más sombrío, y con su matrimonio no se marcó ningún tanto. Su marido murió dejando hijos y deudas (no quiero que se diga esto de mí)..."[122].

Efectivamente, antes de su pasaje al acto, se preocupó muy bien de no dejar ninguna deuda, además de ningún hijo.

Respecto de su padre, ¿qué le llegaría al niño Wagner de boca de su propia madre? Nos dice:

No conocí a mi padre, que murió cuando yo tenía dos años. Es muy poco lo que he oído sobre él, pero ese poco no me permitió forjarme una *imagen paradigmática* de su persona. Mi madre decía que fue una suerte que muriera. Muchas veces lo he maldecido por haberme traído a este mundo. Pero para que no se anoten demasiadas deudas en su haber juzgando al palo por la astilla, quisiera decir que lo único malo que se comentaba de mi padre, era: 'Jacob W. era un hombre presuntuoso y descontento, al que más le valdría ocuparse de las labores del campo que pasarse la vida bebiendo cerveza'. Que cada cual juzgue si este es también mi caso" [La cursiva es nuestra][123].

Notemos allí esta función de la escritura a partir de la cual se apela a un Tercero –el lector, en este caso– que juzgue. Pero que juzgue precisamente ¿qué?: el lazo filiatorio entre el palo y la astilla.

Wagner escribía en su Autobiografía que la mayoría de la gente eran hijos de la embriaguez y la estupidez, que eran hijos no deseados.

Wagner hijo también frecuentaría la taberna. De hecho, decía que sus actos de zoofilia fueron cometidos en estado de embriaguez. Las alusiones que lo atormentaban –cuchicheos, risas, miradas...–, siempre emanadas de hombres, se asociarían muchas veces a la taberna.

---

[122] *Ibíd.*, p. 44.
[123] *Ibíd.*, p. 37.

Retomemos ahora cada uno de los motivos esgrimidos por Wagner en relación a sus crímenes, los cuales, según creemos, pueden guiarnos en la dilucidación de este acto loco.

La venganza

Sólo después de haber consumado su pasaje al acto homicida, Wagner dejará de sentirse atormentado y perseguido por las murmuraciones de "los habitantes del pueblo de Mühlhausen". La venganza habría sido uno de los motivos de sus crímenes, convirtiéndose así de perseguido en perseguidor. Vemos allí cómo el "delirio de significación personal" –o, "de referencia", según lo bautizará Kretschmer, discípulo de Gaupp–, bajo un matiz claramente reivindicativo, se anuda al acto y funciona como empuje al mismo.[124].

Para Gaupp se trata, en Wagner, de un delirio de persecución crónico y sistemático en el que interviene fundamentalmente la "significación personal patológica", basado en la creencia en estas alusiones relacionadas con una supuesta falta sexual de su juventud.

¿Cómo podemos situar nosotros este crimen?

Wagner localiza claramente en "los habitantes de Mühlhausen", "sus únicos y verdaderos difamadores", la imagen de una Alteridad, o de una Referencia[125] en térmi-

---

[124] ¿Difiere esto, al mismo tiempo, su otro acto: el suicidio? Dejemos abierta esta cuestión

[125] Pierre Legendre dilucida, a través de claras nociones, y retomando plenamente la letra freudiana, la lógica del parricidio, a la que se adscribiría el *acto loco homicida*. Una de esas nociones claves remite a la "Referencia", punto de tránsito obligado para acceder a una reflexión profunda sobre este último: "Ese punto de tránsito es la Referencia dogmáticamente construida, de la que procede el sistema de filiaciones en una cultura determinada y la que da al homicidio su sentido último. Pantalla en la que se diseñan ritos y discursos mitológicos tan opacos como los sueños: así se proponen a la humanidad las construcciones de la Refe-

nos de Legendre, que se torna persecutoria. "Habitantes de Mühlhausen", a los cuales también nombraría como "el PUEBLO causante de mi desgracia".

¿Qué rostro, qué imagen tiene para él esta Alteridad persecutoria hacia la cual dirige su venganza? En una de sus cartas enviadas al periódico y dirigida a su Pueblo, dice:

"¡A MI PUEBLO!": "[...] hay demasiada gente en este mundo; habría que matar ahora mismo a la mitad, no merece ser alimentada porque su cuerpo es malo [...], *¿de dónde viene la miseria?* En mi opinión nadie lo podría decir mejor que yo. Viene *de las prácticas sexuales antinaturales.* El género humano actual está enfermo de sexo [...]. He tenido que sufrir mucho, he sido *objeto de las mofas y acosos* de gente vulgar. Podría decir una serie de cosas sobre la insondable infamia de los hombres, si no creyera que al hacerlo me pondría a mí mismo en ridículo [...] ¿que os escandaliza mi pecado? ¡Vaya mentira! ¡Os ha procurado la mayor de las alegrías! *¡Ha sido una golosina para vuestra inmunda trompa!"* [La cursiva es nuestra] [126].

---

rencia. [...] Las grandes prohibiciones se fundan y despliegan sus efectos no sólo mediante enunciados jurídicos explícitos, sino más comúnmente mediante formas y puestas en escenas que tienen por característica desbordar la palabra", manejar "lo inhablable". Esto supone, por tanto, la puesta en escena mítica de la Referencia absoluta, soporte de la ley simbólica, lugar Tercero que excede a cualquier padre particular, que está sobre él, y al cual debería subordinarse, haciendo de ese modo efectiva la transmisión de la ley al hijo. La forclusión del nombre del padre supone el fracaso de este proceso filiatorio, la no transmisión de la ley simbólica, y en el acto loco homicida –vinculado en este caso, a su vez, con la psicosis– el sujeto entabla una relación directa con la Referencia –enferma–, en lugar de mantenerla a distancia, llevando a cabo el acto que, en su dimensión mítico-simbólica no ha tenido lugar. El parricidio, homicidio de la Referencia, es la subversión de aquella construcción. *Cf.* Legendre, P., *Op. Cit.*, p. 25 y 26.

[126] Gaupp, R., *Op. Cit.*, p. 148.

Wagner abrigará, por tanto, la convicción de ser el objeto de goce en la "inmunda trompa" de este perseguidor, de este Otro gozador. Père-secuteur, como escribe muy atinadamente Maleval[127].

Sin embargo, si bien podemos reconocer algo del orden de esta Referencia en la imagen del Pueblo de Mühlhausen, que se torna emblemática para Wagner, esto aún no termina de situar para nosotros el nudo último de este acto parricida. Para ello debemos internarnos en la otra faceta de su acto: el crimen de su familia, "por compasión". Al mismo tiempo que preguntarnos si el delirio de Wagner se halla solamente "fecundado" por estos "síntomas de significación personal patológica", como puntúa Gaupp, o si alguna otra certeza delirante viene allí a constituirse en su piedra basal, en el núcleo primordial de este delirio.

El crimen por compasión

Wagner dice que mata a su familia por compasión, por las burlas que reciben él y su familia, debido a los actos que cometió. Pero, precisamente, dada la relevancia que cobra para él su supuesto "delito sexual", podríamos conjeturar que en el meollo de esta compasión anida otra certeza más fundamental y, quizás, la línea de fuerza más importante de su delirio.

Wagner escribía lo siguiente en su Autobiografía:

"Adiós pues vosotros que me habéis querido y detestado. No me voy de buen grado, pero *es preciso que* me vaya. También *es preciso que* me lleve a los míos. Mi mujer podría seguir con vida ¿pero cómo podría yo matar a los niños? –ella no lo permitiría–. Además será mucho mejor para ella

---

[127] Maleval, J. C., *Lógica del delirio*, Ediciones del Serbal, España, 1998, p. 118.

no sobrevivir. *Mataré a los cinco por compasión*. Dentro de mil años regresaré tan virtuoso que no me reconoceré..." [La cursiva es nuestra][128].

Con los años, Wagner reblandeció su odio hacia los habitantes de Mühlhausen, pero jamás se arrepintió en lo más mínimo de haber matado a sus propios hijos. Así, en 1919, seis años después de cometidos los crímenes, escribía:

"Mi estado anímico ha mejorado considerablemente. Si estuviera en mis manos haría revivir a los vecinos de Mühlhausen que he matado. Pero mis hijos deberían permanecer muertos. Ya que me produce un gran dolor pensar que podrían sufrir aunque sea una mínima parte de lo que he sufrido yo [...]. La muerte de mi familia sigue siendo, hasta hoy, el mayor consuelo para mi miseria. *Mis hijos eran como yo*, así que ¿qué podían esperar de la vida?"[129]

Wagner decía provenir de una "estirpe enfermiza", construyendo de este modo su propia genealogía, en la cual reina la indiferenciación y la continuidad: todos serán iguales –o peor–, en cuanto a la degeneración y la inmoralidad. Y será este núcleo de su delirio, la idea de "la estirpe enfermiza", el que obrará en el empuje hacia su acto loco: su misión con la humanidad era la de eliminar a los débiles y enfermos, él se llamaba "salvador de los justos" y "ángel exterminador".

¿Qué intenta matar el parricida?, se pregunta Legendre. El parricida, nos dice, intenta impugnar la Referencia, el fundamento del que surge la idea de paternidad.[130] Mata a una Referencia que impide operar al principio separador[131].

---

128 Gaupp, R., *Op. Cit.*, p. 72.
129 *Ibíd.*, p. 12 (Introducción de José María Alvarez).
130 Legendre, P., *Op. Cit.*, p. 35.
131 *Ibíd.*, p. 143.

Wagner hacía directamente responsable a su padre de lo que él llamaba "la estirpe enfermiza", la degeneración a la que no escapaba nadie de su familia. La "estirpe enfermiza" tenía, podríamos decir, parafraseando aquí al cabo Lortie, el rostro de su padre –y de quien Wagner no tendría, recordémoslo, "una imagen paradigmática"–. La idea de la "estirpe enfermiza", a la cual pertenecía, cobra en él el estatuto de certeza, anudándose a ella la *imagen no paradigmática de su padre*, y es a partir de esto mismo que podríamos situar esta locura como parricida.

La degeneración era, según su delirio, el rasgo filiatorio a esta "estirpe enfermiza" y la zoofilia –entendida como degeneración– se constituía en la *prueba* de pertenencia a este linaje[132]. Claro que esta construcción de su delirio es al mismo tiempo la denuncia del fracaso de ese proceso filiatorio que intenta restituir: la "degeneración" va de la mano de la indiferenciación del sujeto. Por lo demás, a aquel "delito sexual", piedra angular de su delirio, se anudaba su inexorable e indesarraigable autoacusación –cuestión a la que ya volveremos–.

Legendre se preguntará cómo se puede matar la Referencia, ya que no se pueden matar palabras. Se mata la Referencia matando la imagen de la misma, un objeto al que se habría promovido al rango de imagen, de efigie viviente de dicha Referencia: "La locura es una confrontación con las imágenes [...]", "sobre el terreno de los emblemas, tan importantes para las prácticas identificatorias, la locura también juega su partida", "un loco es aquel que dispone soberanamente de los emblemas, [...] es un maestro de los emblemas"[133].

---

[132] Comparable quizás a la ordalía en Schreber.
[133] Legendre, P., *Op. Cit.*, p. 71.

Wagner tenía la certeza de que no sólo él, sino toda su familia era "gente degenerada", temía que hubieran podido heredar la mismas "tendencias inmorales", incluso bajo una forma aún más aberrante, e "ir *contra natura* era el más grande de todos los crímenes"[134]; por ello se sentía en la obligación –"es preciso que..."– de asesinar a sus descendientes–[135]. Ataca de este modo el lazo filiatorio mismo, mata a sus hijos y quiere matarse él, como representantes de la estirpe, como la imagen misma de la "estirpe enfermiza". La "estirpe enfermiza": he aquí el nuevo rostro de la Alteridad, el cual "es preciso que" él elimine de la faz de la Tierra. Rostro que, más directa que emblemáticamente, se reflejaría en la imagen de sus hijos –y de toda su familia: sus hermanos–. Él tenía la firme convicción de que sobre la familia Wagner pesaba una maldición, de ahí su plan homicida/suicida, y su deseo de que sus otros hermanos y hermanas se quitaran igualmente la vida: "Todo el que sea un Wagner y lleve este apellido está condenado a la desgracia. Todos los Wagner deben desaparecer, todos deben ser redimidos"[136], "hay que cortar de raíz la mala hierba"[137].

En el relato mítico de la Biblia sobre el crimen de Caín podemos leer un comentario que no carece de interés. Se dice allí que al matar a su hermano Abel, Caín mata a un hijo con toda su descendencia.

---

[134] Gaupp, R., *Op. Cit.*, p. 12.
[135] Es interesante la noción de "suicidio ampliado" con la cual Gaupp caracteriza este pasaje al acto homicida de Wagner. Veremos más delante de qué modo se entroncaría a la lógica misma del parricidio.
[136] Gaupp, R., *Op. Cit.*, p. 215.
[137] *Ibíd.*, p. 81.

Un parricida, dice Legendre, es un hijo que mata a un hijo y con él "a toda su descendencia"[138]. El parricida en su acto "mata a todo el mundo, incluido él mismo"[139]. Paradójicamente, en este acto, el parricida busca reivindicar, restaurar al Padre con mayúsculas[140].

El delirio de persecución de Wagner localizaba en "el Pueblo causante de su desgracia" la imagen misma del perseguidor. Pero "su indignidad melancólica"[141] no sería menor. Por el contrario, dicha posición subjetiva constituyó lo más profundamente indesarraigable, cifrándose en atormentadores autorreproches relativos a su delito sexual, vía por la cual se sostiene su argumento delirante de pertenencia a una "estirpe enfermiza": la zoofilia le proporcionará una constatación, una prueba de pertenencia a este linaje enfermizo que hay que borrar de la faz de la Tierra[142]. Recordaremos, en ese sentido, algunas de sus afirmaciones ante el juez instructor y en entrevistas con Gaupp, luego de cometido su acto loco: "aunque nadie hubiera sospechado

---

[138] *Cf.* Legendre, P., *Op. Cit.*, p. 116.

[139] *Ibíd.*, p. 92, 93 y 136.

[140] *Ibíd.*, p. 158.

[141] *Cf.* Soler, C., *Inocencia paranoica e indignidad melancólica*, en *Estudios sobre las psicosis*, Ediciones Manantial, Buenos Aires, 1991.

[142] En otro texto hemos remitido a las diferencias planteadas por Maleval en relación al diagnóstico de paranoia de Gaupp, referido a Wagner. Para aquél, en función del lugar central que ocupaba en su delirio la falta cometida, se trataba más claramente de una posición melancólica. De nuestra parte, consideramos que otra complejidad está en juego, en cuanto a su posición subjetiva, teniendo en cuenta que dicha falta sexual, que da sustento a la autocondena delirante de Wagner, se funda más profundamente en la certeza de pertenecer a una "estirpe efermiza": es a la vez *inocente,* dado que la culpa es de la estirpe, del lazo filiatorio enfermo, pero a su vez *indigno* por pertenecer a ella. Al mismo tiempo, sus *querellas contra* la estirpe encuentran una vía de proyección en el Otro que se tornará persecutorio –los habitantes del pueblo de Mühlhausen–, conservando para sí el sujeto el lugar del objeto degradado, culpable e indigno. Así, el reproche circula entre el sujeto y el Otro, encontrando su punto de fijación en la identificación del sujeto al objeto rechazado: la melancolía es allí, claramente, el reverso de su posición paranoica. *Cf.* De Biasi, M. C., *Ser nada. Formas clínicas de la melancolía en Psicoanálisis*, Letra Viva, Buenos Aires, 2013, p. 44.

nada de mis delitos sexuales, yo habría perdido de todas formas mi autoestima, pero no hubiera, eso sí, llegado al crimen"[143], "quizá sea ridículo, pero el ser humano es así: transfiere el odio y la cólera provocados por su delito al lugar donde lo cometió"[144], "en este momento ya no siento odio por los habitantes de Mühlhausen, siento esas muertes, pero no me arrepiento en absoluto de la muerte de mis hijos".

Lógica de este acto loco

¿Cómo precisar la lógica de este acto parricida, cuya particularidad es la de asestar un doble golpe a la Referencia o, si se quiere, mata dos veces a la Alteridad?

Por un lado, el golpe recae sobre la imagen que toma esta Alteridad en el Pueblo de Mühlhausen –mera proyección de su autoacusación– y, por otro, aún más fundamental, recaerá en la imagen de *la estirpe enfermiza* que Wagner ve reflejada en sí mismo tanto como en sus hijos, y hermanos. Juego mortífero de espejos detrás del cual se perfila, oscuramente, el "rostro de su padre", a quien él haría responsable de la degeneración[145]. Rostro desconocido, azogue del espejo.

Wagner no sólo maldice al padre por haberlo hecho nacer, sino que hablará en términos de "maldición de la herencia". Solía mencionar a Edipo como su compañero de infortunios[146].

---

[143] Gaupp, R., *Op. Cit.*, p. 214.
[144] *Ibíd.*, p. 212, *n.*1.
[145] *Ibíd.*, p. 196.
[146] *Ibíd.*, p. 141 y 142.

Convicción en la continuidad sin falla y la transmisión de una identidad de la que sólo se puede escapar con el exterminio de toda la descendencia. Genealogía delirantemente construida. Decía Wagner: "Tenía un miedo constante por mis hijos, miedo de que hubieran heredado mis tendencias inmorales bajo una forma todavía peor, si cabe. Cierto es que no advertía nada raro en ellos. Pero yo mismo y toda mi familia éramos, a mi juicio, gente degenerada..."[147]

En este orden delirante de filiación el tú invocante está forcluido, en su lugar sólo aparece la tercera persona: él, objeto de las habladurías y alusiones. Objeto también de una continuidad sin apelación, sin diferencia y sin réplica posible del sujeto. Desde muy tempranamente nombrado como "el hijo de la viuda", "él", en boca de otros, sintiéndose desde entonces despreciado; objeto más tarde –por su propio "delito sexual"– de murmuraciones y burla; pero también, tal como lo dijera el mismo Wagner, cuando él se despreciaba se trataba en tercera persona.

Certeza inamovible en torno a esta idea de la "estirpe enfermiza" que, curiosamente, viene a superponerse con la teoría de la degeneración que sostendría Gaupp en relación a Wagner:

"[...] La madre era una degenerada en el sentido psiquiátrico del término [...]. Podemos afirmar que Wagner heredó las taras mentales de sus padres [...]". Y cuando hace mención a los sueños angustiantes y aterradores que habría padecido Wagner, dirá que "son frecuentes en los degenerados congénitos"[148].

¿Cómo podría Gaupp, munido de este instrumento teórico –Teoría de la degeneración–, siquiera sospechar que detrás de esta idea de la "estirpe enfermiza" se podría

---

[147] *Ibíd.*, p. 12.
[148] *Ibíd.*, p. 196 y 197.

esconder lo más inquebrantable de la certeza delirante de Wagner? Tan fuerte, o tal vez más, que su certeza en las alusiones y las difamaciones atribuidas a los habitantes de Mühlhausen.

Cuando la psiquiatría habla de herencia, está remitiendo, desde siempre, y más aún hoy, a la biología. Para el Psicoanálisis la noción de herencia es de sustancial importancia, pero remite a algo radicalmente diferente. La herencia para el Psicoanálisis tiene que ver con la transmisión de la ley y la castración simbólica: nudo filiatorio que funda la posibilidad del sujeto del inconciente, articulándose al enigma del deseo del Otro. Los significantes en función de significantes del nombre del padre son el soporte de dicho mecanismo filiatorio.

Hemos situado, sin renunciar a esta precisión diagnóstica de Gaupp, una certeza que viene a trazar más fuertemente el surco de este delirio: "la estirpe enfermiza", poniendo con ello paradigmáticamente de relieve la necesidad de todo sujeto de un acto, de palabra o fuera de ella, que venga a instituirlo en tanto sujeto filiado, enlazado a la cadena de las generaciones. Así, trágicamente, la *estirpe enfermiza* –y su prueba de pertenencia por la zoofilia– es a Wagner, lo que *Dios* o el *Sol* –y la correspondiente prueba de linaje– era a Schreber[149]. Si la metáfora delirante no es suficiente para proveer al sujeto psicótico de un surco más ordenador de su posición subjetiva, estará siempre la posibilidad y el riesgo de un acto fuera de la palabra, más allá de su eficacia –incluso delirante–, en el intento de restituir tal función subjetivante.

---

[149] *Cf.* Freud, S., *Sobre un caso de paranoia descrito autobiográficamente (Schreber)*, *Op. Cit.*, p. 74 y 75.

Sujeto del goce y paranoia

Intento filiatorio, sea por la vía de la metáfora delirante, sea por la trágica vía del acto loco, que supondrá una cierta posición del sujeto en relación al goce. Lacan alude a la posibilidad de una definición más precisa de la paranoia, si la pensamos en términos de *sujeto del goce*, en tanto desde dicha posición subjetiva el goce queda localizado en el lugar del Otro. El Otro, persecutorio –*père-secuteur*–, juega en la paranoia su papel fundamental.

El delirio, entonces, se define no sólo por una convicción inquebrantable, sino porque la misma se articula al goce, es una certeza de goce. Maleval, siguiendo en esto a Colette Soler, caracteriza el delirio como "un proceso de significantización", mediante el cual el sujeto consigue elaborar y fijar una forma de goce aceptable para él o, en todo caso, menos inaceptable[150]. El delirio de Wagner se habría revelado totalmente insuficiente para este fin.

¿De qué está enferma "la estirpe enfermiza"? Wagner decía saberlo mejor que nadie: de sexo. Paul Elouard escribió, a propósito de una parricida célebre, Violette Nozière, quien mata a su padre incestuoso, un bello poema donde hablaba de la necesitad de cortar en ese acto parricida el "nudo de serpientes" que supone la no-diferenciación como consecuencia del incesto. Podemos decir entonces que, donde no hay "nudo filiatorio", habrá "nudo de serpientes" –magma indiferenciado–. Wagner hablaba de las sierpes venenosas que debía exterminar. En el acto parricida, el hijo pide al padre el límite. Todo padre debe el límite –castración simbólica– a su hijo. Esta fue la deuda fundamental que el padre de Wagner deja impaga en relación a su hijo, impidiendo a este último la construcción

---

[150] Maleval, J.C., *Op. Cit.*, p. 22.

del propio camino de la castración y la deuda simbólica. Consumado su acto, Wagner dirá que su impulso sexual se había apaciguado y que ahora se sentía "totalmente puro".

Decía Wagner en el momento más encendido de su locura, cada vez más cerca de su acto loco, en la Tercera parte de su autobiografía, lo siguiente: "mi ley y mi evangelio son: 'destruid la vida', '¡Matad!'..." Cuando el asesinato del padre, instaurador de la ley y la subjetividad, no se cumple en el nivel simbólico de la palabra y la representación mítica, habrá de retornar, entonces, como imposición del superyó en lo real: "¡mátalo!"

Capítulo III: Empuje al acto

*"Así de necio era yo como candidato al suicidio. [...]
Quiero ponerme a trabajar como quien realiza una
tarea cotidiana. Perspicaz deberá ser mi ojo, seguro y
sereno mi brazo para disparar. Quiero obligar a mi
brumoso cerebro a pensar sólo en las exigencias del
momento. Quiero escarnecer cualquier sentimiento de
compasión, asfixiar la voz que me habla de injusticia.
No deberá faltar la voluntad de destruir [...]. Y cuando haya realizado la gran obra, me gustaría entonar
una canción neroniana y morir."*[151]

Ernst Wagner

"¡Destruid!... ¡Matad!"[152], se le imponía al maestro Wagner
cuando, en la planificación de su acto criminal, no podía
ya sustraerse a la ejecución del mismo: "Es preciso que me
vaya. También es preciso que me lleve a los míos"[153]. Pierre
Rivière, en otra dimensión del acto no menos loco, obe-
decía a idéntica imposición[154]. Legendre, en las lecciones
consagradas al crimen del cabo Lortie, va a resaltar una
frase de éste último referida a su pasaje al acto: "es preciso
que lo haga..."[155] Nuestra pregunta es qué ley ordena este
empuje-al-acto, y ello en sus dos sentidos posibles: dar la
orden por un lado, pero también desde qué lógica, desde
qué legalidad se ha ordenado el mismo.

---

[151] Gaupp, R., *El caso Wagner*, Edición: Asociación Española de Neuropsiquiatría, España, 2001, p. 69.

[152] *Ibíd.*, p. 131.

[153] *Ibíd.*, p. 72.

[154] *Yo, Pierre Rivière, habiendo degollado a mi madre, a mi hermana y a mi hermano... Un caso de parricidio del siglo XIX presentado por Michel Foucault*, Tusquets Editores, Barcelona, 2001, p. 121 y 122.

[155] Legendre, P., *El crimen del cabo Lortie. Tratado sobre el padre*, Siglo Veintiuno, México, 1994, p. 93 y 109.

Legendre, interrogando profundamente la lógica del homicidio, en el marco de las locuras parricidas, nos plantea las siguientes preguntas: ¿qué sabemos del homicidio?, ¿qué sabemos de su prohibición?, ¿qué relación mantiene cada uno de nosotros con el homicidio...?[156] Y sostendrá, respecto de aquella imposición, lo siguiente:

"Ciertas declaraciones de Denis Lortie, aquéllas en las que, por ejemplo, anuncia a su mujer el atentado inminente, toman otro relieve que el de la simple declaración de un impulso criminal: 'Esto que hago, o esto que voy a hacer, no sé por qué, *es preciso* que lo haga'. El segundo término de esta nota normativa (*es preciso*) es la lógica de lo prohibido que nos devuelve a la cuestión del sacrificio humano, en esta ocasión de manera delirante.

Partiré de esta idea: instituir es hacer reinar lo prohibido, y lo prohibido es hacer reinar la parte de sacrificio que corresponde a cada uno para hacer posible la diferenciación necesaria al despliegue de las generaciones. Esto supone, en Occidente y en todas partes, que lo prohibido mismo sea construido en tanto que discurso que sobrepasa a todo sujeto. En resumen, se trata de distinguir los escalones que conducen a la noción de parricidio y de comprender por qué un crimen semejante debe ser comprendido como fundamental en el doble sentido de fundador y de fundamentalista"[157].

Para el autor, estos difíciles problemas, en torno a los cuales planteará en principio su abordaje, han sido prácticamente eliminados de la reflexión moderna de la criminología actual.

Ya Freud en *Tótem y tabú*, analizando el crimen en sus dos formas más aborrecidas, el incesto y el parricidio, se ve conducido a construir el mito del asesinato del

---

156 *Ibíd.*, p. 18.
157 *Ibíd.*, p. 109.

padre. Manera singular de reconocer que "con la ley y el crimen comenzaba el hombre", tal como señala Lacan en "Introducción teórica a las funciones del psicoanálisis en criminología". Texto en el cual también sostiene que no se puede captar nada de un crimen si no consideramos en él qué es lo que está poniendo en juego simbólicamente. El crimen se re-inscribe en el terreno de "ciertas estructuras radicales" transmitidas inconcientemente por el lenguaje. Y en estas estructuras radicales lo que está en juego es la transmisión de la ley por los engranajes del mito[158].

Recordemos que para Lacan no se trata de dar realidad histórica al mito, sino de extraer del mismo sus consecuencias simbólicas. Las estructuras radicales que el lenguaje transmite, operación de la metáfora paterna mediante, se articulan por tanto a la función-ficción del padre muerto. Padre simbólico, Absoluto, más allá de cualquier padre singular, por cuyo intermedio se transmiten esas dos leyes fundamentales de la palabra: la interdicción del incesto y del homicidio. Mito del asesinato del padre que da a la ley su fundamento ficcional, la cual se traducirá subjetivamente en términos de culpabilidad.

El pasaje al acto criminal, precisará Lacan, nos conduce al gozne entre naturaleza y cultura[159], y es precisamente en ese gozne donde se descubre la incidencia de esa instancia oscura, ciega y tiránica (que parece la antinomia del ideal del deber puro) que llamamos superyó.

---

[158] El título del apartado donde se introducen estas cuestiones versa del siguiente modo: "Del crimen en su carácter expresivo del superyó como instancia psicopatológica: si el psicoanálisis irrealiza el crimen, no deshumaniza al criminal". Por demás de elocuente es este título que viene a enmarcar de modo conciso la lógica del parricidio. *Cf.* Lacan, J., *Introducción teórica a las funciones del psicoanálisis en criminología*, Ediciones Homo Sapiens, Argentina, 1978, p. 26, 27 y 28.

[159] Lacan, J., *Op. Cit.*, p. 40.

Debemos distinguir, por tanto, una culpabilidad producto de la instauración de una ley simbólica –allí donde el asesinato simbólico ha tenido lugar– de otro tipo de sometimiento, a una ley tiránica y oscura, que sitúa ese sesgo duro y cruel del superyó, y que no deja de estar en estrecha relación con el acto criminal. Distinción que nos deja este interrogante decisivo: ¿cómo es posible que en lugar de esta ley simbólica: "no matarás", advenga la imposición superyoica: "¡mátalo!"?

En el corazón de la ley simbólica situamos estas dos leyes fundamentales que nacen de lo aborrecido: la prohibición del incesto y del homicidio. "No matarás" e interdicción del incesto que no debemos entender en el sentido de una normativa, de un enunciado de palabra, sino que constituyen la condición misma de la palabra. *Tótem y tabú* se convierte en un abordaje exhaustivo de estas leyes, interrogando aquello que estaría en el corazón de este aborrecimiento de donde nace la ley.

No matarás

Dice Safouan en su texto *La palabra o la muerte*: "En el comienzo era el verbo, y si existe una ley que, por excelencia, esté hecha para salvaguardar la primacía de la palabra en seres cuyo lazo con la vida parece ser tan sutil que fácilmente la pondrían en juego en la lucha, esa ley es la interdicción del homicidio. Sobre este punto es sumamente significativo el análisis que hace Freud de la conducta de los 'primitivos' para con el enemigo"[160].

---

[160] Safouan, M., *La palabra o la muerte ¿Cómo es posible una sociedad humana?*, Ediciones de la Flor, Buenos Aires, 1994, p. 65.

En *Tótem y tabú* Freud va a señalar algo muy singular de la conducta del hombre primitivo con el enemigo al que ha matado. A través de las prescripciones que observan, tendientes todas ellas a la reconciliación por el temor a los espíritus, advertimos que no sólo está en juego la hostilidad con aquél, sino también el arrepentimiento y el duelo: el asesinato de un enemigo suscita los mismos sentimientos que el homicidio de un miembro del grupo. Y es allí que Freud sostiene lo siguiente:

"Quiere parecernos que también en estos salvajes está vivo el mandamiento 'No matarás', mandamiento que no se puede violar sin castigo, mucho antes de cualquier legislación recibida de la mano de un dios[161].

Analizando el "no matarás" como una de las dos prohibiciones-tabú más antiguas, junto a la interdicción del incesto, Freud nos plantea la universalidad de estas prohibiciones, al mismo tiempo que la estructura misma de una ley, cuyo carácter de universal la convierte en la condición de toda sociedad humana, es decir, en leyes de la palabra, más allá de cualquier enunciado positivo de la misma, o aun en su ausencia: hay algo que nace de un aborrecimiento radical, de un rechazo, en estrecha relación con aquella culpabilidad, que se hace sentir aun cuando se trate de haber matado al enemigo.

Como bien señala Safouan, la interdicción del homicidio no se confunde con la ley positiva que castiga el homicidio, la cual puede declarar culpable a alguien, pero no puede hacer que se sienta culpable[162]. Mientras que la culpabilidad se hace sentir aun cuando el acto de matar pueda estar socialmente admitido, como es el caso destacado por Freud.

---

[161] Freud, S., *Tótem y tabú*, Amorrortu, Buenos Aires, 1993, T. XIII, p. 46.
[162] Safouan, M., *Op. Cit.*, p. 150.

Ahora bien, ¿qué es lo que allí interviene, en el corazón de lo aborrecido, suscitando culpabilidad y remordimiento? ¿Qué nos revela la estructura misma de la prohibición tabú?

El término *tabú* encierra sentidos contrapuestos, nos remite tanto a lo sagrado como a lo impuro, peligroso, prohibido, ominoso, y puede resumirse en la expresión "horror sagrado"; por lo demás, se opone –en lengua polinesia, a la cual pertenece– al término *noa*, que significa lo acostumbrado, lo asequible a todos. Desde este ángulo, Freud destaca en relación al tabú cierto carácter de reserva[163]: siendo compartido por el grupo es al mismo tiempo algo que opera en cada uno de sus miembros *en reserva*, en una suerte de íntima exterioridad[164], podríamos decir, que nace de lo aborrecido.

El tabú se expresa en limitaciones y prohibiciones, pero estas restricciones son diferentes –precisa Freud– a las religiosas o morales. El carácter propio de las prohibiciones-tabú, que las diferencia de las otras, es que prohíben desde ellas mismas –no reconducen al mandato de un dios–, no se insertan en un sistema que las declare necesarias y las fundamente. En consecuencia: "las prohibiciones tabú carecen de toda fundamentación; son de origen desconocido; incomprensibles para nosotros, parecen cosa natural a todos aquellos que están bajo su imperio. Wundt llama al tabú el código legal no escrito más antiguo de la humanidad. Universalmente se supone que el tabú es más antiguo que los dioses y se remonta a las épocas anteriores a cualquier religión"[165].

---

[163] Freud S., *Op. Cit.*, p. 27.
[164] Quizás en el mismo sentido aquí empleado, Safouan sostiene, en relación a esta ley universal, que su eficacia no depende de una transmisión exterior, sino que, si hay una exterioricidad, es la de "un exterior interior a toda generación". *Cf.* Safouan, M., *Op. Cit.*, p. 72.
[165] Freud, S., *Op. Cit.*, p. 27.

Ahora bien, más allá de "lo incompresible para nosotros" o de parecer "cosa natural para todos aquellos que están bajo su imperio", su núcleo último –esa íntima exterioridad– nos remite a esas dos leyes fundamentales de la palabra, cuya estructura nos es develada por el tabú: se trata de leyes no escritas, que carecen de fundamentación y, no obstante, de ellas parte la fuerza estructurante de un orden simbólico, el cual, al mismo tiempo, les proveerá la trama mítica que les dará su soporte ritual, y su fundamento.

Freud atribuye a la ambivalencia de los sentimientos los ritos observados por los primitivos tras haber matado a un enemigo: el homicidio suscita tanto el deseo como el horror –lo cual no deja de vincularse a los sentidos contrapuestos del término tabú: "horror sagrado"–. Y explicará la ley que prohíbe el homicidio como dictada por el horror. Wagner escribía en su Autobiografía –planificación, al mismo tiempo, de su acto criminal–, que en el crimen no veía ya nada de horrible[166]. Pero también dirá, una vez caída la atmósfera delirante que lo encarriló hacia el acto, que "de no haber considerado horribles esos crímenes no hubiera esperado tanto para ejecutarlos"[167]. No podemos dejar de ver, entonces, en el horror, un límite al acto. Pero, ¿de qué límite se trata?

Para Freud entender el tabú arroja luz sobre la naturaleza y la génesis de la conciencia moral: "se puede hablar de una conciencia moral del tabú y, tras su violación, de una conciencia de culpa del tabú. La conciencia moral del tabú es probablemente la forma más antigua en que hallamos el fenómeno de la conciencia moral"[168]. Y esta última supone una posición de máxima certeza del sujeto

---

[166] Gaupp, R., *Op. Cit.*, p. 154.
[167] *Ibíd.*, p. 158.
[168] Freud, S., *Op. Cit.*, p. 73.

respecto de un rechazo relativo a la percepción interior de ciertas mociones de deseo: "el acento recae sobre el hecho de que esa desestimación no necesita invocar ninguna otra cosa, pues está cierta de sí misma"[169]. Certeza de un horror ante los propios impulsos asesinos, ante el deseo de matar que perdura en el inconciente: "Tras cada prohibición por fuerza hay un anhelo"[170], "no es necesario prohibir lo que nadie anhela hacer"[171]. La conducta hacia el tabú supone un mandamiento de la conciencia moral, y violarlo da lugar a un horrorizado sentimiento de culpa, tan evidente en sí mismo como es desconocido su origen e innecesario aducir cualquier fundamento. El tabú prohíbe por sí mismo, no invoca nada.

La conciencia moral nace del mismo suelo que las prohibiciones tabú: de la ambivalencia de sentimientos ligada a la tentación de matar, y al horror ante ello. "A eso desconocido, no consabido, corresponde el carácter angustioso de la conciencia de culpa"[172]. El ansia de asesinato sobrevive en el inconciente y supone, al mismo tiempo, un "goce del ansia misma"[173]. La conciencia moral, por tanto, es la máxima certeza de un goce rechazado, y el horror emerge como límite al acto asesino.

Rabant, leyendo entre líneas el texto freudiano, precisará también, más allá del núcleo último e íntimo que las enlaza, una diferencia decisiva entre la prohibición tabú y la ley moral: "la *Gewissen* es certeza de saber lo que se sabe, *conciencia* de saber este saber (toda conciencia moral es en sí misma, y por la lengua, conciencia de sí), y por lo tanto,

---

[169] *Ibíd.*, p. 73.
[170] *Ibíd.*, p. 75.
[171] *Ibíd.*, p. 74.
[172] *Ibíd.*, p. 74.
[173] Acertada expresión de Rabant respecto de la tentación de matar. *Cf.* Rabant, C., *Inventar lo real. La desestimación entre perversión y psicosis*, Nueva Visión, Buenos Aires, 1993, p. 194.

en cierto modo, también certeza del goce inconciente que ella repele. Si hay una ética freudiana, es entonces la de tornar precisamente accesibles a la *Gewissen* sus fuentes inconcientes, devolverle la comunicación con sus raíces de goce. Dicho de otra manera, tornar accesible a la 'conciencia' (moral) el saber sobre *el motivo de la forclusión* que la funda. El paso del tabú a la 'conciencia' (moral) supone el revelamiento de este motivo, el revelamiento del goce inconciente que funda a la propia ley moral"[174]. Revelamiento de ese goce desterrado por mediación de aquella angustiosa culpabilidad.

La ética freudiana no exculpa, reconduce la culpabilidad –y el goce– a sus fuentes inconcientes, apelando, por la vía del deseo –y la angustia–, a la responsabilidad subjetiva. Ética que se sostiene aun cuando ese goce, que debía permanecer en el registro de las significaciones imaginarias, se desencadene en lo real, tomando protagonismo la "locura" en la cual "se deshace el anclaje, en el Otro, al significante de la ley, único en posibilitar una palabra viable, cuando no de reconocimiento entre los sujetos"[175].

Interdicción del incesto

Siguiendo la misma lógica de la interdicción del homicidio, que nos llevaba del tabú a la conciencia moral, el horror al incesto se convierte también aquí en la fuente de la prohibición. Cuando Freud nos habla de "renuncia pulsional" no debemos entenderlo en términos de una renuncia

---

[174] *Ibíd.*, p. 196.
[175] Safouan, M., *Op. Cit.*, p. 72

voluntaria, sino de un rechazo originario, de una exclusión de goce, que es condición del deseo. *Das Ding*, la Cosa materna, está en el origen de este rechazo.

Horror que es la fuente de lo que Freud llamó la enfermedad del tabú, la enfermedad del contacto, el "delirio de tocar". Tabú del primitivo, síntoma del obsesivo, pone en juego un horror, que es también certeza de goce repelido, puerta abierta a la tentación. A mayor horror, mayor cercanía de la tentación.

Claro que, desde el ángulo de la neurosis, este rechazo al contacto, tomado en las redes de la prohibición-tabú, denuncia una falla de la prohibición simbólica, y una angustiante proximidad de la Cosa materna.

Prohibición que, si bien recae sobre una tentación inconciente, mucho más radicalmente lo hará sobre una imposibilidad: la de hacer Uno con el Otro materno. No hay allí relación unitiva posible: nadie puede escapar a este traumatismo originario de la separación con la madre, por donde será primariamente ese objeto caído, depuesto, del deseo del Otro. "Todos guardamos el recuerdo de nuestra caída originaria"[176]: andrajo o deshecho, identificación al objeto-desperdicio, de donde extrae su fuerza el insulto. Pero a lo que sí puede escapar el ser hablante es a ser tomado en las redes simbólicas de la metáfora paterna, por donde este deseo materno es sustituido por un significante, el falo, que viene a circunscribirlo; y aquel resto podrá entonces convertirse en causa del deseo y del advenimiento subjetivo: *allí donde ello era, yo –Je– debe advenir*.

---

[176] Didier Weill, A., "Metáfora paterna, ley simbólica, superyó", en *¿Hacia una clínica de la metáfora paterna? Cuestionamiento de la metáfora paterna. Actas de las II Jornadas freudianas de Madrid. Noviembre de 1988*, Nueva Visión, Buenos Aires, 1990, p. 302.

Significante fálico, cuya traducción subjetiva es la no coincidencia entre la imagen ideal fálica y la imagen del cuerpo. Distancia que supone el duelo por ese lugar, el del falo materno, y la eficacia simbólica de la falta-en-ser concomitante. Significante fálico, por lo demás, que orientará el mundo de las significaciones, impidiéndoles delirar[177]. Vemos entonces que esta interdicción es al mismo tiempo algo que, al prohibir, permite al niño sustraerse de la imposible tarea de colmar el deseo del Otro, convirtiéndose de ese modo en la apertura al orden deseante.

Ahora bien, si esta interdicción del incesto viene a instituir el lugar de hijo en la imposibilidad de hacer Uno con el Otro materno, es porque esta prohibición también ha recaído en la madre, ya que a ella le está interdicto confundir los lenguajes: el de la ternura y el de la sexualidad. Fue Ferenczi quien habló de las consecuencias de esta confusión de lenguajes en los adultos, poniendo en juego entonces, en sus más variadas formas, el abuso sexual[178]. Si el incesto fundamental es con la madre, esto no significa que el incesto con el padre o con el hermano dejen de serlo. Comportarán siempre este elemento de in-diferenciación que lleva la marca de la Cosa incestuosa, que ha escapado a la pérdida que la ley simbólica imponía.

Del funcionamiento de lo prohibido dependerá entonces que cada sujeto en cada generación pueda emerger del nudo familiar. De lo contrario, como Violette Nozière –abusada sexualmente por su padrastro–, el sujeto que-

---

[177] Como bien nos recuerda Rabant, retomando la crítica de Lacan a Leclaire y Laplanche, el significante en lo inconciente no está abierto a todos los sentidos. El Falo remite a ese significante traumático, sin sentido, primordialmente reprimido, que orienta el campo de la significación. Inscribiéndose en el mismo como magnitud negativa, crea el campo de atracción de una negación que, en la balanza general, "hace contrapeso al conjunto de todas las otras significaciones y les impide delirar". *Cf.* Rabant, C., *Op. Cit.*, p. 150.

[178] *Cf.* Ferenczi, S., "La confusión de lenguajes entre adultos y el niño", en *Problemas y métodos del Psicoanálisis*, Editorial Paidós, Buenos Aires, 1966.

dará expuesto a la posibilidad de verse empujado a cortar por sí mismo ese nudo familiar devenido en "nudo de serpientes"[179], fruto de un corte en lo simbólico que no ha tenido lugar.

Ley de leyes, la prohibición del incesto, está en la base de la constitución del sujeto y, más aún, de toda sociedad humana. No hay sociedad que pueda constituirse si no se funda en esta ley que instaura el orden y la continuidad de las generaciones. Sin ella, no hay madre, ni padre, ni hijo. Esta ley permite nombrar estos lugares y hacer de cada sujeto –al orden del lenguaje– un hijo, alguien que se encuentra filiado al orden simbólico. Se entiende, entonces, que se trate de una ley que prohíbe lo imposible, dado que si hay incesto, no hay diferenciación de lugares[180]. Un hijo fruto de un incesto es al mismo tiempo hijo y hermano. La no diferenciación de esos lugares niega fundamentalmente el lugar de hijo.

Los significantes del nombre del padre que vienen a constituir su metáfora, son aquellos que, en su llamado al sujeto, transmiten esa ley simbólica en la que se anudan la prohibición del incesto y del homicidio. Leyes que en su esencia pertenecen más bien al reino de las leyes no escritas. Dimensión vital de la metáfora paterna, cuyo fracaso condena al sujeto a una errancia en lo imposible[181].

---

[179] Legendre remite a un poema de Paul Éluard dedicado a Violette Noziére, célebre parricida de los años treinta: "Violette ha soñado deshacer/ Hasta el desgarramiento/ El espantoso nudo de serpientes de los lazos de sangre". *Cf.* Legendre, *Op. Cit.*, p. 107.

[180] Prohibir a la madre supone prohibir un imposible: si hay incesto, no hay madre, en tanto lugar simbólicamente diferenciado.

[181] Dice Rabant: "Si la metáfora paterna es un trauma al que padres, hijos e hijas están sometidos, los padres que se sustraen a este oficio reenvían a sus hijos e hijas a algo de imposible: a una errancia en lo imposible". Rabant, C., *Op. Cit.*, p. 139.

Origen ficcional de la ley y creencia

"Ningún hijo ocupará jamás su lugar...", dice el mito freudiano, refiriéndose al Padre mítico. Modo en el cual dicho relato sostiene que la transmisión de la ley simbólica excluye que el padre singular se ubique como legislador. Ningún padre singular ocupará ese lugar de Absoluto. A su vez, esto mismo nos dice que el origen de la ley ha de ser ficcionalizado. Ficción fundadora que nos remite a la falta de fundamento de la ley y que se hará necesaria para que sea eficaz la transmisión de la misma. Ahora bien, que la ficción y sus correspondientes puestas en escena se hagan necesarias para transmitir la ley requiere al mismo tiempo que se crea en ella: la ficción necesita de la creencia en la misma.

Poniendo de relieve este vínculo intrínseco entre la ficción fundadora y la función de la creencia, Safouan evocará un diálogo ficticio entre un padre y un hijo, retomado de un texto de Kelsen[182], donde se plantea el concepto de "norma básica", como ese término último que el pensamiento debe establecer para evitar la regresión al infinito en el orden de los valores.

Pablo vuelve de la escuela y dice a su padre: "mi compañero de clase Hugo es mi enemigo; lo detesto". En respuesta, el padre le propone una norma individual: "Debes amar a tu enemigo Hugo y no odiarlo". Pablo pregunta a su padre: "¿por qué debo amar a mi enemigo?" Él está preguntando, de ese modo, por la razón de validez de esta norma: por qué la significación subjetiva del acto de voluntad de su padre es también su significación objetiva. El padre dice: "Porque Jesús ha prescripto: Amad a vuestros enemigos". Entonces, el hijo pregunta: "¿Por qué es preciso

---

[182] Hans Kelsen fue un jurista austríaco de origen judío. Nace en Praga en 1881 y muere en Berkeley (California) en 1973. El texto al que refiere Safouan es su obra póstuma *Allgemeine Theorie der Normen (Teoría general de las normas)*.

que alguien, sea quien fuese, obedezca los preceptos de Jesús?", reiterando así su pregunta: ¿por qué la significación subjetiva del acto de voluntad de Jesús es también su significación objetiva?, es decir, ¿cuál es la razón de validez de esa norma general? "La única repuesta posible es: porque como cristiano se presupone que se debe obedecer los preceptos de Jesús..."[183]

A nadie le escapa que el padre de Pablo, enunciando esta norma básica, le estaba diciendo también algo así como: "¡en nombre de Cristo..., cállate de una vez!" Así como tampoco se nos escapa que el hijo, en su insistencia, hizo emerger la angustia de su padre allí donde la ley estaba a punto de sumergirse en su falta de fundamento. Punto en el cual emerge esa ficción que le había dado a la ley su cara de consistencia: "Cristo dijo...", en este caso. "En nombre de..." que se funda no en un punto de racionalidad, sino de creencia, y a través de la cual se sostiene la ficción que está en el lugar de la falta de fundamento de la ley. La ficción entonces pone un nombre a la ley: en nombre de Cristo, de Mahoma, de Buda, pero también en nombre de las costumbres, las tradiciones, etc.

Podríamos nosotros, a su vez, imaginar que quizás Pablo, de persistir en su actitud, podría ser de grande ese personaje de Kafka que pasó su vida, y envejeció, sentado ante el umbral de la ley, preguntándole al guardián cuándo podría entrar y acceder a la misma, es decir, conocer en definitiva ese fundamento último del que la ley precisamente carece. Cara de inconsistencia de la ley por donde la angustia se enlaza a la falta de garantía de la misma.

Y es también, por esta inconsistencia de la ley, que podemos hablar de una zona de sombra en relación a la misma, un punto de ignorancia, que hará necesaria su

---

[183] Citado por Safouan, M., *Op. Cit.*, p. 52.

interpretación. Claro que, como señala Didier Weil, el psicoanalista y el juez no tienen las mismas coordenadas para
responder a esta cuestión. El analista no sólo se interesa en
la ley escrita, sino también en esa cara silenciosa de la ley,
que concierne no a lo que el sujeto no debe hacer, sino a
lo que debe hacer como intérprete de su propio deseo: "allí
donde ello era, Tú –en tanto sujeto– has de advenir"[184]. El
sujeto estará allí en relación a una culpabilidad sin objeto
–no se trata de la culpabilidad edípica–, que emerge, precisamente, en estos puntos donde la ley calla, allí donde no
se trata de referir mi deseo a la demanda del Otro –sea que
esta última se enlace a una prohibición, o a una prescrip-
ción–, sino de interrogarlo: "Esta culpabilidad, mal apre-
ciada por Freud, no se refiere a un objeto edípico, sino a la
emergencia misma del sujeto, el cual creado por la metáfora paterna, se siente por el hecho de esta deuda, llamado a
hacer trabajar el poder de creación metafórica depositada
en él para prolongar y llevar a cabo esta operación"[185].

Entonces, si aquel "en nombre de..." que ponía un
nombre a la ley, situaba un lugar Tercero entre Pablo y su
padre, por donde el enunciado de la prohibición se vehi-
culizaba, podemos sostener que la prohibición, la interdicción, tendrá también su cara de inter-dicción, de entre-
decir, de enunciación, por donde el nombre de la ley más
bien nos conduce a la "ley del nombre"[186]: instancia de la

---

[184] *Cf.* Didier Weill, *Op. Cit.*, p. 300.
[185] *Ibíd.*, p. 309.
[186] Safouan lo plantea del siguiente modo: "¿De qué otra deuda, o de qué otro *Sollen*
se considera responsable el sujeto en ese otro lugar desde donde se significa llegado el caso la verdad y donde la responsabilidad es inalienable? El lector ya lo
ha adivinado: lo que opera en ese otro lugar no es el nombre de la ley, sino la ley
del nombre." Safouan, M., *Op. Cit.*, p. 64.

letra en el inconciente, articulada a la función del nombre del padre, donde nosotros, en tanto analistas, podemos re-situar al Tercero del que se trata[187].

Ahora bien, todo este procesamiento de la ley, que se traduce subjetivamente en culpabilidad, recibirá tardía-mente en Freud el nombre de superyó. En Freud el tema de la culpabilidad ha constituido desde siempre un eje fundamental, que se fue trazando a partir de descubrir esa relación compleja, muchas veces paradojal, del sujeto con su culpa.

Paradojas de la culpabilidad y ley superyoica

Si para Freud, tanto como para la moral cristiana, la cul-pabilidad no sólo se liga a una falta cometida, sino tam-bién al deseo de cometerla, no menos cierto es también que desde Freud –y en ruptura con dicha moral– es por el sesgo de la culpa que el sujeto aprehende su ser deseante. El psicoanálisis no desculpabiliza, pero tampoco condena moralmente, ni colectiviza la culpa, esta última –afirma Freud– conduce al deseo.

---

[187] A propósito de la inconsistencia de la ley, Rabinovich sostiene: "Hay, por lo tan-to, un factor en el lenguaje que determina la radical equivocidad de todo enun-ciado de la ley como de todo enunciado en general. Dicha equivocidad descansa en la estructura literal de las palabras. Lacan reconoció en la instancia de la letra la piedra angular de la ley de las leyes, la ley de la que se sostienen todas las leyes, es decir, la ley del lenguaje. [...] Si la palabra de la ley no contuviera, en el registro de la letra, el germen de su inconsistencia semántica, su enunciado ten-dría para el sujeto parlante un valor absoluto, omnímodo, incuestionable. La letra mata el carácter absolutista del sentido de la demanda de la ley y al mismo tiempo la condición omnipotente del legislador". Rabinovich, N., "La instancia de la letra en el fundamento de la ley", en *Primer Coloquio Internacional. Deseo de ley*, Editorial Biblos, Buenos Aires, 2003, T. II, p. 12.

Claro que, y este es otro mojón en el recorrido freudiano en torno a la culpa, no sólo es posible su emergencia por una falta cometida y/o deseada, hay quienes delinquen por sentimiento de culpa y, en ese caso, entonces, el orden de razones se invierte: "Por paradójico que pueda sonar, debo sostener que ahí la conciencia de culpa preexistía a la falta"[188]. Oscura culpabilidad que, al ligarse al delito cometido, encuentra una vía de tramitación y un alivio concomitante. Nietzsche también habría advertido, recuerda Freud, dicha preexistencia del sentimiento culpa a la acción delictiva cuando habla, en sus aforismos, del "pálido criminal".

Por otro lado, Freud descubre que hay personas cuyo accionar está impulsado por una irrefrenable necesidad de castigo. Un paradójico sentimiento inconciente de culpa, sediento de castigo, está en la base de un tal accionar. Freud lo llamó "masoquismo moral", hallazgo clínico a partir del cual elabora la teoría de un "masoquismo primordial", estructural: piedra angular de su nueva teoría de las pulsiones, donde cobrará entero protagonismo la pulsión de muerte[189].

Pero también la culpa, y por un sesgo diferente al anterior, puede conducir a la autodestrucción de la persona. Se trata, en este caso, del matiz enteramente diverso que introduce el autorrepoche melancólico, cuya estructura ha revelado Freud con tanta precisión. Recordaremos, en ese sentido, el autorreproche delirante que aparecía en Wagner, revelando el reverso melancólico de su paranoia, y que lo empujaría hacia el intento de suicidio. Notablemen-

---

[188] Freud, S., *Algunos tipos de carácter dilucidados por el trabajo psicoanalítico*, Amorrortu, Buenos Aires, 1979, T. XIV, p. 338.
[189] Freud, S., *El problema económico del masoquismo*, Amorrortu, Buenos Aires, 1993, T. XIX.

te, allí, a punto de matarse, la voz superyoica transformaba el "no me atrevo" en un "no se atreve": "cuando me despreciaba –decía Wagner– me hablaba en tercera persona"[190].

Freud define el superyó en la melancolía como "cultivo puro de la pulsión de muerte"[191]. Enigmática pulsión de muerte que sólo podemos empezar a comprender si no nos olvidamos que "ni aún la autodestrucción de la persona puede producirse sin satisfacción libidinosa"[192].

El giro teórico-clínico que supone la articulación freudiana de la pulsión de muerte va de la mano del descubrimiento de un más allá de la faz normativizante del superyó como heredero del complejo de Edipo, allí donde la culpa se liga imaginariamente a los avatares de este último. Hay otro sesgo duro y cruel del superyó, severidad que excede su faz normativizante, y que Freud sitúa como un superyó temprano, heredero del narcisismo originario, y en correspondencia con un yo aún endeble.[193]. Superyó en cuyo advenimiento opera la identificación primordial al Padre[194].

Melanie Klein fue quien, más que nadie, no retrocedió ante este descubrimiento, y lo exploró profundamente. Lacan no dejó de reconocer, en este sentido, su deuda con Melanie Klein, siendo precisamente estas paradojas del superyó y del sentimiento de culpabilidad que lo conducirán a sostener que en el corazón mismo de dicha instancia, tiránica y cruel, anida un imperativo que ordena ferozmente lo imposible: ¡Goza!

---

[190] Gaupp, R., *Op. Cit.*, p. 68, 69.

[191] Freud, S., *El yo y el Ello, Op. Cit.*, T. XIX, p. 54.

[192] Freud, S., *El problema económico del masoquismo, Op. Cit.*, T. XIX, p. 176.

[193] *Cf.* Freud, S., *Psicología de las masas y análisis del yo*, Amorrortu, Buenos Aires, 1979, T. XVIII, p. 103 y *El yo y el ello, Op. Cit.*, p. 49.

[194] *Ibíd.*, p. 33.

En contraposición a ciertas teorías, pretendidamente psicoanalíticas, que sostenían el papel de un superyó débil en el criminal, incapaz de poner freno a sus impulsos instintivos –teorías más bien cercanas a la del criminal nato de Lombroso–, M. Klein, en sus aportes a la criminología, enfatizó que no se trata de un superyó débil, sino demasiado fuerte, destacando sobre todo la severidad y crueldad del superyó temprano: "No es (como se supone generalmente) la debilidad o falta de superyó, o en otras palabras, no es la falta de conciencia, sino la abrumadora severidad del superyó, la responsable del comportamiento característico de personas asociales o criminales"[195]. Así como también sostendrá en su artículo de 1927: "no es la falta de superyó, sino un desarrollo diferente del superyó –probablemente la fijación del superyó en un estadio muy temprano– lo que resultará el factor principal..." en la disposición criminal[196].

En resumen, hemos tratado de circunscribir el terreno de lo que denominamos "ley simbólica", ingresando, luego, vía las paradojas clínicas del sentimiento de culpabilidad, al terreno de este superyó severo y cruel, de donde emana una legalidad por entero diversa a aquélla. No se trata de una ley normativizante y/o temperante, sino de un imperativo de goce, en el que encuentra su cultivo la pulsión de muerte.

¿Cuál es la relación entre la ley simbólica y aquella que denominamos ley superyoica? Lacan dirá que es precisamente desde la malla rota de la ley simbólica que emerge la figura obscena y feroz del superyó[197]. Interesante también

---

[195] Klein., M., *Sobre la criminalidad,* Bibliotecas de Psicoanálisis, 1934, disponible en: www.psicoanalisis.org

[196] Klein, M., *Tendencias criminales en niños normales,* Bibliotecas de Psicoanálisis, 1927, disponible en: www.psicoanalisis.org

[197] *Cf.* Lacan, J., *La Cosa freudiana o sentido del retorno a Freud en Psicoanálisis,* Escritos 1, Siglo Veintiuno, México, 1979, p. 176.

este otro modo, conceptualmente el mismo, en que lo dice Rabant, cuando sitúa la metáfora paterna como aquella que viene a temperar el superyó, el cual nos sume a todos y a cada uno, al mismo tiempo, en el fuego de la relación sexual y en el abismo de su inexistencia[198]. Diferentes maneras de referirse al imperativo de goce superyoico.

Plantear el agujero de la malla simbólica, o el eslabón roto de la cadena, en el terreno mismo de la legalidad, supone hablar también de cierta precariedad consustancial a la estructura misma de la metáfora paterna, por la cual se vehiculiza la ley simbólica: "el oficio del padre es frágil"[199]. Pero, al mismo tiempo, esto nos permite sostener que cuanto menor sea la eficacia de la metáfora paterna, mayor será la fuerza y ferocidad del superyó.

Es por la vía de esta distinción entre ley superyoica y ley simbólica que podemos también trazar diferencias entre la noción de culpabilidad y la de responsabilidad subjetiva, siguiendo ciertas enseñanzas de nuestra clínica.

La culpabilidad del melancólico no puede confundirse con el orden que atañe a la responsabilidad subjetiva. Colette Soler lo plantea con claridad: la indignidad que sin ningún pudor viene a denunciar el melancólico en su estridente autorreproche no es una vía de implicación del sujeto, dado que allí no hay *Yo me acuso* sino, más bien, y desde esa acusación: *acuso al objeto que está plenamente en el lugar de Yo*[200]. Y "Yo" ahí no es más que ese objeto rechazado, puro desecho en el que se cifra su dolor de existir.

---

[198] Rabant, C., *Inventar lo real. La desestimación entre perversión y psicosis*. Nueva Visión, Buenos Aires, 1993, p. 142.

[199] Legendre, P., *Op. Cit.*, p. 35.

[200] *Cf.* Soler, C., "Pérdida y culpa en la melancolía e Inocencia paranoica e indignidad melancólica", en *Estudios sobre las Psicosis*, Manantial, Buenos Aires, 1991.

Del paranoico empezamos a extraer, desde nuestro trabajo del caso Wagner, otra enseñanza en la que debemos profundizar: Wagner se declara responsable de sus asesinatos, ¿se declaraba por ello culpable? ¿Abandonaba con ello el terreno de la *inocencia paranoica*?

¿De qué otro modo podemos pensar la relación del sujeto a la ley, la culpa y el superyó, allí donde el nombre del padre ha sido forcluido? Si bien podemos sostener que en la psicosis se está sujeto a una ley superyoica, falta aún definir dicho superyó, allí donde no se trata ya de precariedad de la metáfora paterna, sino, lisa y llanamente, de su ausencia.

Superyó en la psicosis y pasaje al acto

El orden de la culpabilidad, más tardíamente reconocido bajo el nombre de *superyó,* constituyó desde siempre en la textualidad freudiana un eje fundamental, desde el cual se trazaría toda una clínica diferencial. Verbigracia, en el paranoico, se trataría, desde esas coordenadas, de la puesta en juego del mecanismo de la proyección aplicado al autorreproche, el cual, por tanto, vendría desde afuera, del otro y dirigido contra el sujeto. El obsesivo, en cambio, se defendería del autorreproche mediante la represión. Sostiene Freud que en el paranoico hay una *in–creencia* en el reproche: son los otros quienes lo culpan, él es inocente. *In–creencia* que Lacan articulará a la forclusión del nombre del padre. Esta proyección del reproche viene a ser el modo singular en que, desde el delirio de persecución en el paranoico, se localiza el goce en el Otro[201]. Manera

---

[201] En la Introducción a la traducción francesa de *Las memorias de un neurópata,* dice Lacan que la paranoia es aquella que localiza el goce en el lugar del Otro.

singular de hacer entrar en las redes de la significación un goce de otro modo invasor. Goce que Schreber localizaba en Dios, y Wagner, como vimos, lo ponía en boca de los habitantes de Mühlhausen que no cesaban de difamarlo –se burlaban, lo inculpaban–, y sobre quienes recaería su brazo vengador y asesino.

En una precisa síntesis, Soler contrapone la *inocencia del paranoico* a la *indignidad del melancólico,* quien dirigirá hacia sí mismo el autorreproche. De un modo muy singular, la posición subjetiva de Wagner hará de esta contraposición un delirante punto de juntura, allí donde la persecución del Otro no termina de metabolizar su irreductible indignidad.

De modo agrandado y desfigurado, podemos ver muy bien la función de la instancia crítica –luego llamada "superyó"–, plantea Freud, si reparamos en el delirio de ser observados en la paranoia[202]. El sujeto es allí presa de una mirada omnipresente que observa y vigila todas sus acciones. Retomando esta vía abierta por Freud, D.Weill llamará

---

[202] "No nos asombraría que nos estuviera deparado hallar una instancia psíquica particular cuyo cometido fuese velar por el aseguramiento de la satisfacción narcisista proveniente del ideal del yo, y con ese propósito observase de manera continua al yo actual midiéndolo con el ideal. Si una instancia así existe, es imposible que su descubrimiento nos tome por sorpresa; podemos limitarnos a discernir sus rasgos y nos es lícito decir que lo que llamamos nuestra *conciencia moral* satisface esa caracterización. Admitir esa instancia nos posibilita comprender el llamado delirio de ser notado (*Beachtungswahn*) o, mejor, de *ser observado* (*Beobachtungswahn*), que con tanta nitidez aflora en la sintomatología de las enfermedades paranoides, y que puede presentarse también como una enfermedad separada o entreverada con una neurosis de trasferencia. Los enfermos se quejan de que alguien conoce todos sus pensamientos, observa y vigila sus acciones; son informados del imperio de esta instancia por voces que, de manera característica, les hablan en tercera persona. ('Ahora ella piensa de nuevo en eso'; 'Ahora él se marcha'). Esta queja es justa, es descriptiva de la verdad; un poder así, que observa todas nuestras intenciones, se entera de ellas y las critica, existe de hecho, y por cierto en todos nosotros dentro de la vida normal. El delirio de observación lo figura en forma regresiva y así revela su génesis y la razón por la cual el enfermo se rebela contra él". (Freud, S., *Introducción del narcisismo,* Amorrortu, Buenos Aires, 1979, T. XIV, p. 92).

superyó medusante a aquel que opera en las psicosis[203]. Un superyó que diría: "Sé todo de ti, no tienes nada que decir, porque mi mirada funciona como ese saber absoluto"[204]. Wagner decía, refiriéndose al onanismo: "los demás sabían, se me notaba, todo el tiempo escuchaba alusiones".

El delirio de observación pone de relieve el papel de la mirada y la voz, en tanto objeto *a,* en lo real. No dejaremos de evocar –lo desarrollaremos en capítulos posteriores–, en este mismo sentido, la intolerancia que producía en Christine Papin cualquier "observación" que le hicieran sus patronas. Así como tampoco el papel atribuido por ella a *la mirada* de la Sra. Lancelin, una vez producido el viraje en su posición subjetiva que la empujaría al acto criminal, y en el cual se destaca la *enucleación de los ojos* de las víctimas –la Sra. Lancelin y su hija–.

Si nuestra pregunta apuntaba a delinear más claramente los contornos del superyó en las psicosis, fue con el propósito de interrogar por esta vía la ley que impera en la ejecución del acto homicida. M. Klein no dejó de enfatizar, refiriéndose a la abrumadora severidad del superyó temprano, que "las mismas raíces psicológicas pueden desarrollarse hasta constituir paranoia o criminalidad"[205].

Lacan, en su tesis de psiquiatría, e ingresando ya al terreno psicoanalítico, propone, a propósito del caso Aimée, una nueva categoría diagnóstica: la llamada *paranoia de autocastigo*. Plantea, en ese sentido, la noción de *crímenes del superyó,* prolongando de ese modo una

---

[203] *Cf.* intervención de Alain-Didier Weill en el Seminario *Topología y tiempo* (Lacan), reunión del 8 de mayo de 1979.

[204] Superyó que debemos diferenciar, entonces, del superyó en la neurosis, tomado en las redes simbólicas de la metáfora paterna, aunque emerja por su malla rota. Superyó este último que no deja de arraigar en el inconciente, tal como lo demuestra la función misma del censor del sueño. (*Cf.* Freud, S., *Interpretación de los sueños,* Amorrortu, Buenos Aires, 1979, T. V, p. 501).

[205] Klein, M., *Op. Cit.*

clasificación realizada por Guiraud[206], en la cual se diferen-
ciaban "crímenes del yo" y "crímenes del ello" o "crímenes
inmotivados", relativos a la esquizofrenia, donde el sujeto
busca desterrar de sí el mal – *kakón*–, súbitamente identificado con alguna referencia social o del afuera[207].

No obstante, más allá de la lógica implícita en la
noción de "paranoia de autocastigo" –fundada en la caída
del delirio de su paciente a partir del castigo que supone
la cárcel, tras su pasaje al acto–, ya en su tesis Lacan va
a hacer jugar otra dimensión cuando plantea lo siguiente:
"golpeando a la actriz, que representaba una imagen ideal
de Aimée, se habría golpeado a sí misma". Introduce con
ello otra complejidad en la cual comienza a interrogar el
papel de la imagen en el pasaje al acto criminal, y donde
podemos vislumbrar que matar al otro, suprimirlo, no deja
de arrastrar en ese acto algo del propio sujeto.

Decía Lacan, en su texto sobre Criminología, que en
estos crímenes del superyó "se pone en juego una compul-
sión por una fuerza a la que el sujeto no se puede resistir". Por tanto, planificadamente o no, algo se presentifica
en el sujeto, a lo cual no puede sustraerse, y que adop-
ta toda la fuerza de imposición de una orden superyoica:
"¡Mátalo!" Claro que, y si como empezamos a vislumbrar,
en el acto loco homicida hay algo de la muerte del propio sujeto, bien podemos sostener que en esa orden hay

---

206 *Cf.* Lacan, J., *De la psicosis paranoica en sus relaciones con la Personalidad*, Siglo
     Veintiuno, México, 1976, p. 274.
207 Dejaremos para capítulos posteriores el análisis de la noción de "objeto criminó-
     geno", claramente inspirada en esta otra de *kakón*, introducida por Lacan en su
     tesis y retomada en "Introducción teórica a las funciones del Psicoanálisis en
     Criminología". Así como también profundizaremos luego en torno a las vicisitu-
     des de esta categoría diagnóstica, "crímenes del superyó", y el modo en que se va
     produciendo en Lacan un desplazamiento entre la manera de abordar el caso
     Aimée y sus comentarios del crimen de las hermanas Papin. Desplazamiento
     que irá abriendo el camino a la formulación del estadio del espejo, en su texto
     "Agresividad en psicoanálisis".

también un llamado al autosacrificio. En el corazón de esa imposición, "¡mátalo!", anida otra, "¡goza!", remitiendo por cierto a un goce del Otro al que el sujeto sucumbiría en monstruosa captura.

En su Seminario XI, Lacan habla del *dios oscuro* al cual se enlaza el sentido eterno del sacrificio[208], así como también en la clase única "Los nombres del padre", inmediatamente anterior a dicho Seminario, planteaba una diferencia decisiva entre el *goce de Dios* y el *deseo de Dios*[209], al analizar la escena bíblica del sacrificio de Isaac, a partir de la cual se sitúa, precisamente, la interdicción del mismo. Escena mítica que nos permite vislumbrar detrás de ese Dios que instaura la prohibición del sacrificio, que detiene el brazo ejecutor de Abraham, la amenaza de aquel otro que ordenó el sacrificio, de ese otro dios oscuro del goce[210].

Las locuras parricidas, sostiene Legendre, suponen una lógica en la que estará siempre en juego, de un modo u otro, el sacrificio del propio homicida. Lógica mortífera del superyó en íntima articulación, por tanto, con el masoquismo primordial.

Nos internaremos a continuación en el abordaje de ciertas variantes del acto loco homicida, tratando de ceñir, a partir de sus puntos de contacto, y también de sus diferencias, la lógica allí en juego, en ese intento loco y

---

[208] Lacan, J., *Los cuatro principios fundamentales del Psicoanálisis*, Barral Editores, España, 1977, p. 278.

[209] *Cf.* Lacan, J., *De los nombres del Padre*, Paidós, Buenos Aires, 2005, p. 90 y *sig.*

[210] Lacan evoca, al comentar la *Akedá* (la ligadura), en este texto, la pintura de Caravaggio, donde se destaca ese brazo detenido a mitad de camino. Este relato bíblico pone en escena el sacrificio y al mismo tiempo su interdicción: un Dios que pide el sacrificio del hijo como prueba de la Alianza de Abraham con él, pero también un Dios que, habiendo comprobado la obediencia de Abraham, prohíbe el sacrificio humano. Lacan sitúa acá una diferencia tajante entre el *goce de Dios* –de aquel que llama al sacrificio– y el *deseo de Dios* –en tanto lo prohíbe–. Aquel que pide el sacrificio no puede ser sino un dios a cuyo goce se consagra el mismo. Tras el dios de la interdicción, por tanto, no deja de planear la amenaza de ese otro dios oscuro del goce.

paradójico de instituir lo prohibido, bajo el imperio de una ley que demanda, a su vez, el sacrificio del propio sujeto. Imposición a la cual el sujeto no puede ya resistirse: *"es preciso que lo haga..."*

Capítulo IV: Pierre Rivière, Denis Lortie, Ernst Wagner, ¿Inimputables?

"Veo en Ud. a mi enemigo más peligroso; siempre temo que pueda considerarme y declararme persona no responsable de sus actos. Solo le temo a Ud. y a su dictamen. No vaya a pensar que me haría un favor. Deseo morir".[211]

Ernst Wagner

En *La vida de los hombres infames* Foucault nos habla de ciertas vidas oscuras e infortunadas, cuyas existencias pueden ser contadas en pocas páginas, más aún, en pocas frases que darían cuenta de "la minúscula historia de esas vidas, de su infortunio, de su rabia o de su incierta locura"[212]; y en las cuales aquello que "las arrancó de la noche en la que habrían podido, y quizás debido, permanecer, fue su encuentro con el poder..." Sin este choque, nos dice, "ninguna palabra sin duda habría permanecido para recordarnos su fugaz trayectoria".[213] Las breves historias a las que nos referiremos conllevan, sin duda, en sus protagonistas, algo de esa incierta locura, y de esa *estricta infamia.*[214]

---

[211] Fragmento de entrevista de Ernst Wagner con su psiquiatra, Robert Gaupp. Cf. Gaupp, R., *El caso Wagner,* Edición: Asociación Española de Neuropsiquiatría, España, 2001, p. 181.

[212] Foucault, M., *La vida de los hombres infames,* Editorial Altamira, Buenos Aires, 1996, p. 123.

[213] *Ibíd.,* p. 124.

[214] Foucault diferencia "la *falsa infamia* de la que se benefician hombres que causan espanto o escándalo como Gilles de Rais, Guilleri o Cartouche, Sade y Lacenaire. Aparentemente infames a causa de los recuerdos abominables que han dejado, de las maldades que les atribuyen, del respetuoso terror que han inspirado; son ellos los hombres de leyenda gloriosa, pese a que las razones de su fama se contrapongan a las que hicieron o debieran hacer a la grandeza de los hombres. Su infamia no es sino una modalidad de la universal *fama.* Pero el

Claro que, en estos "hombres infames", a diferencia de los que habla Foucault,[215] aquel choque con el poder se habría producido a través de un acto tan desafortunado como trágico; y fueron también ellos mismos –además de otros escritos procedentes de diferentes instancias del poder– quienes dejaron su palabra en cartas, memorias, cassettes, donde anunciaban su acto y/o lo explicaban. Podemos reconocer, entonces, que en ese encuentro, en ese choque con el poder, no estaba ausente, aunque loca, una demanda. Búsqueda enloquecida de un destinatario, de un Otro, a quien hacer saber algo en íntima vinculación con su crimen.

Pierre Rivière

"Un buen día", los vecinos de un pueblito alejado, en el norte de Francia, se estremecieron ante la trágica noticia de que Pierre Rivière, ese campesino de 20 años, conocido como "el imbécil, el loco, el bestia de Pierre", había matado a su madre y a dos de sus hermanos.

Decir "un buen día..." no deja de evocar, ficcionalmente, la probable voz del relator de este acontecimiento que sorprende y conmueve a los lugareños. Para Pierre,

---

apóstata recoleto, las pobres almas perdidas por caminos ignotos, todos ellos son infames de pleno derecho, ya que existen gracias exclusivamente a las concisas y terribles palabras que estaban destinadas a convertirlos para siempre en seres indignos de la memoria de los hombres. [...] Tal es la *infamia estricta*, la que, por no estar mezclada ni con el escándalo ambiguo ni con una sorda admiración, no se compone de ningún tipo de gloria" (Foucault, M., *Ibíd.*, p. 127).

215 "La vida de los hombres infames", capítulo 9 del libro que lleva el mismo nombre, obra ya citada, parece ser el prólogo de un libro nunca escrito, ya que el autor anuncia las historias de las que hablará a continuación, sin que ello suceda. No obstante, en este texto, menciona al "apóstata recoleto" o a aquel otro que vagaba "por caminos ignotos", vidas de las que se sabe a partir de cierto choque con el poder, sin que ello fuera el fruto de un escandaloso crimen.

ése fue su "día fatal", en el cual culminaría su obra, tan largamente planificada. En su infierno privado, la madre se había convertido en alguien que él *debía* eliminar para salvar a su padre. Madre despótica que enloquecía y perseguía a este padre, quien a su vez no podía sino dejarse arrastrar por la locura de esta mujer, cuyos actos arbitrarios, y permanentemente destitutivos del lugar paterno, no dejaron de acarrear trágicas consecuencias en este hijo. El discurso totalitario de esta madre representaba en el contexto familiar de Pierre la ruina misma del Padre, no sólo como institución, sino del padre concreto.[216]

Madre, que, en su ley loca, contraía irracionales deudas que hacía pagar a su marido, incapaz este último de hacerse el soporte de cierta legalidad ordenadora. La justicia a la cual llegaban las querellas del matrimonio habría intervenido muchas veces a favor de esta mujer: "Cuando mi padre hablaba con el juez de mi madre, él le decía: ya ve, su mujer es débil, hay que cuidarla. Después de estos juicios mi madre se rio aún más de mi padre y pudo mantenerse en sus trece". Habiendo llegado ya la situación a ciertos límites –las deudas aumentan–, el hijo pide al padre que haga algo, que tome ciertas medidas: "mi abuela y yo le aconsejábamos a mi padre que tomara una solución antes de que nos arruinara..."[217] El padre, sumido en la impotencia, piensa en matarse.

Pierre mató a su madre y, al mismo tiempo, a un hijo en gestación, ella estaba embarazada de otro hombre, no de su padre: "Mi padre, sabiendo que ella había dicho que estaba embarazada, no podía creérselo porque, decía, ella sabe que conmigo no puede ser..."[218] Mató también

---

[216] *"Yo, Pierre Rivière..."*, *Op. Cit.*, p. 109.
[217] *Ibíd.*, p. 107.
[218] *Ibíd.*, p. 111.

a sus hermanos: su hermana mayor y un hermanito más pequeño. ¿Qué dijo Pierre en cuanto a los motivos de su triple crimen?

A la madre y a la hermana las mató porque ambas estaban de acuerdo en hacer sufrir a su padre. Al pequeño lo mató porque temía que matando sólo a ellas dos su padre lo echaría de menos a él, a Pierre, cuando se enterase que moriría por él: pensaba matarse tras su crimen. Matando a este niño que su padre quería mucho, este último se horrorizaría al enterarse y se alegraría de la muerte de él, de Pierre, sin remordimiento alguno. ¡Qué intrincada lógica da sustento a esta apuesta sacrificial-criminal, en la cual se apela, al mismo tiempo, primero a la culpa y, luego, al odio del Otro!: "Yo sabía que quería a ese niño que era inteligente, pensé, tendrá un tal horror de mí que se alegrará de mi muerte..."[219]

Cuando este infierno privado de Pierre se transpone en acto, luego de consumado el mismo, pero aún inmerso en la atmósfera delirante que lo condujera a él, dirá que se ha sacrificado para liberar a su padre: "blandiendo aún la hoz ensangrentada que acababa de utilizar para degollar a tres miembros de su familia, dijo al pasar cerca de uno de sus vecinos: 'he liberado a mi padre de todos sus problemas. Sé que moriré, pero le ofrezco el sacrificio de mi vida'"[220].

Tenía planificado entregarse inmediatamente, no sin gloria, de acuerdo a la locura en la que germinaban sus ideas. Sin embargo, se interna en los bosques y rápidamente su delirio cae: "Decidí pasar por el bosque de Aunay, por un camino por el que había ido varias veces [...], y eché la hoz en un campo cerca de la Fauctrie y me fui. Al marcharme, sentí desfallecer aquel valor y aquella idea de gloria

---

[219] *Ibíd.*, p. 122.
[220] Fragmento de la Sentencia de acusación. *Ibíd.*, p. 63.

que me habían animado, y cuando estuve algo más lejos, llegando al bosque volví a encontrar la razón, ah, ¡es imposible, me dije a mí mismo, soy un monstruo! ¡Infortunadas víctimas, es posible que haya cometido tal atrocidad, no, sólo es un sueño! ¡No, es demasiado cierto, abismos, abríos bajo mis pies, tierra, trágame!; lloré, me revolqué por el suelo [...]. Mis remordimientos se disipaban al andar [...]. Durante el mes que pasó entre el crimen y mi detención mis ideas cambiaron más de una vez...''[221]

Apesadumbrado por los remordimientos, piensa en matarse. No lo hará. Vacila en entregarse, preferiría más bien ser visto y reconocido. Finalmente es apresado. En sus primeras declaraciones se propone "hacerse el loco"[222]. Claro que, en ese intento, no imaginaba sino argumentos que remitían a la propia atmósfera delirante en la que habría estado inmerso. Sentirá un gran alivio al confesar lo sucedido y sus motivos. También al escribir su *Memoria*.

Pierre "tenía intención de escribir esta historia antes del crimen": "luego cometer mi acción, traer mi escrito al correo y luego coger un fusil que habría escondido previamente y matarme"[223]. No obstante, su *Memoria* fue escrita una vez cometida "su acción": "*Yo, Pierre Rivière, habiendo degollado a mi madre, a mi hermana y a mi hermano...*" Enunciación por demás de elocuente para situar al sujeto tras su acto, a partir del mismo.

"Me he sacrificado para liberar a mi padre...". El fantasma de su propia muerte se entrama desde el comienzo en la planificación de su acto homicida; estará presente en el después del acto y en su trágico final. Conmutada la pena capital por cadena perpetua, al poco tiempo, se desencadena un delirio: dice que está muerto, pide que lo

---

[221] *Ibíd.*, p. 128.
[222] *Cf. Ibíd.* p. 131 a 137.
[223] *Ibíd.*, p. 123 y *n.* 26.

decapiten, aclara que él no sentirá nada, dado que ya ha muerto. Si no lo decapitan, matará a todo el mundo. En razón de esto es aislado, circunstancia que él aprovechará para ahorcarse. Aunque las opiniones estaban muy divididas, muchos actuaron en favor de una condena menor apelando a un segundo juicio –entre ellos Esquirol–, con lo cual Pierre Rivière nunca estuvo de acuerdo.

Robert Wagner

El maestro Wagner también sorprendió al pueblo de Mühlhausen en un día trágico, claro que de otro modo. Su matanza, que fue en dos tiempos, irrumpe en la serenidad de un anochecer entre otros en dicho poblado, arrojando un saldo de doce muertes entre los transeúntes ocasionales que caerán bajo el fuego de su metralla. Se descubre después que éste era el segundo momento de un plan que ya había consumado su primera parte: matar a toda su familia. El que fuera el "maestro Wagner", ahora el asesino, dijo: "a los habitantes de Mülhausen los maté por venganza, a mi familia –a mis hijos– por compasión". El delirio paranoico en que se sustentaba la planificación de su acto criminal cobró cuerpo en la escritura de su Autobiografía, comenzada cuatro años antes. Plan que debía culminar en su propia muerte.

La pericia psiquiátrica que estuvo a cargo de Gaupp conduce al dictamen de inimputabilidad. A partir de allí, podemos decir, se trató de la palabra de un loco. Internado en el manicomio, morirá en él. No obstante, el psiquiatra no abandonó "su caso" –por él lo conocemos– y lo escuchó durante todos esos años. Wagner clamará por la responsabilidad de sus actos, sin embargo también dirá: "no soy culpable". El remordimiento, aunque pálidamente, aparece mucho después y sólo recayendo sobre una parte de sus crímenes, en lo esencial, no es un componente en la tramitación subjetiva de su acto.

Denis Lortie

Padre de dos niños y cabo del ejército en su ciudad, se le presentará un día una pregunta siderante: "¿seré igual a mi padre, haré lo mismo que él?" Padre bestial, padre de la horda, entre cuyos excesos también habría de contarse la violación de una de sus hijas. Esa pregunta que lo sumergirá en una particular angustia lo conducirá a un pedido de licencia a su superior que le será denegado. En ese momento, él vería –ver alucinatorio– en el Sargento Chernier el rostro de su padre.

Al poco tiempo, ve por televisión al primer ministro. Allí germina la idea de la matanza: quería perpetrar un ataque a la Asamblea de Quebec. Comienza la planificación de su acto, en el cual también se entramaba el fantasma de su propia muerte. Grabó unos cassettes para ser enviados el día fatal, previo a la consumación del acto, y con el fin de anunciarlo. Luego entró al edificio y disparó a los que se ponían en su camino, murieron tres personas. Al llegar al recinto, éste estaba vacío: ese día no había sesión. Allí fue apresado. Consumado su acto, ya a cierta distancia del mismo, dirá, interpretará: "El gobierno de Québec tenía el rostro de mi padre". Declarado primero inimputable, el abogado defensor apelará –¡qué paradoja!– para que se lo considere culpable. Él estuvo de acuerdo. Entre un juicio y otro, Denis escribirá sus memorias. Al momento de la publicación del texto de Legendre, *El crimen del cabo Lortie*, seguía aún cumpliendo su condena.

Tres variantes del acto loco. Puntos en los que estos actos y sus actores entran en contacto; mientras en otros se alejan. No obstante, consideramos que el terreno en el cual germinan y cobran forma las ideas relativas a estos crímenes responden a una misma lógica, aquella que da sustento a las llamadas *locuras parricidas*.

Jurídicamente el término "parricidio" no se restringe al hecho de matar al padre. Lo que sí excede esta definición es el ataque a "la Asamblea de Québec". Sin embargo, para Legendre se consuma allí de todos modos un acto parricida[224]. En el cruce del discurso jurídico y el psicoanalítico, y analizando las raíces inconcientes de la ley, Legendre precisará que en el acto loco homicida se juega la lógica del parricidio, y considerará a este último como un intento –delirante– de instituir un sujeto.

Pierre Rivière, Denis Lortie, Robert Wagner, aunque desde posiciones subjetivas diversas, querían responder por sus crímenes. Se negaban, cada cual a su manera, a ser declarados inimputables. Fue Wagner, quien, en razón de haber sido declarado en dicha condición por la intervención de su psiquiatra, le dirá a este último: "Usted es mi peor enemigo".

El parricidio según Legendre

¿Cuál es la lógica que subyace al parricidio, según la concepción de Pierre Legendre? El homicidio, nos dice, en tanto que crimen primordial, apunta hacia la idea de paternidad[225]. No se trata de la facticidad del padre; en su crimen, el homicida apunta a la noción misma de paternidad.

---

224 *Cf.* Legendre, P., *Op. Cit.*, p. 161.
225 *Ibíd.*, p. 116.

En sus *Lecciones IV*, el autor investiga exhaustivamente los resortes que están en juego en el montaje filiatorio, es decir, en la filiación de un sujeto al orden simbólico. Retomará allí, casi como punto de partida de sus desarrollos, una afirmación que proviene del discurso jurídico y de la cual se servirá mucho en sus argumentaciones: "se nace dos veces, se nace también de padre"[226].

Ahora bien, si en sus *Lecciones IV* trabaja la complejidad del mecanismo filiatorio, de la cual retomaremos algunas precisiones, en sus *Lecciones VIII* va a abordar, a través del crimen del cabo Lortie, las consecuencias del fracaso de dicho proceso, es decir, qué ocurre cuando ese parto doble que implica la humanización-filiación del sujeto en el orden simbólico, en el cual está ya inmerso, no termina de producirse. Dicho fracaso conduce, inexorablemente, a la locura y/o al acto loco. Acto que Legendre llamará de "justicia genealógica": el sujeto intentará, aunque loca y trágicamente, su filiación al orden simbólico, y con ello, un modo de no seguir errando en lo imposible. El sujeto no será el mismo antes y después de su acto, y es esto lo que va a interrogar profundamente Legendre[227], abordando al mismo tiempo la complejidad de aquel mecanismo.

---

[226] *Cf.* Legendre, P., *El inestimable objeto de la transmisión*, Siglo XXI, México, 1996, p. 122 y 308.

[227] Esquirol planteaba, en el marco de las monomanías instintivas, en el cual se inscribe el pasaje al acto homicida, la "dimensión mutativa" de este último: "después de ejecutarlo no es más el mismo sujeto: está calmo, no piensa, no disimula, no miente, revela todos los detalles de su crimen y los síntomas delirantes desaparecen".

La Referencia fundadora

¿Cómo se instituye lo prohibido en el orden social? ¿Cómo esto es transmitido al ser hablante para que tenga lugar su filiación al orden simbólico? Estas preguntas guían centralmente los desarrollos de Legendre. Apoyándose en el mito freudiano del asesinato del padre, al que hará fructificar enormemente, planteará la noción de Referencia fundadora, como ese Absoluto que todo padre singular debe reconocer más allá de él. Articulación que ya hemos desarrollado cuando decíamos que la función paterna excluye que el padre singular se ubique como el legislador, usurpando el lugar y la función del padre mítico. Referencia fundadora, cuyo entramado de ficciones, y sus correspondientes puestas en escena, en cada cultura, hacen posible la transmisión de la ley.

Es por medio de *escenas fundadoras* que una cultura se acerca a la cuestión del homicidio en tanto ellas son "*puestas en discurso* que muestran una apuesta radical que alcanza al reino de lo prohibido en la sociedad considerada"[228]. Radicalidad que nos remite a la dimensión de la desmesura y al abismo, donde la apuesta sería –subraya Legendre– hacer posible la vida fundándola en la palabra.

El autor destaca, en el marco de la cultura occidental, la función simbólica de dos mitos bíblicos que transmiten, cada cual desde su propio espacio ficcional, resortes claves de la institución de lo prohibido: el sacrificio de Isaac y el fratricidio de Caín.

De la puesta en escena del sacrificio de Isaac, Legendre desprenderá la noción de *ligadura genealógica*, de la cual sería responsable la función paterna, en tanto terceridad necesaria entre el hijo y su madre: "la diferenciación

---

[228] *Ibíd.*, p. 110.

del hijo con respecto a su madre implica la transferencia al padre de la relación de ese hijo con la omnipotencia y, en consecuencia, con el homicidio". *Ser nacido también de padre* supone este pasaje y su consecuente resolución: "¿Cómo se juega la apuesta del homicidio entre padre e hijo, de suerte que esta cuestión que pone en rivalidad a dos sujetos se desate en el sentido de la Razón, es decir, en beneficio de la renovación de la vida? Sobre este terreno se determina el destino subjetivo del hijo. Al *desenlace* yo lo llamo la *ligadura genealógica"* [La cursiva es nuestra][229]. Como veremos la *ligadura* supone, paradojalmente, su contrario: la *desligadura* misma.

La noción de *ligadura,* término que Legendre toma de la Biblia –en hebreo *Aquedah*–, nos remite a la articulación de todos los lugares genealógicos –padre, madre e hijo– con la Referencia absoluta. En ese sentido, considera fundamental la escena bíblica: "Abraham acaba de atar a su hijo Isaac (la Vulgata emplea el latín *alligare*) al altar del sacrificio para degollarlo según la orden divina; conmovido por la sumisión de Abraham, Yaveh le dispensa de cumplir el homicidio, y un carnero reemplaza a la víctima (Génesis, 22). Isaac se encuentra así sucesivamente ligado y desligado por su padre"[230].

El padre es instituido aquí, en esta escena paradigmática, como aquel que liga y desliga al hijo en relación al homicidio, sea por propia cuenta o por cuenta del hijo. Pero él no ata y desata arbitrariamente, ni "a título de verdugo *ejecutor* de altos destinos", sino que ofrece en sacrificio a su hijo en nombre de la Referencia divina. Abraham, de este modo, "se nos muestra en el límite extremo de la renuncia de sí mismo, puesto que un hijo representa aquí,

---

[229] Legendre, P., *El crimen del cabo Lortie. Tratado sobre el Padre, Op. Cit.*, p. 32.
[230] *Ibíd.*, p. 32.

para el padre, la señal de eternidad..."[231] En este sentido, Legendre destaca la paradoja constitutiva de la función paternal: "el ejercicio de esta función está suspendido de la capacidad del padre –de cara a su hijo– de pasar sobre su propio cadáver". Dicha función supone, entonces, este lugar desde el cual, cediendo en su omnipotencia, transmite la castración simbólica al hijo.

La ficción bíblica del sacrificio de Isaac pone en escena tanto la ligadura del hijo al altar del sacrificio como su desligadura del mismo, a través de la prohibición del acto. La ligadura supone la relación con la Referencia divina, la desligadura hace entrar el sacrificio, que liga al sujeto a un orden simbólico, en los carriles de este último, y lo aparta del acto mismo, "en beneficio de la renovación de la vida".

Cabe precisar, llegados a este punto, la postura de Legendre respecto de la noción de padre: *Sólo nacen hijos.* ¿Qué es un padre?: "*un padre es un hijo que hace oficio de padre; cuando esto se invierte, los hijos encuentran imposible el oficio de padre.* En suma, el oficio de padre está sobreimpuesto en la condición de hijo"[232]. Precisión que conlleva esta otra afirmación del autor: "el *oficio del padre* es frágil y constituye, en cualquier sociedad, la prueba de fuerza institucional que inscribe a sus generaciones sucesivas en el futuro de la especie humana"[233].

El *oficio de padre* supone, por tanto, ceder doblemente: en cuanto a pretender ocupar el lugar de la omnipotencia, y en cuanto a su posición de hijo que demanda a los padres; y se articula, en la dinámica genealógica, a partir de la *creencia en el padre:* "Si uno se remite a los montajes de filiación –cuya economía ninguna sociedad hace– [...], la reflexión concerniente al vínculo padre-hijo desemboca

---

[231] *Ibíd.,* p. 33.
[232] *Ibíd.,* p. 37.
[233] *Ibíd.,* p. 35.

en una cuestión de creencia. La institución del sujeto –la emergencia en determinada cultura, en determinada familia, de un sujeto como sujeto de la palabra y del deseo– pasa por la creencia en el Padre. Esto quiere decir muchas cosas. En primer lugar, y ante todo, esto: ningún padre concreto es el dueño de lo prohibido ni dicta leyes sobre el contenido de lo prohibido; ejerce un oficio con el fin de mediatizar y hacer visible la relación de su hijo con la Referencia absoluta [...]. En otras palabras, no hay padre pensable más que bajo la égida del Padre mítico, cuyo discurso sostiene el sistema político en el campo de la cultura". Pero, además: "se entra en la paternidad mediante la renuncia a sostener su propia pregunta de hijo frente a su hijo. Esta formulación resume la quintaesencia de la función paterna que se expresa rigurosamente en el concepto de permutación simbólica de lugares entre generaciones: el padre cede su lugar de hijo a su hijo [...]"[234].

Ceder en su omnipotencia y ceder su lugar de hijo, en el ejercicio del *oficio de padre*, serían, en última instancia, lo mismo. El despotismo paterno, nos dice Legendre, a propósito del caso Lortie, de ese "hijo apenas punteado", significa que ese padre –Lortie padre– "no ha renunciado a su pregunta incondicional de hijo, y que ese Padre de la horda encarnado que desconoce lo prohibido es él mismo, subjetivamente, un hijo –el hijo en estado bruto, es decir, no humanizado por un límite simbólico construido sobre la representación del Padre mítico"[235].

---

[234] *Ibíd.*, p. 145.
[235] *Ibíd.*, p. 146.

Por tanto, el vínculo padre-hijo se aclara a partir de considerar lo que todo padre debe, *ex officio,* a su hijo: el límite. En ese sentido, todo hijo es acreedor de su padre[236]. La *creencia* en el padre conlleva, en conclusión, dicha *acreencia*. Hacer jugar el límite en beneficio del hijo enlaza a este último con la Referencia absoluta vía la instancia mediadora del padre.

Dos nociones correlativas se tornan esenciales, entonces, para entender el resorte último del montaje filiatorio: la *ligadura genealógica* y la *función del límite*. El padre es instituido como aquel que liga y desliga al hijo en relación con el homicidio –tanto por su propia cuenta como por cuenta del hijo–, y la cuestión del homicidio se resuelve, bajo la égida de la Ley, a un precio pagado al Acreedor final, es decir, a la Referencia fundadora. "Este precio pagado es una renuncia a la omnipotencia de lo absoluto –en psicoanálisis: la castración simbólica de todo sujeto–: es la marca del padre"[237].

Ahora bien, si el mito bíblico del sacrificio de Isaac transmite la retórica institucional relativa a la prohibición del homicidio, en tanto este último se resuelve en el sentido de la renovación de la vida, renunciando a la omnipotencia –precio pagado a la Referencia absoluta–; el mito del fratricidio de Caín transmite, por medio de sus escenas fundadoras, qué pone en juego y a qué apunta el acto

---

[236] Estas nociones, articuladas por Legendre para ceñir con mayor claridad lo que él entiende como el *oficio del padre*, no contradicen, lejos de ello, la noción de *deuda simbólica* –y, en consecuencia, la metáfora de la *libra de carne* entregada–, que nos remite a la puesta en juego de la *renuncia pulsional* –en términos freudianos–, necesaria a la inserción en un orden simbólico. Sea el lugar de hijo, o bien del hijo que hace oficio de padre, se tratará siempre de lo siguiente: "la castración quiere decir que es preciso que el goce sea rechazado, para que pueda ser alcanzado en la escala invertida de la Ley del deseo" (Lacan, J., "Subversión del sujeto y dialéctica del deseo en el inconsciente freudiano", en *Escritos 1*, Siglo Veintiuno, México, 1979, p. 338).

[237] *Ibíd.*, p. 148.

mismo del homicidio. Mientras el primero de ellos pone en escena la *prohibición del homicidio*, el segundo representará el *homicidio de lo prohibido*. La lectura de Legendre pone de relieve, en relación a este primer homicidio bíblico, que allí un hijo mata a otro hijo, y con él a toda su descendencia. Por tanto, esa escena fratricida no sólo está presidida por ese Tercero, el padre, en tanto un hijo mata a otro hijo, sino que en dicho acto se mata también a un padre. El crimen de Caín sería, de este modo, un acto parricida.

Veamos con más detenimiento de qué modo este fratricidio, en tanto escena fundadora, pone en discurso que en ese crimen se apunta a la idea misma de paternidad, aquella en la que se sostiene lo prohibido. Apoyándose más en el texto de la Torá que en el de la Biblia, Legendre destaca dos cuestiones centrales del mismo en relación al crimen de Caín: el *silencio* del texto en determinado punto y el *plural* utilizado en referencia a algo decisivo.

Mientras el texto de la Vulgata (traducción latina de la Biblia por San Jerónimo) dice: "Caín dijo a su hermano Abel: Vayamos afuera", en la versión hebraica de la Torá leemos: "Caín dijo a su hermano Abel, y cuando estuvieron en el campo se alzó sobre él y lo mató". En este último texto, no se indica lo que él le dijo –como sí lo indica la otra versión–, la palabra permanece incierta, suspendida, hipotética, y en relación a ese no dicho proliferan las interpretaciones. En realidad, no se sabe lo que él dijo a causa del *silencio* del texto: "lo sagrado aquí nos remite a la dimensión del abismo, a los límites de lo hablable, a *la opacidad del homicidio en tanto que acto desarraigado de la palabra*"[238].

---

[238] *Ibíd.*, p. 114 y 115.

A propósito de las diferentes interpretaciones relativas a dicho *silencio*, el autor concluirá lo siguiente: "todos los pretextos son buenos a la hora de matar, pero la humanidad encuentra en ellos indefinidamente las apuestas del homicida como sujeto del deseo. Lo cual es tanto como decir que una reflexión no puede referirse a los fundamentos del homicidio, salvo que ella tome en cuenta lo siguiente: que el enigma del homicidio remite al enigma del deseo. Como tal, el homicidio asume, en su núcleo, la invocación genealógica"[239]. El sujeto del deseo no se sostiene sino en virtud de ese orden filiatorio, el mismo que, en tanto corrompido por alguna razón, es al que apunta el pasaje al acto homicida: ataca la Referencia para autofundarse en tanto sujeto del deseo. Claro que –dejaremos planteada la pregunta– ¿es posible dicha autofundación?

Por lo pronto, analicemos ahora aquel *plural* referido por Legendre que nos orienta en medio de esta opacidad propia del homicidio: "Volvamos al Génesis, capítulo 4, versículo 10. Contrariamente a la Vulgata, que se expresa en ese versículo en singular, la Torá escribe así la palabra divina cuando se dirige al homicida: '*La voz de las sangres de tu hermano grita desde la tierra hacía Mí'*". De la literatura rabínica sobre este texto, el autor transcribe el extracto siguiente de las *Leçons des Pères du monde*, 31: "Aunque no derramó más que la sangre de un solo hombre, se dice *las sangres* en plural. Lo que nos muestra que Caín derramó también la sangre de los hijos de Abel y de los hijos de sus hijos y de todos sus descendientes destinados a salir de sus riñones hasta el fin de las generaciones –dirigiéndose todos gritando ante el santo, bendito sea–". Este comentario definiría, entonces, el homicidio como crimen genealógico: Caín mata a Abel en tanto que padre de sus

---

[239] *Ibíd.*, p. 115.

hijos, y a éstos en tanto que padres de los suyos: "No es, pues, demasiado afirmar que la puesta en escena bíblica del primer homicidio apunta, a través de la víctima, a una figura de la paternidad"[240].

Un ensamble de nociones da cuenta, en el recorrido argumentativo de Legendre, del orden filiatorio propio del ser hablante. La noción de *Referencia absoluta* supone la de *ligadura genealógica*, en relación a ese soporte de la ley simbólica más allá de todo padre singular, y ello pone en juego la noción misma de *límite*, el cual –desde Lacan– podemos articular claramente a la noción de castración simbólica.

El mecanismo de la filiación, poniendo en juego una lógica de la diferenciación en el ser hablante, supone para el autor dos tiempos: un tiempo político y un tiempo familiar[241]. El primero de ellos pone en escena al Tercero social, que funda las legalidades y plantea el principio de la paternidad, mientras el segundo nos remite al escenario edípico y sus diferentes lugares genealógicos: padre, madre e hijo (de ambos sexos). Legendre conjuga en una sencilla fórmula ambos tiempos: "nada se engendra ni se funda por sí mismo, se es hijo en dos niveles: hijo de la Referencia e hijo de sus padres".

En síntesis, se desprenden de lo anterior dos precisiones. La estrecha articulación de ambos tiempos supone que la idea de paternidad, relativa a ese Tercero social, si bien es condición necesaria para hacer lugar a la filiación, no es suficiente: cada padre singular –lo cual significa: la experiencia atravesada por cada sujeto en sus lazos primordiales– debe constituirse en el lugar de transmisión de un orden simbólico –y en tanto tal, deseante–, poniendo

---

240 *Ibíd.*, p. 116.
241 Ibíd., p. 72 y 73.

en juego él mismo la castración simbólica. La segunda consecuencia es que no hay sujeto autofundado: ¿qué hay entonces cuando ello se pretende?

Siguiendo la lógica de estos dos tiempos, Legendre aísla dos versiones del parricidio. La primera nos remite a aquel que mata a sus padres –en sentido amplio o restringido, de acuerdo a las definiciones propias de cada sistema de derecho–, y la segunda es –como el crimen perpetrado por Lortie– cuando se apunta hacia las efigies vivientes de la Referencia. El autor evoca, en relación a esta última versión, una noción del derecho romano: *parricida de la república*[242].

El acto loco: atacar la Referencia

El mito freudiano del asesinato del padre, re-interpretado por Lacan, nos permite aislar claramente en él dos tiempos: el del imperio del padre de la horda que goza de todas las mujeres, prohibiéndolas al mismo tiempo a sus hijos; y otro, en que dicho padre es asesinado por sus hijos, acto tras el cual se instituye –vía la culpa y el remordimiento– la ley simbólica, a través de la *obediencia retrospectiva*. La consecuencia decisiva que se desprende del mito es la siguiente: el padre Real, gozador y tiránico, se identificará, según la lógica que subtiende el mito, con el padre muerto, a partir de allí tomando el lugar del Padre simbólico, soporte de la ley. El mito nos dice a propósito de ese Padre de la horda asesinado: "ningún hijo ocupará jamás su lugar"; lo cual nos permite precisar la función del Padre mítico: poner lo absoluto, relativo al goce y al poder, a distancia.

---

[242] *Ibíd.*, p. 73.

La noción de Referencia absoluta y fundadora, esgrimida por Legendre, sintetiza la lógica de este mito, y es por ello que el autor la supone –avanzando en su definición– "implicadora, en su sustancia, si se puede decir así, de su propia negación, es decir, en el fondo, de la idea de límite"[243]. El padre mítico, el padre gozador, se identifica al padre muerto –castrado–. La noción de límite –castración simbólica– define tanto a ese Padre mítico, soporte de la ley, como al padre concreto, o mejor aún, a la función paterna, dado que ésta sólo puede ejercerse en la medida misma en que ese límite opera en el padre y le es transmitido al hijo. Límite que pivotea entre dos prohibiciones claves, y correlativas, prohibición del incesto y prohibición del homicidio. En ese sentido, y evocando a Safouan, la apuesta es clara: *la palabra*, fruto de ese límite, o *la muerte*, fruto de una lucha denodada por instaurarlo.

La función del límite, implicada en la noción de Referencia fundadora, hace jugar el imperativo de diferenciación, poniendo en acción "la lógica de la alteridad"[244]. Instituir lo prohibido supone "imponer la parte de sacrificio que corresponde a cada uno para hacer posible la diferenciación necesaria al despliegue de las generaciones"[245]. Se trata, entonces, de la necesidad de diferenciar los lugares genealógicos: padre, madre e hijo. La lógica de la alteridad, soporte último de este imperativo de diferenciación, implica todo este entramado que da cuerpo a la función paterna, cuyo núcleo íntimo es hacer jugar *lo imposible* en tanto tal mediante la prohibición: ningún hijo ocupará el lugar de lo absoluto.

---

[243] *Ibíd.*, p. 124.
[244] *Ibíd.*, p. 124.
[245] *Ibíd.*, p. 109.

Se prohíbe un imposible, lo absoluto permanecerá siempre a distancia, pero esto último precisamente hay que hacerlo valer. Es la prohibición misma la que se vertebra en torno a ese imposible medular, insertándolo de ese modo en una legalidad simbólica. Instituir lo prohibido, hacer jugar lo imposible y transmitir la castración simbólica, se convierten en tres términos absolutamente correlativos. En ese sentido, concluiremos: todos somos hijos de ese orden simbólico, pero su inserción en el mismo supone un proceso que no siempre tiene lugar.

Lortie padre, usurpando en la escena familiar el lugar del Padre mítico, convirtiéndose imaginariamente en ese Padre de la horda, poseedor de todas las mujeres y ejerciendo una violencia fuera de todo límite con su mujer e hijos, atentaba él mismo –destituyéndola– contra la función simbólica del Padre mítico, cuya figura no termina de recortarse sin ese segundo tiempo estructural del mito que identifica al padre gozador y tiránico con el padre muerto, castrado. De esto último depende la instauración de la ley simbólica y, en consecuencia, la subjetivación/diferenciación del hijo –de ambos sexos– en tanto hijo. Se trata, entonces, de un padre en quien no opera la función del límite, y de un hijo *apenas puntuado* al que se le debe el límite: la transmisión misma de la castración simbólica.

Un paso al acto, precisa Legendre, "se dispone sobre el fondo de la no-separación de sí mismo, es decir, de una enfermedad de la representación en cuanto al orden de la división"[246]. El parricidio, en tanto acto loco, supone un intento de restaurar al Padre, atacando su representación enferma y, en consecuencia, implica un intento de instaurarse en tanto sujeto separado, diferenciado.

---

[246] *Ibíd.*, p. 62.

Legendre precisará que el cabo Lortie, queriendo matar al gobierno de Quebec –"el gobierno de Quebec tenía el rostro de mi padre"–, buscaba la restauración del Padre: "mataba a quien en la vida concreta de su familia ponía en escena la transgresión de todos los tabúes y la indiferenciación"[247]. "Lo que busca este homicida es matar aquello que impide operar al principio separador, precisamente el hecho de su padre incapaz; busca matar el obstáculo, el padre indigno". La *reivindicación del Padre a cualquier precio* se manifiesta en la forma de una caricatura dramática" que desemboca en la contradicción delirante de intentar "conquistar el Padre convirtiéndose en homicida, es decir, intentar acceder a la metáfora del padre muerto cayendo en el homicidio consumado"[248].

Atacar al gobierno de Quebec, en tanto efigie del Poder, en tanto rostro de ese padre tiránico, buscando restaurar en ese pasaje al acto el lugar y la función del Padre simbólico, conduce al callejón sin salida de la autofundación: la diferenciación no es sostenible sino desde la lógica misma de la Alteridad, cuyo homicidio se consuma en ese acto. De ese modo, el asesinato del padre se sale de los carriles fantasmáticos en los que debería permanecer –bajo el imperio de la ley simbólica– para dar lugar a la filiación del sujeto al orden simbólico y deseante.

Legendre destaca el punto nodal de lo trágico puesto de manifiesto en esa expresión del cabo Lortie respecto de la inminencia de su crimen: "Lo que yo hago, o lo que voy a hacer, no sé por qué, *es preciso que lo haga*". Con la fuerza de un imperativo se impone llevar a cabo el crimen; imposición que el autor califica muy atinadamente como algo que hace allí "la parodia del mundo de la ley: sujeción compulsiva que no es sino el reverso del

---

[247] *Ibíd.*, p. 144.
[248] *Ibíd.*, p. 142 y 143.

imperativo normativo. El imperativo legal, en tanto señal de la normatividad humana, lo reencontramos caricaturizado en el acto criminal"[249]: parodia del sujeto envuelto en una atmósfera delirante que lo conduce al sin salida de la autofundación.

La locura parricida supone una confrontación con las imágenes de la Referencia odiada, con aquello que ha tomado el lugar para el sujeto de *efigie viviente del poder*. Considerando desde estas coordenadas el asesinato múltiple de R. Wagner, podríamos sostener que esa imagen de la Referencia fundadora, odiada, se veía reflejada doblemente: en primer lugar, en su descendencia y, luego, en los habitantes de la ciudad de Mühlhausen. Dos rostros de la Referencia enferma a los cuales se dirigía el imperativo homicida: a uno por compasión, al otro por venganza.

Por su parte, Pierre Rivière decía que veía a su padre "como entre las fauces de perros rabiosos o de bárbaros, contra los que tenía que emplear las armas". La imagen de la Referencia era la de su propia madre, identificada a un poder arbitrario y Absoluto: "son las mujeres las que mandan en la actualidad, en este maravilloso siglo que se autodenomina siglo de las luces, esta nación que parece tener un gusto tan marcado por la libertad y por la gloria obedece a las mujeres; los romanos estaban mucho más civilizados, los hurones y los hotentotes, estos pueblos considerados idiotas, lo eran mucho más, nunca se dejaron vencer, siempre fueron los más poderosos físicamente los que dictaron la ley".

Matando a su madre, portadora de una imagen totalitaria de la Referencia, trata de matar aquello que impide operar al principio separador. Mata con ello también un padre indigno que no está a la altura de su función; imagen

---

[249] *Ibíd.*, p. 93.

de un padre que se vería reflejada en ese dejarse arrastrar por la ley loca de su mujer. El hijo pedía un límite. Mata la Referencia enferma en un intento de restaurar la función paterna y, con ello, de instaurar otra legalidad. La anulación de la función del límite no puede sino estar en relación con una ley loca que deja al sujeto inmerso en un magma indiferenciado.

Pierre Rivière nos habla en su Memoria de esa proximidad enloquecedora con el objeto incestuoso: "sentía una especie de horror por el incesto, y esto hacía que no quisiera acercarme a las mujeres de mi familia, cuando creía que me había acercado demasiado, hacía unos signos con la mano como para reparar el mal que creía haber hecho"[250]. Aversión que se hacía extensiva a todas las mujeres, e incluso a los animales hembras. Cuando se le preguntó acerca de esto, contestó que leyendo las santas escrituras había sentido un enorme horror por el incesto y la bestialidad, y que temía que existiera un fluido invisible que le relacionara a pesar suyo con las mujeres o con los animales hembras, cuando estaba cerca de ellos[251]. No deja de evocarnos, en este punto preciso, el tan auto-condenado bestialismo o zoofilia del maestro Wagner.

¿Cómo posibilitar que del nudo familiar emerja un sujeto con la consiguiente "renuncia pulsional", con la consiguiente pérdida de goce que ello implica? El efecto de la metáfora paterna, tan hábilmente retomada en el texto de Legendre, leída en términos de la Referencia fundadora, es el punto clave: condición de posibilidad para que el nudo familiar devenga en nudo –con su contracara de des-anudamiento– filiatorio, poniendo en función la falta o la pérdida referida, en contraposición al *nudo de serpientes*: "confusión en la que la intrincación de cada uno con

---

[250] *"Yo, Pierre Rivière..."*, *Op. Cit.*, p. 118.
[251] *Ibíd.*, p. 169.

todos resulta indiscernible"[252]. El parricida busca restaurar al Padre y con ello cortar el nudo de serpientes: en ausencia de dicha metáfora, consuma el acto homicida, sucumbiendo él mismo en un callejón sin salida.

El acto loco: una re-travesía

El acto loco, y la atmósfera delirante en la que se alimenta, implican una re-travesía por los articuladores fundamentales del montaje filiatorio. Así es como el sujeto remitirá, desde el delirio que lo empuja al acto, tanto a una Causa (social, política, religiosa, etc.), a un obrar "en nombre de...", como a una causa más íntima, a una explicación más personal de su accionar. Obrar "en nombre de" una Causa es poner en juego la Referencia fundadora, ese absoluto que debía permanecer más allá de todo sujeto para instituir lo Prohibido, convertido ahora, en la lógica del parricida, en aquello que justifica su accionar, que lo empuja hacia su pasaje al acto. La Referencia fundadora, privatizada por el sujeto en su acto loco, no opera en tanto sostén de la ley simbólica, sino como imposición superyoica. Legendre destaca, en relación a la locura, este aspecto relativo a la privatización de la Referencia: el sujeto entra en un vínculo directo con la Referencia, así como Schreber en un vínculo directo con Dios. Refiere el autor a la propia reflexión freudiana sobre esto último: "Después de haber dado cuenta de la teodicea personal del enfermo, y evocada *la transfiguración divina (zum Gotteverlärt)* del padre de Schreber, Freud nota que para el pensamiento

---

[252] "Se trata de captar cómo, por el funcionamiento de lo prohibido –el cual supone el oficio del padre–, cada sujeto en cada generación está en condiciones o no de emerger del nudo familiar" (Legendre, P., *Op. Cit.*, p. 108).

común hay una fosa imposible de colmar (*eine unausfüll-hare Kluft*) entre Dios (en el lugar de la ficción fundadora de los montajes filiatorios) y cualquier hombre"[253].

De ese modo, enarbolando su accionar en cierta y determinada Causa, el cabo Lortie decía que quería destruir el partido quebequense, que "hacía daño a la lengua francesa", que "impedía que los quebequenses salgan de aquí". También Pierre Rivière decía que "iba a liberar al género humano del yugo de las mujeres", sostenía que "su sangre fluiría para vengar a la sociedad y que vertida en el cadalso consagraría su amor filial", creyó, además, en un momento dado, que esta misión le había sido encomendada por Dios, en un manifiesto trato directo con este último.

Wagner, como sabemos, de un modo paradigmático atacará la Referencia fundadora, enferma, en la imagen de "la estirpe enfermiza" que sus propios hijos le proporcionaban, según su delirio. También hará de esto una Causa Social: "sesgar la mala hierba en beneficio de la Humanidad". En su plan criminal estaba contemplado ser él mismo la última de sus propias víctimas.

Privatizar delirantemente la Referencia, sostener un trato directo con la misma sin el partenaire mediador es, al mismo tiempo y, paradojalmente, anular su función y su lugar, en tanto Absoluto que debe permanecer a distancia: condición *sine qua non* en el imperio de la ley simbólica para cada sujeto. Claro que esta destrucción llevada a cabo en el pasaje al acto homicida no es sin su otra cara de autodestruccción.

---

253 *Ibíd.*, p. 61.

Ajuste de cuentas genealógicas

En un intento de resolver la carencia del Padre simbólico, el gesto homicida apunta, golpeando y golpeándose, hacia un "ajuste de cuentas genealógicas". Hay que pensar este acto, sostiene Legendre, en términos de destrucción y de autodestrucción[254].

¿Qué esperaba el cabo Lortie enviando a una radio sus cassettes, con su propia voz, anunciando el crimen? Legendre concluye que Lortie esperaba hacerse matar por los centinelas desde la primera ráfaga. Evocando esos instantes y expresándose en presente, el cabo Lortie dijo en su *Memoria de apelación*: "En mi interior, yo sé que mi punto cero o, en otras palabras, mi punto de muerte, es el martes"[255]. No habría sido esa la primera vez que en él aparecía el fantasma de suicidio como un intento de acabar con sus tormentos.

Robert Wagner había concebido como culminación de su plan homicida el hecho inexorable de su propia muerte. Tampoco en él fue esa la primera vez en que germinaban ideas de suicidio: antes de comenzar a escribir su autobiografía, que fue al mismo tiempo la planificación del acto homicida, estuvo muy cerca de darse muerte.

El acto loco parricida es portador, aunque de manera delirante y desviada, de una retórica institucional relativa al montaje filiatorio. Retórica que incluye, en aras de restaurar al Padre, tanto el asesinato del mismo como el auto-sacrificio del sujeto. La pérdida Absoluta, su propia muerte, va al lugar de la libra de carne no entregada en sacrificio, fantasmática esta última que no habría podido sostenerse dada la inoperancia de la metáfora paterna. En ese sentido,

---

[254] *Ibíd.*, p. 34.
[255] *Ibíd.*, p. 85.

el acto loco "va a cumplirse como una ceremonia delirante", donde "el matador, dejando la escena del fantasma, y en
medio de una teatralidad arreglada, llevará adelante una
puesta en escena que instituirá su sacrificio"[256].

Así como Lortie entra en su teatro para morir en él,
del mismo modo Pierre Rivière se imaginaba "glorificado al
sacrificarse para liberar a su padre". Decía: "me pareció que
sería una gloria para mí, que me inmortalizaría muriendo por mi padre, me imaginaba como los guerreros que
morían por su patria y por su rey [...], y me decía: 'esta
gente moría por la causa de un hombre que no conocían
y que tampoco los conocía; y yo moriré para liberar a un
hombre que me ama y me aprecia'"[257]. No estaba ausente
tampoco en él, por tanto, esa dimensión teatral: al igual
que Lortie con su uniforme él pensaba vestir, en el día
fatal, su traje nuevo.

También Wagner, en su teatro largamente pergeniado,
concretó su plan homicida, el cual se le imponía bajo el
sello de lo inevitable: estaba obligado a hacerlo. "Es preciso
que lo haga...", decía el cabo Lortie. Pierre Rivière también
sostenía que "debía" hacerlo. Legendre encuentra en esta
imposición, y por medio de esa "teatralidad arreglada", una
parodia del mundo de la ley, tendiente a instituir de modo
delirante lo Prohibido, lo cual supone siempre la retórica
del sacrificio –tal como lo pone en discurso la escena de
Isaac–. Instituir lo Prohibido es instituir la pérdida, el sacrificio que corresponde a cada uno para que la diferenciación tenga lugar y con ello el orden de las generaciones[258].
El acto loco homicida, en un intento desesperado de instaurar lo Prohibido, implicará el sacrificio del propio sujeto, modo también desesperado de instituir la pérdida.

---

256 *Ibíd.*, p. 94 y 95.
257 *"Yo, Pierre Rivière..."*, *Op. Cit.*, p. 121.
258 *Ibíd.*, p. 109.

En esta caricatura del imperativo normativo se trata más bien de su reverso, de una sujeción compulsiva a una ley superyoica, allí donde en el corazón del "¡Mátalo!" anida un "¡Goza!", imponiendo al mismo tiempo una entrega sacrificial al dios oscuro del goce. El cuchillo detenido a mitad de camino supone, en la escena de Isaac, el imperio del Dios de la interdicción sobre ese Otro, oculto tras él, que obligaba a Abraham a sacrificar a su hijo. A falta de una ley normativa, articulando el orden simbólico, el sujeto del acto loco se consagra al dios oscuro del goce, consumando a un tiempo, por medio de una ritualidad desviada, lo prohibido y la pérdida.

Intento delirante y paradojal de *instituir* el mundo de la ley, callejón sin salida donde sería más propio hablar de *restituir*, siendo que, al igual que el resultado de dicha operación en el delirio y en las alucinaciones, no puede sino hacer retornar, en su acto, lo que ha fracasado en lo simbólico y que se intenta re-instaurar. Una ley superyoica impera y ordena este pasaje al acto, a falta de una ley simbólica en el orden de estructuración subjetiva.

Pierre Riviére, a través de la singularidad de su acto y de la atmósfera delirante en que este último cobró impulso, ponía en escena esa caricatura de la ley no sin remitir a su propio sacrificio:

"La religión prohibía estas cosas –se refiere a los asesinatos cometidos– pero me olvidé de sus reglas, incluso tuve la impresión que Dios me encomendaba esta misión y que la realizaría justamente [...]. Conocía las leyes humanas, las leyes de la policía, pero me creí más sabio que todas ellas, las veía innobles y vergonzosas [...]. Había leído la historia romana y había visto que las leyes de los romanos daban al marido derecho de vida y muerte sobre su mujer e hijos [...]. Quise afrontar esas leyes, me pareció que sería una gloria para mí, que me inmortalizaría muriendo por mi padre, me imaginaba como los guerreros que morían por su patria y por su rey... Yo también me sacrificaría por mi padre; todo parecía invitarme a esa acción" [Aclaración nuestra][259].

También en él aparecía claramente la intención de matarse luego de "cometer su acción": "coger un fusil que habría escondido previamente y matarme"[260]. También, como hemos visto, el fantasma de suicidio aparecía en R. Wagner no sólo antes de la planificación de su acto homicida, sino también formando parte de la misma. El parricida, destaca Legendre, vive su propia anulación, el fantasma de su muerte lo acompaña[261]; y precisando aún más esta otra faceta del homicidio, sostendrá lo siguiente:

"Yo diría que el asesino retorna a la opacidad y a lo indiferenciado, desfallece ante *aquello de lo que no se puede hablar;* y yo añadiría que, si él pudiera hablar, diría: 'Soy yo quien muere'. [...] Por retorno a la opacidad yo entiendo que el homicida se encuentra en la posición del que no hubiera nacido humanamente y oscilara *de repente* en lo indecible de su dolencia simbólica: está en la representación sin palabras"[262].

El fantasma de suicidio habita al parricida. Violette Nozière, célebre homicida de su padre incestuoso, refiere haber pensado en envenenarse al mismo tiempo que daba muerte a sus padres; durante una audiencia, dirigió este grito al jurado: "Ellos quieren mi muerte, pero no la tendrán. Yo me mataré, sí, yo me mataré"[263].

---

[259] *"Yo, Pierre Rivière...", Op. Cit.,* p. 121 y 122.
[260] *Ibíd.,* p. 123.
[261] Legendre, P., *Op. Cit.,* p. 92 *n.* 22.
[262] *Ibíd.,* p. 136.
[263] *Ibíd.,* p. 92 *n.* 22.

En el intento delirante de restituir lo prohibido, el sujeto del acto loco cae presa de la inconsecuencia del mismo: anulando la Alteridad, de la que depende el montaje filiatorio, anulándose en ese mismo acto, poniendo en juego su propia pérdida, "el parricida no sucede a su padre, se sale de los rieles genealógicos y se sitúa fuera de la sucesión de las generaciones". Legendre se pregunta si es preciso tratarlo como definitivamente excluido o si se puede intentar su reinserción[264]. Interrogante que nos conduce hacia la originalidad de su propuesta.

La re-apropiación del acto: función clínica del derecho

Las elaboraciones de Legendre apuntan no sólo a una dilucidación teórica del pasaje al acto parricida, sino a una toma de posición en la práctica jurídica que subvierte decisivamente la manera de escuchar al criminal y su crimen[265].

---

[264] *Ibíd.*, p. 150.

[265] Podríamos trazar desde cuatro puntos cardinales la distribución del campo de la causalidad en materia de teorías criminológicas. En primer término, las teorías que asientan sus fundamentos en la Biología: ayer el criminal nato de Lombroso, hoy –por ejemplo– el "hallazgo del gen de la agresividad o de la violencia", teorías estas últimas que proliferan en artículos seudo-científicos, mostrando la faceta más ideológica del discurso de la ciencia, cuya mirada no hace lugar a ningún punto de opacidad o ignorancia, forcluyendo a un tiempo el lugar del sujeto y de lo imposible en el universo del saber. En segundo término, teorías que se fundamentan en las causas sociales de la criminalidad. Tenemos un buen ejemplo en los surrealistas en la época de Violette Nozière. En tercer término, el sujeto psicológico de las teorías de base conductista que pondrán el acento en las conductas desviadas de una normativa, donde se impondría su re-adaptación a la sociedad. En cuarto término, el psicoanálisis (no la verborragia psicoanalítica), que tiende a situar el acto como un acto del sujeto, haciendo hincapié en la responsabilidad del mismo, apelando a los hilos inconcientes donde se entreteje la culpa que lo habita. Cuatro puntos cardinales en que se distribuye el campo de la causalidad, y que organizan diferentemente el campo de la responsabilidad y la culpabilidad. Sólo en el último caso podemos situar los verdaderos términos de la responsabilidad subjetiva, no haciendo sucumbir a esta última en una versión moralista.

Se trata, para Legendre, de restituir el acto loco a su autor, el cual no es aislable del delirio que lo acarrea: "Recordemos el sentido del término *delirio* [...]: *salir del surco*. Imposible, pues, describir el atentado sin retrazar el camino de Lortie saliendo del surco: el acto y su argumento de locura, todo es uno"[266].

En ese sentido, el proceso judicial *en todos sus pasos* debería tener el propósito fundamental de *separar al criminal de su crimen*, esto es, *separarlo de la opacidad del homicidio*, en la que está en tanto sujeto in-discriminado. Y no hay, en el orden de la subjetividad, opacidad mayor que la de una relación incestuosa o la de un acto parricida: "Violette ha soñado deshacer/ Hasta el desgarramiento/ El espantoso nudo de serpientes de los lazos de sangre", nos recuerda en su poema Paul Elouard. El acto parricida supone un intento de salir de la opacidad incestuosa, pero, paradojalmente, el sujeto es devuelto a otra –y quizás la misma– opacidad, la del parricidio. La función clínica del derecho debería tender a separar al sujeto de ese magma indiferenciado y de su propio intento de acabar con él.

Retrazar el camino del sujeto *saliendo del surco* en su pasaje al acto y, por esa vía, tender a separar al criminal de su crimen, serían las coordenadas fundamentales que sitúan la "función clínica del derecho", de acuerdo a

---

[266] Legendre, P., *Op. Cit.*, p. 83.

Legendre, cuyo punto de partida jurídico fue salir del dilema legal: "el inculpado, ¿está loco? ¿sí o no?"[267], ¿es imputable o inimputable?

Ahora bien, ¿en qué términos, desde el Psicoanálisis, podríamos precisar este propósito al que apunta la *función clínica del derecho,* propuesta original de Pierre Legendre? Si el sujeto, en tanto escindido, nunca es contemporáneo de su acto, ¿qué significa la re-apropiación del mismo en el caso más específico del pasaje al acto homicida? ¿Qué lo diferencia del acto psicoanalítico?[268] La identificación masiva del sujeto al objeto en el caso del pasaje al acto –en tanto *acto loco*– implica un arrasamiento de la subjetividad y de las huellas inconcientes que la determinan. En el caso del acto, se trata, por el contrario, de la fuerza causal de esas huellas que dejan al sujeto confrontado a la caída misma del objeto, vaciado ya del goce que los hilos fantasmáticos le proveían. Confrontación esta última que no supone, lejos de ello, una "toma de conciencia", ni un completamiento de las lagunas del saber.

El sujeto está por definición separado de su acto porque los hilos inconcientes conducen en última instancia a lo primordialmente reprimido, al más allá de toda signifi-

---

[267] Lortie atraviesa un primer proceso judicial por el cual fue condenado, sucede al mismo una Apelación de su abogado argumentando nuevamente en torno al artículo 16 del Código Penal, que alude a la noción de demencia, haciendo lugar de ese modo a un segundo proceso judicial. En este último, el abogado Larochelle critica la interpretación según la cual Lortie no sabía que tiraba ráfagas de ametralladora arriesgándose a matar transeúntes, lo cual es contrario a la ley. Legendre destaca que el abogado se esfuerza así por salir del dilema legal: el inculpado ¿está loco?, ¿sí o no?, "a fin de modular la responsabilidad sobre la base de una interpretación menos mecánica de la demencia". Alude también a una carta que Larochelle le escribe: "He decidido, de acuerdo con mi cliente, tomar el toro por los cuernos y reconocer claramente que el Señor Lortie no podía satisfacer la definición de enajenación mental prevista en el artículo 16". (*Cf.* Legendre, P., *Op. Cit.*, p. 101). Es por esta vía que se abre la posibilidad de un juicio donde el sujeto pueda *responder* por su acto, abriendo el juego hacia una posible *función clínica del derecho*, en los términos en que lo plantea Legendre.
[268] Volveremos en el último capítulo sobre este mismo interrogante.

cación, a la huella en tanto muda. El sujeto, entonces, del acto –no del pasaje al acto– está más bien atravesado por la re-negación, donde escapa todo posible reconocimiento de sí mismo; de lo que se trata es de recuperar en un *a posteriori* el viraje subjetivo que el acto ha producido, vía la *per-elaboración*, tal como la define Freud. En el caso del pasaje al acto, en este caso homicida, se trataría de reconducir al sujeto, mediante el procedimiento propuesto, a la re-instauración del discurso y sus hilos inconcientes, no sin la necesaria confrontación con su propio –y extraño– yo en la escena por él mismo generada.

Separar al sujeto de la opacidad del homicidio supone, por tanto, abrir la posibilidad de transitar su implicación en el mismo, recuperando los hilos inconcientes de una culpabilidad, cuya única traducción habría sido la entrega sacrificial. Claro que este proceso –tanto la consumación del acto como la posibilidad de su re-apropiación– se transitará de muy diversas maneras, según sean las variantes de este acto loco. Hay que diferenciar la paranoia de Wagner de lo que fue diagnosticado como *bouffée* delirante en Lortie, o del acto loco de Pierre Rivière.

La posibilidad de ir transitando la apropiación de su acto en Lortie, hasta donde sabemos, permite diferenciar netamente este acto del ejecutado por Wagner. Este último reivindicaba el acto homicida por el cual habría pretendido dar muerte definitiva a la "estirpe enfermiza" a la que pertenecía. Hubo en él una denodada lucha por no ser desapropiado de su acto: se declaraba responsable, quería no sólo la cárcel, sino también ser decapitado. Sostenía sin ambages ser el único responsable de esas muertes de las que no se arrepentía. Paradojas del sentimiento de culpabilidad que en este paranoico se resumían en la frase: "soy responsable, no culpable", en relación a su crimen. No habrá remordimiento por su acto homicida. Sí había una culpa delirantemente construida en relación a un "in-confesable"[269] acto de zoofilia. Punto que se enlazaba a la certeza delirante de su pertenencia a una *estirpe enfermiza.*

Wagner nunca cederá respecto de dos cuestiones: su responsabilidad por los crímenes y su culpabilidad respecto de lo que él llamaba su "delito sexual". Pero ¿cómo entender dicha responsabilidad y culpabilidad?

De sus crímenes él reivindicaba su responsabili-dad, pero no se sentía culpable, jamás sintió remordi-miento. De lo que él llamaba su "delito sexual" se sentía culpable –culpa delirante–, pero no responsable –de ello era responsable la *estirpe enfermiza* a la que perte-necía–. Esta desintrincación de culpa y responsabilidad subjetiva es lo que no dejaba de situarlo en la *inocencia paranoica.* Él negaba la culpabilidad del ser humano, que, según decía, "desempeña hasta el final el papel de su vida, según vaya tirando de los hilos el Destino". Su acto criminal podría leerse como un intento desespe-rado de cortar esos hilos, es decir, la maldición de la

---

[269] Cuando Wagner comienza a escribir su Autobiografía, que es también la planifi-cación de su acto criminal, escribe: "De entrada quiero hacer esta confesión: soy zoofílico. Pues nada, dicho está, y no me apetece seguir hablando del asunto; vuestra lubricidad no contrapesa un solo minuto de autodesprecio..." Jamás dio detalles de este acto por el cual su culpabilidad no dejaba de anudarse delirante-mente al goce del Otro, como bien lo transmite su expresión "vuestra lubricidad". Punto también de interesante reserva subjetiva. Desde estas coordenadas pode-mos, quizás, intentar pensar la función de la escritura en este paranoico y el lugar del Otro, destinatario de la misma, delirantemente construido. En este acto de escritura, "la confesión" venía a decir, pero, y al mismo tiempo, a no decir, a callar, a construir restitutivamente un lugar de reserva. Lo cual es muy diferente a "no confesar" y quedar sólo sujeto al "síntoma de significación personal": el Otro sabe todo de mí. Las "habladurías" de los "habitantes de Mühlhausen" ocu-paban este lugar del Otro persecutorio, bajo cuya mirada nada puede ocultarse. Lo cual nos muestra de la manera más clara el papel del superyó en la psicosis, tal como lo habíamos situado. Claro que en este paranoico su núcleo melancóli-co fue más fuerte –certeza relativa a la "estirpe enfermiza", donde la zoofilia daba argumento a su autoacusación, no siendo más que una prueba de su pertenen-cia a la misma–, allí donde el delirio empujaba al acto más que constituir una posibilidad de alejamiento del mismo.

herencia. Razón por la cual él lucharía denodadamente para que no se lo desapropie de la responsabilidad de su acto, declarándolo enfermo mental. Aunque Wagner fue escuchado por su psiquiatra, Gaupp, hasta su muerte, siempre habló para este último, si así podemos decir, desde el manicomio.

Lortie nos plantea un panorama diferente. Cuando él dijo en una Audiencia "la Asamblea de Québec tenía el rostro de mi padre", allí, sostiene Legendre, deja de estar loco, interpreta, ve su acto como irrazonable, bajo la égida de un Tribunal en función. Aunque Wagner pedía ser llevado a un Tribunal, declarar ante un Tribunal, jamás vio su acto como irrazonable. No sabemos, es cierto, qué hubiera sucedido de habérsele concedido el derecho a un Tribunal.

Otra cosa es cuando Lortie, tomando ya distancia de su acto, dice en una audiencia –segundo juicio- frente al video en el que quedó filmado su atentado por las cámaras de seguridad de la Asamblea: "Sabes, yo no puedo decir no soy yo; soy yo".

"No soy yo; soy yo". Lortie se verá en ese momento interpelado desde su propia imagen en una escena donde está el juez en un lugar tercero. Él, su imagen –la del video– y un lugar tercero: la presencia del juez.

"No soy yo, soy yo" parece situar un punto privilegiado de interrogación del sujeto en torno a su acto. Un principio de apropiación del mismo por donde interroga su implicación, no justifica su accionar delirantemente en un "en nombre de..."

¿Cómo es este proceso en Pierre Rivière? Inmediatamente después de consumado su acto, y aún envuelto en la atmósfera delirante que lo empujó hacia el mismo, dirá que él se sacrifica para liberar a su padre. Luego se internará en el bosque, donde rápidamente su delirio cae: "ya no tenía esas ideas de gloria", nos dice, quedando preso a partir de ese momento de profundos remordimientos que incluso lo conducen a la idea de matarse –idea que ya habría formado parte también de su constelación delirante–. Durante el juicio, luego de ese primer momento en el que intenta "hacerse el loco", dirá conocer claramente el artículo del Código Penal que castiga el parricidio, y quiere que le apliquen la pena correspondiente, que lo decapiten. Los abogados apelarán esa sentencia buscando que le aminoren la pena, pero él se resistirá a firmar ese pedido. En el *Informe del presidente del tribunal de la Dirección de Asuntos Criminales*, leemos lo siguiente: "La fisonomía de Rivière no tiene nada de particular, manifiesta más bien dulzura que inclinación a la crueldad; durante los debates ha permanecido tan inmóvil como su cuerpo; su espíritu permanecía tranquilo y no perturbado por ningún sentimiento; sin embargo, ante la hoz todavía maculada de sangre volvió la cabeza horrorizado, diciendo: quiero morir lo antes posible. Sus respuestas siempre han sido claras y precisas, escuchó su condena con la mayor impasibilidad; fueron necesarias reiteradas instancias de su padre, de su confesor y de su defensor para determinarlo a firmar su apelación"[270].

Fue en ese momento que Pierre Rivière escribió sus memorias, pese a lo cual no parece haber podido separarse de la opacidad del homicidio y de la trampa del

---

[270] *"Yo, Pierre Rivière..."*, *Op. Cit.*, p. 168.

sacrificio[271]. Mientras está cumpliendo su condena, le fue conmutada la pena. Hemos dicho ya cuál fue su final: singular versión del entre-dos-muertes[272].

Larochelle, el abogado defensor de Denis Lortie, en una carta que le escribe a Legendre, destaca el esfuerzo sobrehumano del acusado para intentar entender lo que había pasado y el dolor que experimentaba al revivir esos momentos[273].

Wagner también, al igual que Lortie, era absolutamente sincero, pero no estaba presente de esta manera el dolor por lo ocurrido. Su dolor no era porque sus hijos estuvieran muertos, sino por lo que sufrirían estando vivos. Tampoco hacía ningún esfuerzo por tratar de comprender

---

[271] Sólo quiero señalar una singularidad del discurso de Pierre en estos dos hechos: "hacerse el loco" primero y escribir sus memorias luego. Cuando se hace el loco, lo que hace es transmitir la propia versión de su locura en esos momentos en que está encarrilado hacia el acto envuelto en una atmósfera delirante, y, luego de este primer momento, cuando escribe sus memorias, dice que lo contará de tal modo, con tal actualidad, como si fuera ese momento mismo, para poder transmitir bien sus emociones. Es decir que, cuando el sujeto viene a tomar la palabra en relación a su acto, lo hace de tal modo que escapa a las huellas que podría dejar en su enunciado su propia enunciación; escapa a su enunciación, anula los efectos posibles de la misma por donde su dolor comience a distanciarlo del acto en el camino de su reapropiación. En él hay más horror que dolor o, mejor dicho, ambos no se conjugan para lograr una distancia favorable que lo separase de la opacidad de su acto: él sólo quiere su muerte.

[272] En cuanto al diagnóstico de Pierre Rivière, los especialistas oscilaron bastante en su opinión. El argumento de la defensa, utilizado como atenuante en el segundo proceso, se centra en situar a Pierre Rivière, si bien "no loco", sí preso de una exaltación en el momento del crimen. (*Cf. Op. Cit.*, p. 171). El argumento de la defensa de Lortie, en cuanto al diagnóstico, no es muy diferente: *bouffée* o atmósfera delirante que no implica estructura psicótica (*Cf.* Legendre, P., *Op. Cit.*, p. 153).

[273] Larochelle comenta, en una carta a Legendre, un instante patético durante el proceso: "Era evidente que Lortie era de una sinceridad absoluta y hacía un esfuerzo sobrehumano para intentar entender lo que había pasado en él y dar cuenta de ello mediante sus palabras. El dolor que experimentaba al revivir mediante el pensamiento esos momentos penosos se veía en su actitud y en su semblante, y, en un cierto momento, cuando intencionalmente yo presionaba con preguntas de manera casi hostil, él huyó de la barra, lanzó un grito, se precipitó hacia los cubículos y se pudo oír durante algunos instantes los golpes salvajes que daba sobre la pared con sus puños" (*Cf.* Legendre, P., *Op. Cit.*, p. 101).

qué había pasado: él lo sabía y seguía sosteniendo sus argumentos desde su convicción delirante. Ésta es la gran diferencia: en Wagner nunca cae el delirio[274], aunque la atmósfera delirante previa al acto revista ciertas características que, en parte, luego se modifican.

Señalamos allí un punto importante al dejar indicado que hay un momento en el cual esta paranoia deviene locura parricida, así como podemos señalar un después del acto en que la "misión loca" que lo encarrilaba al mismo cae: "ya no pienso –dice Wagner después– que tenía una misión con la humanidad". Lo que no va a caer es su certeza última en la continuidad –sin falla– de la *estirpe enfermiza* y degenerada, a la cual pertenecía, y que había que exterminar.

La misión que encarrila hacia el acto loco es, en cualquier caso, una sumisión a una ley superyoica, donde cobraría fuerza, como hemos visto en estos casos comentados, el *"es preciso que lo haga"*. Wagner lo decía de la manera más clara: "mi ley y mi evangelio son 'destruid la vida, matad'". Sabemos que él formaba parte de esa vida a destruir.

---

[274] Es cierto que el síntoma de significación personal recrudece, por momentos, en relación a los enfermeros y/o a ciertos internados, de quienes decía que se burlaban de él y hacían ruidos de animales, no obstante, dicho síntoma no prosperó demasiado. Hay que tener en cuenta otro re-ordenamiento de su construcción delirante durante los últimos años. Pero lo fundamental, en cuanto al delirio que lo encarrilara hacia el acto, es que, en sus convicciones últimas, se mantuvo casi inmodificado. Si bien él pudo con los años poner en duda su convicción respecto de las habladurías de los habitantes de Mülhausen –una de las vertientes de su empuje al acto: "por venganza"–, nunca cedió un solo paso respecto de su certeza delirante, nuclear a mi modo de ver, que consistía en su idea acerca de la *"estirpe enfermiza"* a la que pertenecía, y respecto de la cual "el padre era el único responsable". Certeza que lo condujo a buscar su exterminio –la otra vertiente delirante de su pasaje al acto: "maté a mis hijos por compasión"–, y de lo cual jamás se arrepintió.

Ahora bien, también nos plantea Wagner una interesante paradoja al afirmar: *"soy responsable, no culpable"*. Si por un lado clama por la responsabilidad de su acto, el modo en que puede hacerlo no anula su inocencia paranoica. Se impone entonces el interrogante, de tan difícil resolución, relativo al abordaje de la "responsabilidad" en un sujeto, cuyo discurso se afirma en una posición paranoica y que, pasaje al acto consumado, no quiere ser desposeído de aquélla, al tiempo que reafirma el sesgo reivindicativo de su delirio. Para Wagner, su psiquiatra, quien lo había declarado inimputable, era su peor enemigo.

Es cierto, como dice Legendre, que no todos los procesos se prestan al abordaje de estos aspectos y que en casos de psicosis grave y masivamente patente el manejo institucional se reduce a los cuidados inmediatos[275]. No obstante, la psicosis de Wagner nos vuelve a interpelar y nos obliga a no olvidar que la singularidad subjetiva no reconoce fronteras diagnósticas. Wagner nos deja en la estacada cuando plantea una responsabilidad que, sin embargo, no anula su inocencia paranoica. Inocencia que se liga a su pertenencia a la *estirpe enfermiza*, de lo cual no es culpable; al tiempo que dicha estirpe, núcleo último de su certeza delirante, es responsable de su única culpa: el delito sexual. De ahí ese cruce paradojal de responsabilidad y culpa en Wagner. De los crímenes se dice: responsable, no culpable; de su delito sexual, se dice: culpable, no responsable.

---

[275] Legendre alude a los abusos clasificatorios de los actuales manuales de Psiquiatría, meros nomencladores, de pretensiones científicas, al estilo del DSM III; y a la trampa de la que queda preso en la actualidad el experto Psi. Señala, además, que el paso al acto homicida en condiciones delirantes no supone –bien lo sabemos desde el Psicoanálisis– una estructura psicótica en su autor. Planteos, todos ellos, tendientes a dejar claro el fondo mismo de su interrogación: "¿Hay o no alguna oportunidad para que un proceso como el que se llevó contra Lortie desemboque en otra cosa que no sea una sentencia vacía de sentido para el acusado?" (*Cf.* Legendre, P., *Op. Cit.*, p. 152, 153, 158).

Legendre va a sostener que en casos como el de Lortie, donde está en juego una demanda subjetiva de ayuda, lo que el sujeto pide allí es que "se" le diga el límite[276]. Este "se" remite a una instancia tercera, que es la que tendrá a su cargo elaborar la sentencia. En Wagner ¿no había también una demanda? Responder por sus actos ante un Tribunal, tal vez, suponía un camino por el cual "hacer saber", a un Otro, de sus padecimientos, de sus tormentos, atravesados ellos mismos por la convicción que lo encarrilara al acto. "Hacer saber" que nada tendría que ver, llegado el caso, con un pedido de perdón ni con un intento de atenuar la pena, sino más bien con una denuncia del sujeto en relación a un Otro, no barrado, respecto del cual él no habría sido sino su objeto. Ir ante un Tribunal sería, si se quiere, apelar a un Otro ubicado transferencialmente en un lugar diferente.

Legendre destaca que la sentencia conduce hacia dos caminos posibles: o bien abre al acusado una vía posible hacia su posición de hijo[277], o bien cierra esta vía confirmándolo en la posición de loco o, lo que es lo mismo, de hijo-muerto viviente[278].

En cuanto a la labor de los expertos psi, dice Legendre: "Se trata de volver a pegar los pedazos de la escena edípica y de hacer entrar al hijo parricida bajo la ley, es decir, ayudar a ese hijo nacido de una madre a nacer también de padre. Los informes de los expertos y la sentencia toman, en este contexto, valor de interpretación, en el sentido psicoanalítico del término, y de notificación de la Ley del padre. Subjetivamente, es ahí donde Denis Lortie retoma, después de la travesía del acto loco, el hilo tenso,

---

[276] *Ibíd.*, p. 158.
[277] "Un hijo lo bastante redimido de la imagen atroz del homicida como para acceder a una relativa libertad subjetiva" (*Ibíd.*, p. 160).
[278] *Ibíd.*, p. 158, 160.

un momento roto, de la vida"[279]. Para Pierre Rivière fue imposible. ¿Qué habría pasado con Wagner de haber sido llevado ante un Tribunal?

---

[279] *Ibíd.*, p. 159.

Capítulo V: El doble crimen de las hermanas Papin

"La noche fatídica, en la ansiedad de un castigo inminente, las hermanas entremezclan la imagen de sus patronas con el espejismo de su propio mal. Es su propia miseria lo que ellas detestan en esa otra pareja a la que arrastran en una atroz cuadrilla"[280].

J. Lacan

Lacan, psiquiatra en sus comienzos, ingresa al terreno propiamente psicoanalítico interrogando las psicosis, y la posibilidad misma de su tratamiento desde esas coordenadas clínicas. La noción forjada por él, *paranoia de autocastigo*, abreva plenamente del discurso del Psicoanálisis. Como bien podemos advertir, considerando el caso Aimée o su breve escrito sobre el crimen de las hermanas Papin, el abordaje de la paranoia, en ese entonces, iba de la mano de interrogar el pasaje al acto en las psicosis. Claro que, del primero al segundo de dichos casos, se irá produciendo un desplazamiento de la noción de *paranoia de autocastigo* como explicativa del pasaje al acto en la psicosis, al valor y la incidencia de la *relación especular* en relación al mismo. Terreno conceptual, este último, que irá cobrando una relevancia cada vez mayor en sus primeras elaboraciones, ya netamente psicoanalíticas, balizando de otro modo el campo de interrogación referido.

Los desarrollos relativos a la noción de *pasaje al acto* volverán a cobrar mucho protagonismo más adelante, sobre todo a partir del Seminario de 1963, La angustia. Momento de inflexión en los desarrollos de Lacan,

---

[280] Lacan, J., "Motivos del crimen paranoico: El crimen de las hermanas Papin".

donde las formulaciones teóricas están atravesando un re-ordenamiento metapsicólogico importante, por la puesta en juego de esa noción que es de su invención: el *objeto causa del deseo* –llamado objeto *a*–, ya introducido en seminarios anteriores, pero que cobraría a partir de allí un nuevo estatuto.

La dimensión especular, precisamente, será uno de los ejes que requieren ser re-ordenados. Para decirlo muy sucintamente: el objeto *a* se articula a la dimensión especular, en tanto sustraído de la misma, constituyendo un blanco en la imagen narcisista, la cual, al mismo tiempo, va a velar la falta que este objeto representa. El sujeto no ve lo que desea: el *objeto causa del deseo* no está delante sino detrás de él, si así podemos decir. Es entonces desde este reordenamiento de la dimensión especular en su articulación a dicho objeto que hay que volver a pensar el pasaje al acto.

Ahora bien, en este segundo momento, el abordaje del pasaje al acto –que Lacan va a distinguir del *acting aut*– no se centra en el "homicidio paranoico"[281], como sí lo hacía al comienzo de sus teorizaciones. Abordar el doble crimen de las hermanas Papin, desde estas nuevas perspectivas, enriquece sin duda, y permite situar de manera más precisa el pasaje al acto en su especificidad en las psicosis. Propósito que perseguimos desde la introducción misma del caso Wagner en este texto.

Planteamos el momento, en esa paranoia, en que la posición del sujeto vira hacia una locura parricida. Punto de inflexión en el cual algo se organiza en su discurso según la lógica del delirio de reivindicación: la lucha por

---

[281] Cf., Lacan, J., "Introducción teórica a las funciones del psicoanálisis en criminología", en *La metáfora del sujeto*, Ediciones Homo Sapiens, Argentina, 1978, p. 49.

una Causa que lo empujará hacia el acto loco homicida. Lucha reivindicativa que parecía darle también su coloración específica al acto loco de P. Rivière o del cabo Lortie[282].

¿Cuál es la lógica del delirio de reivindicación? ¿Cómo se articula a la estructura, siendo que en la psicosis esta última se define sobre todo por la no caída del objeto *a*? Un Otro absoluto, no barrado, es correlativo a esta no sustracción del objeto, quedando el sujeto identificado a este último como *objeto de goce* de ese Otro tan particular. No barrado en su saber, ni en su goce, dicho Otro habita al psicótico y sus síntomas.

En "El campo pasional de la psicosis", Maleval plantea que en el delirio de reivindicación, situado por él dentro de los delirios pasionales, la imagen especular consigue envolver al objeto *a* no extraído, a diferencia de lo que ocurre en el paranoico interpretativo, donde la imagen especular se torna impotente para proveer un marco al goce[283]. Se entiende que en estas sutiles diferencias tratamos de abordar los diferentes modos que tiene el sujeto en la psicosis de localizar el goce, de otro modo invasor.

---

[282] La Causa social, delirantemente argumentada, en cualquier caso, no deja de arraigar en una causa íntima del sujeto. La misión con la humanidad en el caso de Wagner derivaba de su certeza en la *estirpe enfermiza* de la cual había que liberar a aquélla. Certeza nuclear del sujeto, de donde extrae su verdadera fuerza el delirio de reivindicación. "Liberar al mundo del yugo de las mujeres", en Pierre Rivière, remite a su convicción de ser el único que podía liberar al padre de la omnipotencia del Otro materno. Atacar la Asamblea de Quebec, aludiendo al partido que hacía daño a la lengua francesa y a los quebequenses, no dejaba de remitir a esta frase: "la Asamblea de Quebec tenía el rostro de mi padre".

[283] "La diferencia entre el esquizofrénico y el melancólico parece estructuralmente del mismo orden que la que se puede discernir entre el paranoico interpretativo y el pasional: en el primer caso, la imagen especular se revela impotente para proveer de un marco al goce; en el segundo, la misma consigue envolver al objeto *a* no extraído. A falta de referencias simbólicas esenciales, el psicotizado busca apoyos estabilizadores en lo imaginario, el melancólico y el pasional lo logran mejor que el esquizofrénico y el interpretativo". (Maleval, J. C., "El campo pasional de la psicosis", traducción: Mattioli, G., en *Apertura: Cuadernos de Psicoanálisis - N° 4* (Marzo 1989), p. 49. Apoyo, por lo demás, frágil y propenso a la desestabilización.

Para este autor, la función del espejo estaría esencialmente conservada –en los términos recién definidos–, constituyendo cierto apoyo estabilizador, en el melancólico y en el pasional. Verbigracia, ese momento melancólico del paranoico Schreber, donde él se ve impulsado a pronunciar ciertas fórmulas conjuratorias: "soy el primer cadáver leproso y llevo un cadáver leproso". "Retrato fiel que las voces le dieron de él mismo", dirá Lacan[284]. Su goce se concentra sobre esa imagen del Yo en decadencia. Su imagen del cuerpo es horrible, ella envuelve al objeto *a* no extraído, pero no está fraccionada ni disjunta como tiende a estar la del esquizofrénico. Asimismo, la función del espejo está todavía presente en los llamados *suicidios altruistas* de melancólicos: "matan a veces a sus próximos antes que suprimirse a sí mismos porque los perciben, a su imagen, en un estado de extrema decadencia"[285].

Lo anterior parece coincidir plenamente con la posición subjetiva de Wagner en su acto homicida, situando, en ese sentido, el núcleo melancólico de este paranoico. Dicha función del espejo –envolviendo el objeto *a* no caído– se muestra esencialmente conservada cuando, en su locura parricida, mata a sus hijos, en quienes veía reflejada la imagen misma de la *estirpe enfermiza,* de la cual él también formaba parte. El núcleo de goce está envuelto y localizado en esa imagen en tanto la zoofilia, de la cual se autoacusaba, era la prueba incontestable de lo enfermizo y la degeneración de la estirpe a la cual pertenecía y que debía eliminar. Formaba parte de su plan homicida, y como culminación del mismo, darse muerte. No por nada

---

284 Lacan, J., "De una cuestión preliminar a todo tratamiento posible de la psicosis", en *Escritos 2*, Siglo Veintiuno, México, 1978, p. 253.
285 Maleval, J. C., *Op. Cit.*, p. 49.

Gaupp aproximó este acto homicida al llamado *suicidio altruista*, aunque las razones esgrimidas por el psiquiatra se ordenan según otras coordenadas teórico-clínicas.

Para el pasional, la función del espejo estaría también esencialmente conservada, cumpliendo una cierta función estabilizadora. Cuando Maleval intenta articular la estructura del delirio pasional, va a decir que "el goce del pasional en el campo del Otro encuentra límites instaurados por la imagen especular y se localiza sobre un personaje preciso: el amante del erotómano, el partenaire del celoso, el antagonista del reivindicador. El espejo enmarca al objeto *a* no extraído y consigue velar su abyección. No obstante, en el momento de peligrosos pasajes al acto no es raro que los pasionales intenten llegar al horror que entrevén detrás de la imagen que rodea su goce"[286].

Como veremos en el curso del desarrollo del presente capítulo, Christine Papin se verá confrontada, en el pasaje al acto, al horror de su propia abyección, en tanto identificada al objeto de goce del Otro materno. La *folie à deux* de Clémence –su madre– y ella no dejaba de ser el lugar donde ese goce incestuoso se sostenía, al mismo tiempo que era puesto en cuestión. Su delirio de reivindicación contra este Otro gozador, al que el delirio mismo da consistencia, encubre de algún modo, y frágilmente, dicho lugar del objeto abyecto, finalmente vuelto a poner en evidencia en la alucinación donde veía a Léa –ella misma, en definitiva– colgada de un árbol, muerta y con las piernas cortadas.

El pasaje al acto psicótico, dirá Maleval, "comporta una dimensión de intento de curación mediante la sustracción del objeto angustiante de un goce incestuoso. El sujeto se encuentra agobiado por la ausencia del proceso

---

[286] *Ibíd.*, p. 50.

de separación resultante de la metáfora paterna"[287]. Es una tentativa de hacer advenir en lo real una castración no simbolizada[288].

El pasional –continúa el autor– es mucho más apto para movilizar lo imaginario del sentido, sabe que su acto tiene por fin restaurar la justicia y "su delirio presenta la especificidad de transportar desde el postulado una sugestión al acto: generalmente una venganza para el celoso y el reivindicador e incluso para el erotómano, cuyas esperanzas irrealizables anuncian ya el rencor terminal. Se entiende pues que los delirios pasionales sean con mucho los más peligrosos: el pasaje al acto está inscripto de entrada al final de su lógica. Constituye la manera de restaurar una injusticia fundamental que mina el orden del mundo. Para restablecer este último los interpretativos parecen más inclinados a tomar las vías del significante"[289].

Coincidiendo estas elaboraciones de Maleval con nuestra lectura de los crímenes de Wagner, y aportándonos desde este otro sesgo una nueva luz, precisaremos que en su pasaje al acto, abriéndose hacia dos direcciones diferentes, se pondrán de relieve distintas líneas de fuerza de su delirio, no obstante, en estrecha correlación. Así, en sus crímenes *por venganza,* hacia los habitantes de Mühlhausen, quienes "se burlaban de él por su delito sexual de zoofilia" –síntoma de significación personal–, parece acentuarse más claramente la tendencia reivindicativa-pasional de su delirio; mientras, en sus crímenes *por compasión,* hacia sus hijos, pertenecientes como él a la *estirpe enfermiza*

---

[287] *Ibíd.,* p. 51.
[288] Tal como sostiene el mismo autor en otro artículo, "Los homicidios inmotivados no son sin causa", texto este último que nos remite al de Guiraud, "Los homicidios inmotivados".
[289] *Ibíd.,* p. 53.

"que había que borrar de la faz de la Tierra", no dejará de ponerse en evidencia el núcleo melancólico, como reverso de su paranoia.

En ambos casos, la imagen en el espejo, envolviendo al objeto *a* no extraído, se encuentra conservada, sea para endilgar al otro especular –habitantes de Mülhausen– sus propias intenciones rechazadas, sea para ver reflejada en los propios hijos –pertenecientes como él a la *estirpe enfermiza*– la imagen en ruinas de su propio yo.

Para Maleval, y haciendo hincapié en las psicosis pasionales, tema preciso del artículo que estamos considerando, estas últimas "configuran el campo de observación más puro de la regresión tópica al estadio del espejo, considerada por Lacan como una de las consecuencias de la forclusión del nombre del padre"[290].

Ahora bien, si lo que estamos considerando es el campo especular en las diferentes posiciones del sujeto en la psicosis, la necesidad de otra precisión nos sale al cruce, antes de emprender nuestro análisis del caso de las hermanas Papin: ¿en qué consiste el Yo en la paranoia?

Para el neurótico, es posible decir de su imagen especular *Aquél de la imagen soy yo*, mediante el asentimiento del gran Otro, que habría estado en juego en los tiempos instituyentes de su subjetividad. Ello implica un cierto acuerdo con la heterogeneidad de esa imagen, un cierto acuerdo con ese otro especular, con ese "otro" y "semejante". Para el paranoico, en cambio, no habrá un tal acuerdo y se le hace necesario mantener esta heterogeneidad de la imagen como otro radicalmente Otro: Aquél es Otro, es Él,

---

[290] *Ibíd.*, p. 54. En ese mismo sentido, sostiene allí que en el delirio pasional, en la medida en que el objeto real se presentifica en la imagen especular, suscita una imagen del doble, con la cual se instaura una relación de *hainamoratión*.

no *moi*[291]. La proyección en la paranoia encuentra aquí su estatuto. El sujeto cambia de estatuto gramatical. El sujeto está en la imposibilidad estructural de reconocer que, en lo que endilga al otro, están sus propias intenciones[292]. Es esto lo que Freud descubre ya desde sus primeras elaboraciones en torno a la paranoia, en sus tempranos manuscritos[293], así como también, mucho más tarde, establecerá una diferenciación del delirio psicótico y la posición del sujeto en relación al mismo, en base al análisis gramatical de la frase que constituiría su postulado[294].

Una tercera vertiente, además del papel de la imagen especular en el delirio –tal como lo estamos considerando–, y las articulaciones relativas al Yo en la paranoia, alimentará el cauce de nuestras elaboraciones en torno al crimen de las hermanas Papin, y la misma está referida a las precisiones freudianas en torno al lazo de la hija con su madre en la fase preedípica, cuando aún no está en juego la rivalidad propia de dicho complejo: "en esa dependencia de la madre se halla el germen de la posterior paranoia en la mujer. Es que muy bien parece ser ese germen la angustia, sorprendente pero de regular emergencia, de ser asesinada (¿devorada?) por la madre. Cabe suponer que esta angustia corresponda a una hostilidad que en la niña se desarrolla contra la madre [...], y que el mecanismo de proyección se vea favorecido por la prematuridad de la organización psíquica"[295]. A lo cual, más adelante, agregará: "no

---

291 *Cf.* Allouch, J., Porge, E., Viltard, M., *El doble crimen de las hermanas Papin*, Editorial Epeele, México, 1995, p. 279, y Allouch, J., "El discordio paranoico", en *Letra por letra*, Edelp, Buenos Aires, 1993, p. 178.

292 *Cf.* Safouan, M., *Estudios sobre el Edipo*, Siglo Veintiuno, México, 1977, p. 103.

293 *Cf.* Freud, S., *Manuscrito H. Paranoia*, Amorrortu, Buenos Aires, 1982, T. I, p. 246.

294 *Cf.* Freud, S., *Sobre un caso de paranoia descrito autobiográficamente*, Amorrortu, Buenos Aires, 1993, T. XII, p. 58 y siguientes.

295 Freud, S., *Sobre la sexualidad femenina*, Amorrortu, Buenos Aires, 1993, T. XII, p. 229.

sabemos indicar cuán a menudo esta angustia frente a la madre se apuntala en una hostilidad inconciente de la madre misma, colegida por la niña"[296].

El desenlace en una posición paranoica parece, entonces, ligarse a un odio no tramitado, el cual, de haberlo sido, habría podido funcionar como separador en la relación de la hija con su madre. Hostilidad rechazada, no tramitada, y que retorna en el delirio. Una mujer, cuya posición subjetiva podríamos definir como paranoica, me decía en el curso de una entrevista, estando embarazada: "Yo tuve otro embarazo y lo perdí... Tenía doce años y mi mamá no quería un hijo mío y sí quería un hijo de mi hermano [...], y entonces ella con un cuchillo me cortaba todo el cuerpo [...]. Ella murió, después se levantaba de su tumba [...], y se volvió a meter [...], si no me hubiera seguido matando". Y, en ese mismo sentido, me preguntaba: "¿no le parece que mi hermano y yo merecíamos vivir? Ella nos cortaba el cuerpo con cuchillos cuando éramos chicos..." Fragmento clínico que nos sitúa plenamente en el terreno de las *locuras maternales*.

El doble crimen de las hermanas

En determinado momento del proceso, Cristhine Papin dijo: *"mi crimen es lo bastante grande para que yo diga lo que es..."*

Pese a esta afirmación, que no puede dejar de evocarnos el texto de Safouan: *La palabra o la muerte*, Christine habló de "su" crimen en sucesivas declaraciones para, finalmente, sentenciar: *"lo dije todo"*, y caer en fatal mutis-

---

[296] *Ibíd.*, p. 239.

mo. ¿Qué largo camino de tortura ha tenido que recorrer Christine hasta llegar a ese punto? ¿Cómo comienza esta historia?

La noticia del crimen

El viernes 3 de febrero de 1933, los habitantes de Le Mans leerán en la primera página de su periódico *La Sarte soir*, junto al encabezado que decía: "la mayoría del pueblo alemán respalda a Adolfo Hitler", un pequeño recuadro –puesto de todos modos en un lugar de importancia–: "Horrible crimen: la Sra. Lancelin y su hija Geneviève asesinadas por sus sirvientas".

Los Lancelin eran una familia burguesa de la sociedad de Le Mans. El señor René Lancelin, abogado, había sido procurador judicial. Fue él –junto con la policía– quien descubre la sangrienta escena donde yacían cruelmente asesinadas su mujer e hija. De regreso junto a su yerno, una tarde como tantas otras, encuentra la puerta de su residencia cerrada con trabas, sin que nadie responda al llamado del timbre. Sólo una luz, débil luz de vela, titila en la habitación de las criadas. Ellas, cometido el crimen, se encerraron en su habitación a la espera de que "la policía viniera a buscarlas". "Buena la hemos hecho", se dicen entre ellas, antes de meterse en la misma cama y luego de haberse lavado cuidadosamente.

Madre e hija yacían al pie de la escalera, sus cuerpos estaban irreconocibles. Cortes en las piernas. Sus ropas en desorden y, en la hija, las faldas levantadas y cortes en las nalgas[297]. Un detalle fue el máximo del horror experimenta-

---

[297] Cf. Allouch, J., Porge, E., Viltard, M., *El doble crimen de las hermanas Papin, Op. Cit.*, p. 87.

do por quienes inspeccionaban los cadáveres: encontraron un ojo en la escalera. Las víctimas padecieron, antes de su muerte, la enucleación de sus ojos.

Las hermanas no premeditaron su crimen. A diferencia de lo que hemos visto hasta ahora: el maestro Wagner, el cabo Lortie o Pierre Rivière. Este acto criminal irrumpe repentinamente sin cálculo alguno: un detalle, apenas "un" detalle fue aquel que lo desencadenó. Sin embargo, "un" detalle, no es "cualquier" detalle. Este acto no fue planificado. No hay cartas, ni cassettes, ni autobiografías. ¿Diremos por ello que este acto carece de toda dimensión, si no de mensaje, al menos de respuesta? ¿Obviaremos preguntarnos a quién podría haber estado dirigido, más allá de sus víctimas directas?

Sea como sea, una vez traspasado el umbral y habiéndose hecho público, ya no parará de funcionar la maquinaria interpretativa. Henos aquí nosotros, después de casi un siglo, intentando también interpretarlo. Al igual que lo hicieron con Violette Nozière, los surrealistas, los comunistas, así como otros, tomaron el caso de las sirvientas asesinas como estandarte de sus ideas revolucionarias y contra el poder instituido. Paul Eluard le dedicó poemas o escritos no sólo a Violette, sino también a las hermanas Papin. Por esos años, Lacan, quien no hacía mucho había presentado su tesis sobre Margarita, se expedirá sobre este caso, publicando su escrito en la revista surrealista *Minotauro*. Conocemos el texto: "Motivos del crimen paranoico". En 1947, Jean Genet escribirá su obra *Las criadas*, basándose en este caso. Interesante interpretación del dramaturgo en torno al caso, ya que Claire, que representa a Christine en la obra, termina tomándose el veneno que preparó para su señora, cuyas ropas vestía en ese momento.

También en el año 1966, la periodista y escritora P. Houdyer publicará, luego de una exhaustiva investigación, una novela sobre este crimen: *Con el diablo en la piel*, obra luego reeditada en 1988 con el título *L'affaire Papin*. Basadas en estas novelas hay dos películas: *Sister my sister* y *Les blessures assassines*. También en Buenos Aires, Cristina Banegas estrenó una obra en el 2003 basada en las hermanas Papin.

Cabe preguntarse si éste es, además, un caso clínico. En un principio, no fue más allá de los informes de los expertos psi convocados por la justicia. Lacan, por cierto, situó luego ciertas coordenadas decisivas en torno al caso. Pero debemos destacar que recién en el año 1984 este caso es fabricado en tanto clínico por E. Porge, J. Allouch y M. Viltard, cuya exhaustiva investigación dio a luz el texto llamado: *La solución del pasaje al acto: el doble crimen de las hermanas Papin*, publicado bajo el heterónimo de Francis Dupré. La traducción al español del texto no conserva en su totalidad el título original. Lo sustraído al mismo es precisamente la primera parte: "La solución del pasaje al acto..." ¿Por qué obviar este fragmento, cuando en verdad es una de las preguntas esenciales de esta fábrica del caso? Es decir, ¿a qué pudo haber pretendido ser una solución este pasaje al acto homicida?

La condena

Volvamos a aquel entonces. El día después del asesinato, ese día de 1933, dos protagonistas esenciales empezarían a dar cuerpo a la lectura de este caso público y judicial: la prensa y la justicia. Las opiniones estaban muy encontradas a la hora de enfrentar el dilema legal –del cual P. Legendre, recordemos, propone salir– acerca de si las acusadas estaban locas o no, si eran imputables o inimputables. Los psiquiatras de la parte acusadora, haciendo galas de una sordera esencial, no verán en ellas más que dos sanguinarias asesinas, totalmente responsables de sus actos. El psiquiatra Logre, citado por Lacan en su escrito, fue llamado por la defensa y las situaba como enfermas mentales[298], y, por tanto, inimputables; habló incluso de "pareja psicológica", apreciación que tiene toda su importancia. Dos prestigiosos periodistas, los hermanos Tharaud, señalarán la precipitación por parte del juez, de la parte acusadora y del jurado en concluir de una vez[299]. En noviembre de ese mismo año, la condena fue promulgada: Christine, a la pena de muerte, y Léa, a diez años de trabajos forzados y veinte años de interdicción. Cuando Christine escucha la condena: "Todo condenado a muerte tendrá la cabeza cortada", cae de rodillas[300]. Christine se rehúsa a firmar una demanda de apelación e igualmente una demanda de perdón presidencial[301]. Léa la firmará.

Allo Police, otro periódico, se interrogará: "¿se condenó a dos locas?"[302], mientras que Eluard y Peret, Man Ray y luego Lacan se preparan a intervenir.

Christine jamás firmará no sólo la demanda de apelación e indulto, sino tampoco su acto. En enero de 1934, el presidente de la República conmuta la pena infligida a Christine por una condena a perpetuidad de trabajos forzados[303]. Apenas cuatro años después, Christine muere.

---

[298] *Ibíd.*, p. 99.
[299] *Ibíd.*, p. 89.
[300] *Cf.* Houdyer, P., *Con el diablo en la piel*, Emecé, Buenos Aires, 1969, p. 277.
[301] *Cf.* Allouch, J. *et al.*, *Op. Cit.*, p. 62 y 142.
[302] *Ibíd.*, p. 89.
[303] *Ibíd.*, p. 142.

Como bien se ve, esta "pareja psicológica" –Christine y Léa–, como las llamaría el psiquiatra Logre, ya hacía un tiempo se había dislocado, separado, y por circunstancias que luego precisaremos.

El diagnóstico de Lacan acercará a Christine y a Léa más a la parafrenia que a la paranoia, no sin señalar, sin embargo, que "las formas de paranoia y las formas delirantes vecinas siguen unidas por una comunidad de estructura". Precisión que anticipa lo que llamará más tarde, en el Seminario de 1956, "*el campo paranoico de las psicosis*"[304]. Luego de precisar, en "Motivos del crimen paranoico", dicha comunidad de estructura, dirá: "lo cierto es que las formas de la psicosis se nos muestran en las dos hermanas, si no idénticas, cuando menos estrechamente correlativas". Correlación que él articulará precisamente a la *folie à deux*. Volveremos después sobre este punto. No sin antes recordar algo que dijo Dupré –heterónimo ya citado– acerca de Léa, más allá de toda precisión diagnóstica: Léa era insumergible. Ella navegaba muy bien, y se fue reacomodando, de un modo u otro, antes y después de la dislocación de la "pareja psicológica" que conformaba con su hermana Christine, como ya lo veremos.

Las hermanas Papin, ¿quiénes eran?

En verdad, si dos fueron las célebres asesinas, las hermanas Papin eran tres. ¿Qué sabemos de ellas y de su infancia?

---

[304] Lacan, J., *La Relación de objeto, El Seminario*, Libro IV, Paidós, Buenos Aires, 2010, p. 11.

Del matrimonio Papin sabemos, según investigaciones de P. Houdyer, que para Clémence su esposo nunca ocupó un lugar de importancia, salvo por ser alguien que debía traer dinero a la casa. A nivel del deseo, el rechazo a este hombre era notorio.

Emilia, la mayor de las hermanas, fue violada por su padre a la edad de 9 años. Esta circunstancia desencadenará la separación de la pareja. Cuando Clémence comente este desafortunado suceso a su hermana, dirá de Emilia, su hija: "ella tiene el diablo en la piel", frase en la que se inspira Houdyer al dar título a su novela. Frase que algo nos dice de la inscripción que pudiera tener este suceso en la madre, y del lugar que ella le da a su hija en el mismo.

Clémence decide luego de esto, un tiempo después, "colocar" a Emilia en El Buen Pastor, lugar destinado a "enderezar las conductas extraviadas de prostitutas y delincuentes". Otro dato que viene a dar cuenta del lugar de esta hija para esta madre.

Pero Emilia no era su única hija. Ya había nacido Christine, que tenía en ese entonces 7 años. ¿Dónde estaba esta segunda hija? Christine vivía con su tía paterna, Isabelle, a cuyo cuidado estuvo desde que tenía apenas un mes de vida. Su madre no había tolerado su llanto. Cuando ocurre lo de Emilia, esta hija fue separada dolorosamente de su tía: Clémence decide "colocarla", junto a su hermana, en El Buen Pastor. Christine se aferrará mucho, desde entonces, a su hermana Emilia.

Léa, la menor, tenía casi dos años cuando sus hermanas ingresan al Buen Pastor. Desde muy pequeña, ella vivió con un tío materno de Clémence y su hija, prima soltera de esta última. La pequeña Léa había estrechado allí sus primeros lazos.

Pasados 5 ó 6 años de internadas en El Buen Pastor, Emilia –la mayor– decide, no sin resistencia de su madre y con autorización de su padre, tomar los hábitos. Dos años después, Christine quiere seguir los pasos de su hermana; la furia materna frente a esta decisión hará que ella sea retirada del Buen Pastor y "colocada" como sirvienta en una casa. Christine insistirá varias veces respecto de su deseo de consagrar su vida al servicio de Dios, y se encontrará siempre con la oposición de su madre –ella era aún menor–. Como veremos, esta oposición materna no carecía de significación, en ella anidaba ya un delirio, por el momento en reserva.

En cuanto a Léa, después de la muerte del tío Derée –más o menos en la misma época en que Emilia ingresa al convento–, la pondrá en internado en la Institución Saint-Charles, para sacarla cuatro años después y empezar a "colocarla" como sirvienta.

Escuchemos por un momento las propias palabras de Clémence en cuanto a la situación con sus hijas. Así dijo en una declaración al comisario Dupuy, luego del crimen:

"*Coloqué* a Christine en Bon-Pasteur, donde ella se quedó hasta la edad de 15 años. Fui yo quien la retiró de este establecimiento para *colocarla* en la casa del Sr. Poirier [...]; enseguida la *coloqué* en la casa del Sr. Coudrey [...], y por último en la casa del Sr. Lancelin, en la calle Bruyère, donde estaba desde hace 7 u 8 años. Al comienzo *coloqué* a Léa para que fuera amamantada en la casa de la hermana de mi padre [...] –acá falta el dato de que luego es confiada a un tío, Derée–. [...] Enseguida la *coloqué* en la Institución Saint Charles hasta la edad de 13 años. Al salir de esta casa, estando yo *colocada* en la casa del Sr. X, la tuve conmigo algún tiempo. La puse en la casa del Sr. Neuf [...], luego en la casa del Sr. Lancelin con su hermana, a donde ella entró poco tiempo después que aquélla [...]" [Subrayado y aclaración nuestra][305].

¿Qué clase de locura habita a esta madre, cuyo gesto de *"colocar"* y luego recuperar, para volver a colocar, va mucho más allá de una cuestión lucrativa? No esperó, como hemos visto, a que sus hijas tuvieran edad de trabajar para llevarlo a cabo.

Digamos, por lo pronto, que cierto rechazo venía a entrelazarse con dicho gesto, y a ejercerse desde un lugar de dominio en el que sus hijas no fueron situadas sino como objetos.

Christine trabajará en distintos domicilios, donde cumplirá siempre con excelencia y de modo irreprochable sus tareas domésticas. Sin embargo, ¿por qué cambiar tanto de casas? Una constante que la conduce al cambio de patrones se hace evidente: Christine no tolera "observaciones" y más de una vez esto conduce a malas respuestas por las que termina siendo despedida, o bien ella se va. Clémence allí acompaña: la excusa es la mejora del sueldo[306].

Alejada ya definitivamente de su hermana Emilia, Christine se aferrará a la pequeña Léa –como su propia piel–, a quien milagrosamente en una oportunidad le salva la vida, exponiendo la propia. Una gitana que les echó la suerte diría de estas hermanas, y a raíz de ese accidente, que ellas estarían inseparablemente ligadas.

Christine no toleraba a su madre. El lazo con Emilia era una manera de estar alejada de ella. Una vez perdido este lazo y su función, ella encontrará en Léa, aunque de otro modo, la posibilidad de tomar cierta distancia de su madre. Christine quiere que Léa entre a trabajar en la misma casa que ella. Su patrona, en ese momento, accederá

---

[305] *Ibíd.*, p. 152.
[306] *Ibíd.*, p. 161.

a este pedido. Es así que se encontrarán ambas, a partir de determinado momento, trabajando en la casa de la familia Lancelin.

El trato con la Sra. Lancelin y la doble ruptura

La Sra. Lancelin había establecido con sus criadas un trato distante y cordial. De entrada había transmitido la regla, quizás denegatoria por tener que aclararla, de que este trato no sería familiar[307].

A partir de la entrada de Léa a la casa, surgiría otra regla: que la vía para dar y recibir órdenes sería de la Sra. Lancelin a Christine, y a través de esta última Léa recibiría sus indicaciones. No había, por tanto, un trato directo con Léa, y, al mismo tiempo, de la única persona de quien se recibirían indicaciones sería de la Sra. Lancelin.

Un detalle no menor se convirtió en el rasgo decisivo de esta relación: la Sra. Lancelin mostró ser alguien que podía tener en cuenta las necesidades de sus mucamas, que no sólo le importaba que hicieran bien su trabajo. Y esto se manifestó cuando ella intervino sugiriendo a sus criadas que ellas guardaran su sueldo para ellas, que no tenían por qué dárselo a su madre como habitualmente ocurría. La Sra. Lancelin transgrede acá, si se quiere, su propia regla: se mete en lo familiar de la vida de sus mucamas.

Es por esta vía que empezará a tejerse una transferencia materna en las hermanas en su relación con la patrona. Entre ellas, cuando hablaban de esta última, le decían "mamá"[308]. Esta configuración supondrá además

---

[307] *Ibíd.*, p. 161.
[308] *Ibíd.*, p. 162.

una ganancia: la presencia paterna que pudiera representar el Sr. Lancelin, con respecto a la ausencia radical de su padre[309].

Pero esta transferencia, como indican con precisión los autores de la fábrica del caso, no tardará en juntarse con la repetición[310]. ¿Qué significa esto? Que la menor intervención de su patrona entendida, o efectivamente proferida, como una observación, activará el odio que a ese lazo le estaba predestinado, reconfigurando a partir de allí toda la escena.

Hasta el momento donde esta transferencia se mantenía en cierto lazo pacífico, estas hijas seguían manteniendo con su madre una relación de visitas regulares los domingos en que la madre iba a buscarlas, o bien ellas iban a casa de su madre. En todo caso, esta relación con "mamá" –Sra. Lancelin– no dejaba de ser un elemento desplegado ante la mirada de Clémence.

Pero en determinado momento se producirá una ruptura y ellas dejarán de "ver" a su madre. Cuando ella va a buscarlas, sus hijas le dicen "hasta la vista mamá" y se van hacia otro lado, no sin antes agregar: "esta mañana vimos a una mujer que se te asemejaba..."[311] A partir de allí, ellas no querrán ver más a su madre, quien insistirá infructuosamente en querer verlas.

Los autores conjeturan, en relación a estos sucesos, una doble ruptura, en base a la cual se reconfigura la escena[312]. Romper con su madre es tanto más eficaz y posible en tanto han puesto en su lugar –en el lugar de la mirada materna–, a la Sra. Lancelin –y su mirada–, siendo ya y

---

[309] *Ibíd.*, p. 164.
[310] *Ibíd.*, p. 164.
[311] *Ibíd.*, p. 154.
[312] *Ibíd.*, p. 164.

desde ahora de la misma "especie" que Clémence[313]. Por tanto, en el momento en que ellas rompen definitivamente con su madre es también el momento en que ellas rompen con la Sra. Lancelin –rompen su transferencia positiva–, cuando esta última ya no sólo se sitúa como alguien que puede estar atenta a los intereses de sus sirvientas, sino también como alguien que no deja –al igual que Clémence– de hacer "observaciones". Como ellas dirían después en sus declaraciones: su madre no dejaba de hacer observaciones y reproches constantes en relación al aseo y al dinero aportado. Esta madre a la cual en el juicio llamarán "señora"[314].

    ¿Cómo quedará entonces re-configurada la escena? Si hasta ese momento ellas estaban bajo la mirada de Clémence, pero al mismo tiempo mantenían este lazo con la Sra. Lancelin, ahora, en el lugar de esa mirada persecutoria estará la de su patrona, y Christine ocupará el lugar de madre en el lazo con Léa, viniendo esta última a representar a Christine. Lo cual supondrá desplegar ante la mirada de la Sra. Lancelin una demostración: existe la posibilidad de un lazo mejor, de protección, y no de dominio entre una madre y una hija.

    A partir de este momento la relación entre las hermanas se hace más estrecha y más cerrada respecto del entorno. Prácticamente no hablan con sus patrones y las lacónicas respuestas a los mismos no dejan de estar teñidas de hostilidad. La tensión se instala en el vínculo con ellos. Fue el Sr. Lancelin quien en el juicio describió este

---

[313] Conjetura que viene a coincidir con la precisión de Legendre cuando sostiene que, en el acto loco homicida, se ataca la Referencia enferma.
[314] *Ibíd.*, p. 129.

cambio de actitud de las hermanas luego del alejamiento respecto de su propia madre: "Este disgusto con la madre agrió el carácter de las hermanas..."[315]

Por su parte, Clémence dirá en el juicio en relación a este mismo momento: "ya no me miraban, parecían huirme [...], me dijeron que vieron a una Sra. que se me asemejaba, me parecen totalmente cambiadas con respecto a mí"[316], dirá también que sus hijas "habían dejado de ser sumisas con ella". En este enunciado, "ya no me ven", los autores sostienen que se cifra allí un mensaje que le vuelve a Clémence de modo invertido: no ver a su madre es el rechazo a la mirada materna y lo que ella significa de dominio[317].

Esta situación, que marca un momento importante en toda esta locura, ocurre tres años antes del crimen.

Doble ruptura, también doble desencadenamiento

En el lapso de esos tres años, ocurrirán dos hechos de singular importancia, luego retomados en el juicio.

El primero de ellos nos permite situar la locura de Clémence, que se desencadena de modo clínicamente abierto, como delirio, a partir de esa ruptura con sus hijas. Mientras el segundo nos permitirá situar el único antecedente anterior al crimen que nos habla de la paranoia de Christine y de ese delirio que mantiene en reserva.

Vayamos al primer hecho. Luego del crimen serán encontradas en la habitación de Christine y Léa unas cartas enviadas por la madre en dicho período, que ellas no contestarán. En las mismas se puede leer el delirio de

---

[315] *Ibíd.*, p. 164.
[316] Ibíd., p. 154.
[317] *Ibíd.*, p. 165.

Clémence, centrado en la idea de que sus hijas quieren ser raptadas por los religiosos, por los sacerdotes, que ella diferencia muy bien de la ley de Dios. Ellos, los sacerdotes, no obedecen a la ley de Dios y le quieren robar a sus hijas. Así, en la primera carta, dirá: "Está Dios, pero los hombres hacen grandemente su parte, sobre todo los celos que hay sobre Uds. y yo [...]. Creemos tener amigos y frecuentemente son grandes enemigos, incluso aquellos que las rodean de más cerca [...]"[318]; y en la segunda: "Me han informado que hacen todo para hacerlas entrar en un convento para ser religiosas [...]. Yo nunca aceptaría una cosa parecida. No es Dios, es forzar la ley de Dios [...]. Son los celos de Uds.; hay celos sobre Uds. y sobre mí. No se dejen. Luchen hasta último momento. Su patrona está bien al tanto [...]. Son los católicos los que les hacen hacer esto, me lo acaban de decir [...]. Se las ha desviado de su madre [...]. Se las va a hacer caer para ser los patrones de Uds. [...], se hará lo que quieran de Uds. Váyanse, Uds. no serán dueñas de sí mismas [...]"[319].

Los católicos, entre los cuales están los Lancelin, son los perseguidores y ella localiza allí el goce del Otro: quieren sacarle a sus hijas y ejercer sobre ellas su dominio. Ella está perseguida en sus hijas. Tan cierto es para Clémence lo que ella dice desde su delirio de celos cuanto que es eso mismo que ella denuncia lo que en verdad hace ella con sus hijas, pero no lo sabe. Proyecta en el Otro su propia intencionalidad rechazada. Quien sí lo sabe es Christine, sabe de este dominio, con el cual no quiere saber nada. Ella no sólo no contestará estas cartas, sino que en el juicio dirá en relación a las mismas que *esa Sra.*, refiriéndose a la madre, quería que ellas dejasen la casa de los Lancelin, pero ellas no querían, ellas no tenían nada contra ellos.

---

[318] *Ibíd.*, p. 155.
[319] *Ibíd.*, p. 156.

Si estas cartas nos han dado noticias del delirio de Clémence, ¿qué es lo que nos permitirá situar algo de la posición subjetiva de Christine? En este mismo lapso, entre la doble ruptura y el crimen, se situará otro hecho sobre el cual Lacan dirá: la única "huella de formulación de ideas delirantes anterior al crimen debe ser tenida por un complemento del cuadro clínico [...]. Su imprecisión no puede de ninguna manera ser motivo para rechazarla: todo psiquiatra conoce el ambiente especialísimo evocado muy a menudo por no se sabe qué estereotipia de las palabras de tales enfermos, antes incluso de que esas palabras se concreten en fórmulas delirantes..."[320]

Esta *única huella de formulación de ideas delirantes*, anterior al crimen, se sitúa en el incidente que se genera cuando las hermanas van a la Alcaldía. Ellas se dirigen al alcalde, acusando a varias personas de perseguirlas y hostigarlas. Las confusas acusaciones que hace Christine, duplicada por Léa –duplicación ya advertida por el comisario–, se acompañan de un estado de excitación que el alcalde intenta calmar; ellas acusarán luego al alcalde de "perjudicarlas en lugar de defenderlas"[321]. Llegado el juicio, cuando se le pregunte a Christine sobre este incidente, ella dirá que fue a la alcaldía "para conseguir emancipar a la hermana". Dice, por tanto, algo diferente: ¿cómo escuchar esto? De hecho, el peritaje psiquiátrico concluirá que las hermanas fueron para conseguir la emancipación de la menor, sin tener en cuenta los dichos de Christine en aquel entonces, que se obtuvieron por las declaraciones tomadas a los protagonistas de ese incidente. Los peritos,

---

[320] Lacan, J., 'Motivos del crimen paranoico: El crimen de las hermanas Papin', en *De la psicosis paranoica en sus relaciones con la personalidad*, México, 1976, p. 342.

[321] Allouch, J. *et al.*, *Op. Cit.*, p. 171.

entonces, no verán en este incidente una locura persecutoria, por la cual sí se pronunciará el abogado de la defensa,
el Dr. Logre.

¿Miente Christine al decir que fue "para emancipar a
Léa"? ¿Cómo escuchar estas dos versiones? ¿Son tan distintas una de otra? Los autores que fabricaron el caso señalan muy atinadamente que "el peritaje naufraga al no tener
en cuenta la dimensión de la enunciación, por el hecho
de que las afirmaciones de Christine y de Léa que registra
y a las cuales adhiere intervienen después del pasaje al
acto, y en un tiempo en que Christine está, antes que nada,
preocupada por reivindicarlo", y proponen otra lectura: "la
'emancipación' es una mentira que dice la verdad –escu-
chándola como medio-verdad (Lacan)–, ya que la emancipación es el contrapunto exacto de la sumisión, que es
efectivamente el carácter mismo de su lazo con su madre
y que motivó la queja persecutoria. Si el alcalde amenaza
a las dos hermanas en lugar de defenderlas, eso es –en el
delirio– someterlas en lugar de emanciparlas". Los autores
proponen decidirse a escuchar allí el significante "madre",
que en francés es homofónico con la palabra "alcalde":
mère–maire, e interpretan que esta homofonía debió de
convertirse en el vehículo significante que condujo a las
dos hermanas a la oficina del alcalde[322].

Este pedido de emancipación venía a decir la verdad
de un delirio de reivindicación, que sería el que definía con
más especificidad la posición paranoica de Christine. Por
tanto, estos dos hechos: las cartas y el acontecimiento en la
Alcaldía, nos permiten reconstruir respectivamente el delirio de celos de Clémence, al cual co-respondía el delirio

---

[322] *Ibíd.*, p. 173.

de reivindicación de Christine, y cuya trama sostendría su yo especular. Veamos ahora cómo esto estará presente en la escena del crimen.

La escena del crimen y el pequeño detalle desencadenante del pasaje al acto. El marco especular y el objeto criminógeno

Habíamos dicho que desde esa doble ruptura las hermanas estaban muy replegadas sobre sí mismas y casi no le dirigían la palabra a nadie en la casa[323]. Este re-emplazamiento transferencial materno hacia la Sra. Lancelin, aunque constituye un último recurso para escapar de la persecución de Clémence, será también una condición de posibilidad del pasaje al acto[324], y una de sus coordenadas. El pasaje al acto se explica con toda precisión, en la fábrica del caso, desde su punta transferencial. Veamos, en principio, qué lo desencadenó.

Una tarde, la Sra. Lancelin y su hija salen de compras. Christine y Léa debían continuar como siempre con sus tareas, entre las cuales se contaba el planchado. Un pequeño desperfecto se repite, ya había sucedido, con la plancha y se produce un corte de energía eléctrica en la casa.

Cuando la Sra. Lancelin y su hija llegan, entran en su casa en medio de un inhabitual silencio y oscuridad, sin saber qué ocurría. Christine sale al encuentro de su patrona para explicarle lo ocurrido con la plancha: "¿cómo hacer para reparar...?" Estas fueron las primeras palabras intercambiadas entre Christine y la Sra. Lancelin en la conversación que vira luego hacia el pasaje al acto. Frase

---

323 *Ibíd.*, p. 170.
324 *Cf. Ibíd.*, Capítulo diez: "Las hermanas Papin eran tres".

que resuena en esa otra dicha por Christine, ya en el juicio, al retractarse de sus declaraciones: "cómo hacer para reparar".

La otra frase formulada por Christine cuando sale al encuentro de la Sra. Lancelin fue: "quiero pedirle a la Sra. que arregle la plancha porque estamos atrasadas con el planchado". Los autores leen allí una proximidad literal entre los significantes "reparer"-"repasser" (planchar) y "faire"-"fer" (plancha), constituyendo la plancha una metonimia de Christine, desde la cual infieren cierta demanda de ella, después de haber sido puesta en una posición de impotencia para efectuar su trabajo. No olvidemos que hacer su trabajo a la perfección constituía, para Christine, algo fundamental, en tanto este hecho tendía a contrarrestar toda "observación", en la cual ella no podía sino intuir delirantemente que el Otro goza al humillarla. No obstante este combate mudo contra la persecución, ya que es más con su hacer que con su decir que lo lleva adelante, sabemos que la "observación" (o lo que es leído delirantemente como tal) será siempre susceptible de llegarle desde el Otro. Bastará entonces la menor observación de la Sra. Lancelin –a quien Christine ya tenía "entre ojos"–, en ese momento, para que ella monte en cólera. No se sabe a ciencia cierta qué palabras vehiculizaron allí lo que estaría en el lugar de una tal "observación" para Christine.

Sin embargo, otro hecho será decisivo, el cual puede ser situado como la segunda coordenada de este pasaje al acto. Recordemos que la primera está constituida por ese lazo transferencial negativo que unía a Christine con su patrona: la Sra. Lancelin es un Otro susceptible de hacer "observaciones" al estilo de Clémence, donde el Otro goza al humillarla.

¿Cuál es ese otro incidente en medio de este altercado, esa segunda coordenada? Tal como Christine declaró, habrá hecho falta otra cosa más para que esta cólera relativamente contenida vire del altercado al pasaje al acto[325]: la interposición de la Srta. Lancelin, quien, según dijo Christine, "habría debido hacer cesar esta discusión en lugar de volverla más violenta". ¿Por qué este "pequeño detalle" se tornó decisivo? ¿En qué trama inter-subjetiva cobrará cuerpo y adquirirá consistencia? ¿Qué "ve" Christine en el gesto de esa hija? Hemos entrado con este interrogante, en la dimensión especular de este pasaje al acto. Lo que Christine "ve" es a una hija tomar el partido de su madre, una madre que no olvidemos ya fue considerada como de la misma especie que Clémence.

Toda su vida –señalan los autores– sólo tenía sentido en poner obstáculos a esa visión, a esta "imagen de madre-hija vociferantes actuando de común acuerdo", imagen de la *folie à deux*, que es "la imagen en espejo del Yo inconciente de Christine, una imagen que ella de ninguna manera puede suscribir, incluso mucho menos proponer al reconocimiento del Otro, una imagen angustiante".

Imagen que Christine tenía que mantener como lo más ajeno a su yo y cuya proximidad el gesto de la Srta. Lancelin –en medio de esa escena– viene a poner ante sus ojos. Es, entonces, por esta coincidencia, generada por el gesto de la Srta. Lancelin, que viene a suprimir la discordancia en la que se mantendría el Yo en la paranoia[326], que el objeto se vuelve criminógeno[327] y "el pasaje al acto

---

[325] *Ibíd.*, 296.
[326] *Cf.* Allouch, J., *El discordio paranoico, Op. Cit.*
[327] *Cf.* Lacan, J., *Introducción teórica a las funciones del psicoanálisis en criminología, Op. Cit.*, p. 49.

interviene a título de un agresión contra esa imagen, como una destrucción de la imagen del yo (*moi*) al servicio del principio del placer"[328], a causa de una tensión intolerable.

"¿Cómo hacer para reparar?" era la pregunta de Christine. Lo que Christine repara, arregla, con su pasaje al acto, es su propia imagen narcisista, una imagen a la vez desconocida y muy actualizada en ese instante. Imagen que ella no puede reconocer, no puede decir de ninguna manera de su imagen narcisista: "soy yo", del mismo modo que ella, pese a sus declaraciones, no firmará su crimen. Volveremos luego sobre esto último.

Si tomamos en cuenta, por tanto, esta segunda coordenada que determina el pasaje al acto, vemos cómo su delirio empuja al acto en el punto preciso en que ya se torna impotente para ocultar cuánto hay de próx(j)imo[329] a su yo en esta visión. Es en ese punto preciso que el objeto especular se torna criminógeno.

Cabe preguntarnos qué es lo que Christine ha entrevisto en esa imagen que de ninguna manera quería hacer coincidir con su Yo, y cuya súbita aparición en escena le deja como única solución el pasaje al acto. Agresión que, tal como lo señala Lacan en 1946, es una "agresión suicida narcisista", es decir, una agresión suicida contra el Yo especular; pero, además, y en ese mismo sentido, el objeto criminógeno, aquel que empuja al crimen, no ha hecho sino arrastrarla a ella misma hacia "su" crimen, su propia muerte. ¿Cómo fue esto posible? Para intentar responder, abordaremos la evolución de Christine luego del pasaje al acto y durante el proceso judicial. Será precisamente por esta vía que podremos pensar algunas cuestiones más

---

[328] Allouch, J. *et al.*, *El doble crimen de las hermanas Papin, Op. Cit.*, p. 297.
[329] El delirio revela allí el revés de su trama. Cuando emerge esa proximidad de la imagen que había que mantener como lo más ajeno al yo, lo hará ya en la proximidad del doble.

acerca de lo que ha vuelto criminógeno al objeto, es decir, acerca de lo que Christine ha entre-visto en esa imagen, tornándola una visión intolerable.

Christine después del pasaje al acto. Dislocación de "la pareja psicológica". Lo entre-visto: el objeto de goce, esa horrorosa visión

Se distinguen en las declaraciones de las hermanas, en torno al doble crimen cometido, dos momentos netamente diferenciados. Al comienzo, ellas dicen lo mismo: habían acordado decir que "fueron atacadas" y que las dos habían participado igualmente del crimen. Léa no hacía más que repetir lo dicho por la hermana. No escapó a la percepción del Dr. Logre que, más allá del acuerdo explícito, del cual después se sabría, había allí entre las hermanas una "pareja psicológica", donde la mayor ocupaba un lugar de claro dominio[330].

En un segundo momento, habrá una retractación de Christine, en la cual ella reivindica haber hecho todo totalmente sola[331], dejando a Léa un papel secundario, sea por haber obedecido sus órdenes en relación a ciertos hechos del crimen, sea atribuyendo a la autoría de Léa sólo "los cortes en las piernas de la Srta. Lancelin". Léa no negará esta retractación.

¿Qué habría ocurrido entre las primeras declaraciones y su posterior retractación? Las hermanas fueron separadas desde el día siguiente del crimen y Christine no dejará de reiterar su pedido de estar con Léa. Tiempo después

---

[330] Precisemos, además, que en estas primeras declaraciones hay que leer no una mentira lisa y llanamente, que conduciría a no tomarlas en cuenta, sino lo que hay de media verdad (o medio decir de la verdad) en esa versión acordada. Vale decir, una vez más, se trata de no perder de vista la enunciación del sujeto.

[331] Allouch, J. *et al.*, *Op. Cit.*, p. 198.

sufrirá varias crisis que conllevarán una profunda transformación en Christine, a partir de las cuales pide hacer una
retractación de sus declaraciones, diciendo que "ha sufrido
una crisis igual a la que tuvo cuando golpeó a la Sra. Lancelin y que recuerda bien lo sucedido". "Una crisis igual...":
¿por qué diría esto?, ¿en qué consistieron estas crisis?

Christine cae en un estado de profunda excitación,
durante días, desde el cual clama por Léa. Dos de sus com-
pañeras de celda contarán que en esos momentos ella tiene una alucinación: ve a Léa colgada de un árbol con las
piernas cortadas. Sobrevienen después tres crisis de excitación que los autores sitúan como un intento de ligazón de
la alucinación, de esa horrorosa visión: "intentos de inser-
tar en una red simbólica lo que, forcluido del simbólico,
reaparece en el real"[332].

En las dos primeras crisis de violencia y extrema excitación –luego de la alucinación–, se pueden aislar tres
componentes[333]: 1) el objeto Léa está en su centro: Christine clama desesperadamente por Léa, quizás como intento
de borrar esa horrorosa visión, incluso esto hará que le traigan a Léa; 2) se pueden distinguir ciertos rasgos que reto-
man elementos del pasaje al acto: el gesto de levantarse las
faldas, el gesto de querer arrancarse los ojos a sí misma y a
todos los que la rodean; 3) un tercer componente en el cual
se esboza cierta cuestión que aparecerá más nítidamente
después: Christine hace signos de cruz con su lengua en
el suelo y en los muebles de la celda, se precipita hacia la
ventana, pide perdón.

Este último componente, en el cual asoma un delirio
místico, podrá más que los otros dos, procurándole a
Christine cierta calma. Allí, comenzará "una posición de
repliegue". Después de esta crisis del 12 de julio, "igual a

---

[332] *Ibíd.*, p. 199.
[333] *Ibíd.*, p. 200.

la que tuvo cuando ella golpeó a la Sra. Lancelin", según sus palabras, ella hará su retractación. Los encuentros de Christine con su psiquiatra, el Dr. Schutzenberger, no hacen sino cosechar malentendidos. El psiquiatra ve en ella una simuladora, y es así que le preguntará: "¿Ud. hizo una comedia el otro día?", a lo cual ella responderá: "sí, pero no hice la comedia de locos". Por supuesto, el psiquiatra no se detiene en esta aclaración, y reafirma su posición de verla plenamente responsable. Será P. Houdyer quien aclare con toda sutileza que, en Le Mans, la expresión "hacer la comedia" significa "hacer una escena", lo cual difiere de una simulación. El error del psiquiatra, señalan los autores, viene como anillo al dedo al delirio místico de Christine, del cual emana esta respuesta: "Me pongo en sus manos, ya que no puedo actuar de otra manera". Frase que no puede ser dirigida sino a Dios.[334]

¿Cómo situar esta alucinación de Christine, respecto de la cual las crisis posteriores ofician de infructuosa ligadura, y de frágil apoyo en un delirio místico?[335] Alucinación que marca un punto de viraje en su evolución. Para Lacan, la experiencia desesperada del crimen desgarra a Christine de su otro yo, y es esto lo que retorna en la alucinación en la cual cree ver a su hermana muerta, "muerta por ese golpe", aclarará[336]. Entendemos, entonces, que tras el crimen ya había comenzado la dislocación de esta

---

[334] *Ibíd.*, p. 201.
[335] El rechazo a *arrodillarse ante las patronas* se convertía en el núcleo duro de su delirio de reivindicación, el motivo mismo de su crimen paranoico: rechazo a una posición de humillación que revelaba el lazo con una madre que les había destinado el lugar de *objeto de su goce*. Otra cosa es *arrodillarse ante Dios*: "Dios es Aquel que te pone de rodillas sin herirte narcisísticamente". *Cf. Ibíd.*, p. 175 (incidente del pedazo de papel tirado) y p. 202.
[336] Lacan, J., *Motivos del crimen paranoico, Op. Cit.*, p. 346.

"pareja psicológica"[337], que Lacan llamaba "las siamesas". Pero también, al decir "desgarro de su otro yo", no dejará de situar a Léa "como ese objeto el más semejante a sí misma" respecto de Christine. Objeto especular que apenas recubre el objeto de goce no extraído de la imagen, el cual se apodera allí de esta última, convirtiéndola en la imagen del doble: real que pone ante sus ojos la alucinación de Christine. El doble, por cierto, en la psicosis.

Las guardianas conmovidas por esas desesperadas crisis de Christine, luego de la alucinación, le traerán a Léa. Pero esta Léa de la realidad no será ya susceptible de taponar, para Christine, el real de Léa que retorna en la alucinación: muerta, colgada y con las piernas cortadas[338]. Christine la abraza hasta asfixiarla: "*¡dime que sí! ¡dime que sí!*" Pero no hay *sí* que pueda hacer retornar la imagen que taponaba el objeto horroroso: la pareja de esa *folie à deux* está ya dislocada.

Por lo demás, la alucinación, precisarán los autores, es susceptible de aclarar *après coup* el pasaje al acto. "Visto desde la alucinación, el elemento 'arrancar los ojos' ya no aparece como lo peor", como el colmo del horror: al igual que Edipo "más vale arrancarse los ojos que sufrir la

---

[337] La separación de las hermanas, una vez detenidas, parece haber re-activado la dislocación de la "pareja psicológica", "delirio a dúo", que comienza a darse a partir del pasaje al acto. Podemos considerar como un intento de revertir esta posición dislocada de la pareja el hecho de intentar de común acuerdo declarar lo mismo: que "fueron atacadas"; lo cual no dejamos de leer bajo la lupa del medio decir de la verdad, aun cuando lo enunciado se pretenda una mentira. Para los autores es posible que ese aislamiento haya sido el responsable del desencadenamiento de la alucinación de fin de junio. Allouch será más taxativo en su opinión respecto de este aislamiento: "Se habrá comprendido, para decirlo con Zolá, que yo acuso aquí la colusión jurídico-psiquiátrica de haber sido responsable, al separar a una de la otra, de la muerte de Christine Papin. Que todos los Le Pen se queden tranquilos: la violencia que golpeó a Christine Papin no fue menos grande que la que mató a la Sra. Lancelin y a su hija" (Allouch, J., "*tres faciunt insaniam*", en *El doble crimen de las hermanas Papin, Op. Cit.*, p. 309).
[338] Allouch *et al., Op. Cit.*, p. 203.

persecución de esta imagen alucinatoria": Léa suspendida de un árbol con las piernas cortadas[339]. Visión horrorosa que retorna en lo real, en el mismo punto en que habría quedado al descubierto en el pasaje al acto, y empujando hacia él: visión del objeto de goce no extraído de la imagen especular. La tensión que esta visión intolerable habría generado fue reducida por el pasaje al acto, pero no resuelta. En la alucinación insiste lo no resuelto, reclamando una solución.

La Srta. Lancelin, interponiéndose entre las hermanas y su patrona, presentificó, dejó al descubierto, ese objeto de sumisión y humillación ante la dominación materna, imagen que revelaba el Yo inconciente de Christine, y contra el cual se erigía todo su delirio de reivindicación. Visión horrorosa que vuelve al objeto criminógeno, convocando al pasaje al acto homicida. Su supresión se impone como único modo de reducir la visión intolerable.

En el delirio de reivindicación, sostiene Maleval, el espejo –entiéndase el otro especular– enmarca al objeto *a* no extraído y consigue velar su abyección. ¿Por qué el gesto de interposición de Geneviève Lancelin pasó a ser decisivo? Porque fue precisamente a partir de ese gesto que la imagen se tornó impotente para velar la abyección del objeto, y frente a esos velos desgarrados Christine va a entrever, en el tiempo de un relámpago, el horror del objeto incestuoso que ella misma es para el goce de una madre como Clémence.

El sujeto, agobiado por la ausencia de separación, pasa al acto en una tentativa de hacer advenir en lo real una castración no simbolizada. Agresión suicida, en tanto esta sustracción del objeto en lo real no se consuma sino por su reunión con un tal objeto, por su identificación al

---

[339] *Ibíd.*, p. 103.

mismo. La caquexia vesánica en la que caerá Christine, precedida por la alucinación y las crisis de las que hablamos, parecen testimoniar de este lugar de identificación al objeto *a,* en la evolución del cuadro.

En su gesto matricida, ella mata también el objeto de goce de esta madre. Horrorosa visión, cuya imagen la alucinación –en un después del acto– traerá de un modo más claro, en una Léa colgada, muerta y despedazada –piernas cortadas–: Léa que no era sino ese objeto "el más semejante a sí misma", más próximo y prójimo. Es ese real, siniestro doble en la psicosis, el que Christine ve –conjeturamos– entre los velos desgarrados del narcisismo.

Retomemos las propias palabras de Christine en sus declaraciones donde podemos encontrar signos de esa relación de Yo a Yo –en su desgarro–, de esa reciprocidad, que ligará "en el tiempo de un relámpago", justo antes del pasaje al acto, pero también durante su desarrollo, a domésticas y patronas:

"–Prefiero haberles quitado el pellejo a mis patronas a que ellas me lo hubieran quitado a mí o a mi hermana".

"–El más fuerte la ganaba".

"–Como al caer ella me dio una patada, yo la seccioné para vengarme del golpe que me había dado [...] la golpeé en donde yo misma había sido golpeada".

La enucleación procede de la misma operación: "si hubiese sabido que eso iba a terminar así, no hubiera hecho esa 'observación' a la Sra. L.", la observación ya no es algo que hace la patrona, sino la doméstica. Recordaremos también en este punto a Lacan cuando dice que "las metáforas más sobadas del odio, como por ejemplo: "le arrancaré los ojos", encuentran aquí su ejecución literal.

El lenguaje especular con el que Christine explica su acto nos remite, al mismo tiempo, a ese intento de castración en lo real –ya que no advenida en lo simbólico–. Corte en lo real de los cuerpos, apuntando a la extracción del objeto: sacar el pellejo, la seccioné, sacarle los ojos.

Nada podría atestiguar de manera más clara cómo, bajo la delgada piel –pellejo– del Yo del paranoico, palpita la agresión suicida narcisista. Punto exacto, en el cual, articulando la dimensión especular al objeto de goce no extraído y por ella velado, podemos situar en este caso la regresión tópica al estadio del espejo. ¿En qué consiste el Yo del paranoico, qué fragmentariedades se unen y mediante qué operación? El paranoico, dice Freud, "ama al delirio como a sí mismo". El delirio, entonces, es esa delgada piel del yo del paranoico, quien, por tanto, no se dejará arrancar tan fácilmente el pellejo.

El delirio de reivindicación se teje en Christine con los hilos de una *folie à deux* que da su marco a la relación especular, la cual debemos entender en el sentido de una regresión tópica al estadio del espejo. *Folie à deux* simultánea entre Christine y su madre, pero no un coro delirante, como podría sostenerlo De Clérambault: no vociferan las dos lo mismo. Mientras en Clémence se desarrolla un *delirio de celos* centrado en los religiosos que "quieren sacarle a sus hijas", en Christine cobra cuerpo un *delirio de reivindicación* contra este dominio materno que no deja otro lugar a sus hijas que el de objetos de su goce. No olvidemos que lo que Clémence denuncia es lo que ella misma hace con sus hijas.

Entre Christine y Léa, los autores[340] ubican, con precisión, una *folie à deux* comunicada, donde Christine jugaría un papel dominante y Léa, según los propios términos de

---

[340]   *Cf.* Allouch *et al.*, *Op. Cit.*, p. 282 y 311.

Lacan, pasa a ser para Christine "ese objeto el más semejante a sí misma". Este *delirio de reivindicación* en Christine parece tejerse, por tanto, con los hilos de ambas *folie
à deux*, pero ambas madejas no tienen, quizás, la misma
fuerza estructurante. La urdimbre de la *folie à deux* desde
la cual se trama el *delirio de reivindicación* contra el delirio
de celos materno tendría un lugar determinante. La *folie à
deux* comunicada es sucedánea de la anterior, no cambia
el sentido del delirio, en todo caso le presta un argumento:
defender la emancipación de Léa. Sin olvidar que Christine
defiende en Léa su propia emancipación, así como Clémence se veía perseguida en sus hijas.

El momento que analizamos de este *delirio de reivindicación* se produce en el cruce, si así podemos decir, de
ambas *folie à deux*: es una lucha *por* la emancipación de
Léa –y de Christine en Léa– y *contra* el lugar de sumisión que el delirio materno destina a estas hijas. Cruce
en el cual también podríamos situar al Yo inconciente de
Christine –tanto en la imagen especular del antagonista
que debía mantener como lo más ajeno a su Yo, como
en la imagen de Léa, "ese objeto el más semejante a ella
misma"–. Pero ella en tanto objeto, en tanto *a*, sólo puede ser situada en el lugar abyecto impuesto por el delirio
materno. Léa, una vez más, vendrá a prestar su imagen en
la alucinación, pero allí fragmentada y muerta. Imagen que
sólo se mostrará *après coup*, que retornará en lo real, una
vez producido "el desgarro de su otro yo". Imagen que Léa,
la de la realidad, ya no podrá taponar.

Evolución de Christine luego de la retractación. Conclusiones

Luego de la alucinación, y de las dos crisis posteriores, sobrevino la retractación. En la primera declaración, Christine había puesto el acento en el ataque de la Sra. Lancelin, luego de haberle dicho que no había podido planchar: "cuando le dije eso, ella quiso lanzarse sobre mí". Léa y ella –según esta primera versión suya– habrían tenido igual participación; agrega, además, sobre el final de la misma, que no lo lamentaba: "Prefiero haberles quitado el pellejo a mis patronas a que ellas nos hubieran quitado el nuestro. No premedité mi crimen, no tenía odio contra ella, pero no admito el gesto que la Sra. Lancelin tuvo esa tarde hacia mí"[341]. Léa, mostrando claramente su lugar de segunda, se limitará a confirmar lo dicho por su hermana mayor.

En el segundo interrogatorio, Christine reafirma el motivo de su crimen: "me defendí como creí deber hacerlo. [...] Sólo la furia me hizo actuar así –el crimen no fue premeditado–. [...] *Mi crimen es lo bastante grande para que yo diga lo que es*"[342].

Aunque estas declaraciones no reflejan los hechos tal como fueron reconstruidos luego de la retractación, todas y cada una de esas palabras, componiendo una escena diferente a la supuestamente dada, no dejarán de encerrar en sus detalles un grano de verdad en cuanto al sujeto. No hay mentira opuesta a una verdad adecuada a los hechos. Hay también verdad en esa mentira y en esa declaración arreglada por las hermanas. El inconciente supone tanto el medio decir de la verdad como la verdad en la mentira. Resaltemos: ella no admitiría ya, desde su delirio de reivindicación, *el gesto* de la Sra. Lancelin, identificada, a partir

---

[341] *Ibíd.*, p. 39.
[342] *Ibíd.*, p. 40.

del viraje transferencial producido, con el lugar mismo de Clémence. Cualquier *observación* de la patrona iba en la dirección de encender su furia. La interposición de la Srta. Lancelin en el altercado fue decisiva, como sabremos a partir de un interrogatorio posterior: ya no quedaba oculto para ella la visión insoportable de una hija confirmando el lugar de dominación de la madre, y de ella misma, entonces, como mero objeto de su goce.

Todas esas frases previas a la retractación, en un supuesto contexto de declaraciones inexactas, faltando a la verdad de los hechos –según podría sostenerse–, nos hablan de modo preciso, y más allá de ella misma, de la posición subjetiva de Christine. Es desde ellas que el "inmotivado" crimen o el crimen "por resentimiento", según sea la versión que se considere desde los discursos imperantes en su momento, encontrará finalmente "los motivos de ese crimen paranoico", poniendo al descubierto el *objeto criminógeno*, en reserva, si se quiere, pero anticipado en ese delirio de reivindicación, que es posible reconstruir *après coup*. Dejando claro, además, que la *folie à deux* no es un diagnóstico más en el campo de las psicosis, sino que nos conduce a formalizar, desde el Psicoanálisis, lo que constituye –en los términos mismos de Lacan– el *campo paranoico de las psicosis*, y el *al menos tres paranoicos* en la historia de quien se sostiene en dicha posición subjetiva.

Estas declaraciones responden a los interrogatorios previos a una separación más radical de las hermanas durante su detención. Luego de la misma, el viraje subjetivo de Christine es decisivo y, en consecuencia, también su declaración. Sobrevendrán la alucinación ya referida y las crisis posteriores, en las cuales se destaca también el gesto

de querer arrancarse los ojos ante la visión insoportable[343].
Bajo el amparo frágil de un delirio místico, insuficiente
para ligar la intolerable visión alucinatoria, ella pide hablar
para rectificar sus declaraciones: "Cuando ataqué a la Sra.
Lancelin, ésta no me había provocado. Le pedí, cuando la
encontré, si ella quería arreglar la plancha eléctrica. No sé
lo que me respondió; pero entré en una crisis de nervios
y me precipité sobre ella sin que se lo esperara. Es posible
que yo haya tomado el jarro y lo haya azotado en la cabeza
de la Sra. Lancelin que estaba enfrente y se cayó de rodillas.
En ese momento, vino la Srta. Lancelin, se puso frente a
mí y luché con ella; me arrancó un mechón de pelos y
yo le pegué igualmente con el jarro, lo que la hizo caer,
y cuando estaba tirada, le arranqué los ojos. Mi hermana llegó cuando yo luchaba con la Srta. Lancelin, pero no
creo que ella haya hecho algo, salvo hacer los cortes en las
piernas de la Srta. Lancelin, que, en ese momento, ya no
se movía. Además, no me acuerdo bien cómo pasó todo.
Después del crimen, no quise decir exactamente lo que
había pasado, porque habíamos convenido mi hermana y
yo repartir igualmente las responsabilidades. Pero acabo
de tener una crisis igual a la que tuve cuando golpeé a
la Sra. Lancelin y tuve una especie de recuerdo en el que
los detalles me volvieron. Me dirigí a Ud. para dar conocimiento de inmediato".

Si el eje, desde el punto de vista del discurso jurídico
legal, estaría puesto, en cuanto a esta *retractación* –y por
ello así llamada–, en la no provocación por parte de las víctimas, y en la entera responsabilidad de la que se haría cargo Christine respecto del crimen, otro detalle resaltamos
–tal como lo hizo Dupré– en esta declaración, amén de que
no podemos sumarnos sin más a las coordenadas trazadas

---

[343] *Ibíd.*, p. 60.

por el discurso jurídico. Hay un hilo que va hilvanando, no sin virajes, desde sus primeras declaraciones, el decir del sujeto –no del discurso jurídico, sino del inconciente–. Y ese otro detalle, piedra fundamental de este análisis, es lo dicho por Christine: *"acabo de tener una crisis igual a la que tuve cuando golpeé a la Sra. Lancelin".*

Esta crisis, vinculada a la alucinación en la cual ve a Léa colgada de un árbol y con las piernas cortadas, es el retorno mismo en lo real de aquel objeto, cuya intolerable visión lo habría convertido en criminógeno y desencadenado el pasaje al acto homicida. *"Igual a",* con la diferencia que en esta última crisis es ella misma quien intenta arrancarse los ojos, el ataque recae ya directamente sobre ella.

Ya separadas, no estando Léa como partenaire de esa locura comunicada, desde la cual ofrecía su imagen especular en aquella nueva pareja madre-hija, donde Léa venía a representarla –*mostrando* así una versión más viable de la maternidad, contra aquella de la dominación materna: Clémence y Sra. Lancelin–, dislocada ya dicha *folie à deux*, quedará al desnudo el objeto de goce no extraído que esa misma imagen tenía por función velar. Comienza a dislocarse en la ejecución misma del crimen, intenta rearmarse en la versión cómplice de las hermanas. El pasaje al acto habría intentado resolver lo que esa transferencia –locahacia la Sra. Lancelin *provocaba* en ellas, dando consistencia a un delirio de reivindicación, en reserva, más bien mudo, y luego reconstruido, a partir de una única huella que conduce inequívocamente hacia él. El pasaje al acto, por tanto, no apunta a resolver el delirio, sino aquello respecto de lo cual el delirio es ya un intento de resolución: un intento, restitutivo, de ligadura respecto de una posición forclusiva del sujeto en esa *locura maternal*. En el lazo más temprano con la madre "se halla el germen de la posterior paranoia en la mujer", señalaba Freud.

Pero lo restitutivo, no resolutivo, del delirio renueva su fracaso en el pasaje al acto. Este último no es la resolución, sino la reducción de una tensión intolerable, y el intento de producir un corte en lo real ante una visión horrorosa[344]. Reducir la tensión por *la ansiedad de un castigo inminente*, reducir el horror patentizado por la interposición de la Srta. Lancelin, el horror de *ver a una hija tomar el partido de su madre*[345]: su propia imagen rechazada, contra la cual erigía su delirio de reivindicación. En *"una crisis igual"*, la alucinación supone un retorno en lo real de lo rechazado, desde el cual se reclama dicha solución, la del horror que abisma a Christine. La enucleación de los ojos insiste. Es impedida. Sobrevienen dos crisis, cuyos detalles hemos referido. Luego la retractación.

Diez días después de esta última declaración, sobrevendrá la tercera crisis, donde el componente religioso, apenas esbozado en las dos primeras, se revelará plenamente en la puesta en escena de un delirio místico[346]: no hace más que orar de rodillas, hace cruces con la lengua en el piso y las paredes, y no sólo no pedirá nunca más por Léa, sino que a partir de allí no volverá siquiera a pronunciar su nombre. Cuando la traigan ante ella en determinado momento, dirá: "si ésa fuera mi hermana, yo no estaría como estoy". Habrá a partir de allí un desconocimiento sistemático de la existencia de su hermana Léa.

Si esta posición de repliegue y la puesta en escena de este delirio místico en parte apaciguan, esto no será sin hacer entrar a Christine en un progresivo deterioro. Los autores de esta fábrica del caso dirán que hay que excluir

---

[344] *Ibíd.*, p. 203.
[345] "[...] Imagen de *una pareja madre-hija vociferantes de común acuerdo* es la imagen en espejo del Yo inconciente de Christine, una imagen que ella de ninguna manera puede suscribir, incluso mucho menos proponer al reconocimiento de otro, una imagen angustiante" (*Ibíd.*, p. 296).
[346] *Ibíd.*, p. 201.

en este caso la virtud curativa del pasaje al acto, Christine
no es menos psicótica antes que después, pero lo es de otra
manera: "Su pasaje al acto aparece como un punto de viraje únicamente en el sentido en que precipita a Christine
a la forma esquizofrénica de una paranoia"[347]. *"Dije todo"*
fueron casi las últimas palabras proferidas por Christine,
luego de las cuales entrará en fatal mutismo. *"Se hará de mí
lo que se quiera"* y se negará a comer. "Caquexia vesánica"
es llamado este estado en el cual el sujeto deja de comer,
se aísla, deja de hablar hasta que finalmente dejará de res-
pirar. Esto último finalmente sucedió con Christine cuatro
años después de "su" crimen, el 18 de mayo de 1937.

Aunque Christine haya dicho, desde el principio, "mi"
crimen, aunque lo haya reivindicado luego como sólo de
ella, aunque en sus crisis pedía perdón, ella no firmará su
acto. No sólo no firmará la apelación, tampoco firmó su
acto. Perdida entre aquellos espejismos y su fragmenta-
ción, la posición subjetiva de Christine la deja suspendida
en la declaración de un crimen cuyo acto se niega a firmar. Así como tampoco habrá ninguna demanda en el *a
posteriori* de su acto que pudiera encaminarla hacia la re-
apropiación del mismo –aunque lo reivindicara como tal–,
dejando al descubierto una imposibilidad radical del sujeto al respecto, al menos, en medio de un proceso judicial
de esas características. Re-apropiación que no tiene otro
sentido posible que el de volver sobre las propias huellas
de la escisión del sujeto, y operar en relación a las mismas un trabajo de elaboración. Camino que quedó vedado
para Christine: *"Mi crimen fue lo bastante grande como
para que yo pueda decir lo que es".* En ese punto quedará
Christine fatalmente suspendida en relación a lo que fue
su pasaje al acto.

---

[347] *Ibíd.*, p. 298.

Capítulo VI: El caso de Iris Cabezudo

"Mamá actuó con plan, con cautela [...], etapa por etapa [...], hasta que caí en la trampa, mansita... [...] la trama está tan bien tejida... [...] No quiero ser destruida, aniquilada, como lo fue mi padre... [...] A mi destrucción va a seguir a corto plazo e indefectiblemente la destrucción total de mis hermanos"[348].

Iris Cabezudo

Continuaremos, a través de este nuevo caso, con nuestro abordaje del pasaje al acto homicida. Hemos ingresado a dicho terreno interrogando los aportes de Pierre Legendre, marco desde el cual distinguimos, como variantes del mismo, el acto loco de Robert Wagner, del cabo Lortie y de Pierre Rivière. Fue por ese sesgo que abordamos también los efectos nocivos para el sujeto de una sentencia de inimputabilidad, pero también, como acabamos de ver en el capítulo precedente, de una *ciega* sentencia de imputabilidad. Justicia *ciega* y *sorda* a las condiciones de enunciación de un sujeto, que podrían abrir el camino, no obstante dificultoso, hacia la elaboración de aquello que lo condujo de modo imperativo, y loco, a un trágico pasaje al acto.

Es cierto también que la posición enunciativa de un sujeto en relación a su acto es determinante en cuanto al trabajo que puede o no abrirse respecto de su propia palabra. No es lo mismo la certeza delirante de Wagner desde la cual sostenía: *"soy yo el único responsable..."*[349], fuente de

---

[348] Capurro, R. y Nin, D., *Extraviada*, Edelp, Argentina, 1997, p. 296.

[349] Wagner decía ser responsable, pero no culpable, lo cual no implica vacilación subjetiva. Esto es: se atribuía la entera responsabilidad por los crímenes cometidos, pero las razones del mismo: por *venganza* hacia los habitantes de Mülhausen, y por *compasión* hacia sus hijos, arraigaban por completo en su *certeza deli-*

su clamor por un tribunal ante el cual declarar, a esa vacilación del sujeto que muestra su propia división en el discurso, tal como advertimos en Lortie, cuando dice, al verse en
la filmación: *"soy yo, no soy yo".* Distancia que diagnóstica-
mente puede llevar los nombres de paranoia, en el primer
caso, y *bouffée* delirante, o *delirium*, en el segundo.

Retomamos también como un eje central de la lectura
de Pierre Legendre su puntuación acerca del componente
de autodestrucción, de autosacrificio, que conlleva el acto
loco homicida. Los casos considerados nos permitieron
abordar este aspecto insoslayable del mismo. La célebre
parricida de los años treinta, Violette Nozière, decía en el
juicio, acerca de sus padres: "ellos querían mi muerte". Certeza relativa a la propia muerte del sujeto que pareciera en
muchos casos preceder y, acaso, empujar al acto homicida.
La imposición de matar, brusca o premeditada, no deja de
entramarse, en la singularidad de cada uno de los casos
considerados, con la intención de darse muerte.

Otro caso, el crimen de las hermanas Papin –y quizás
no sea inapropiado decir: de Christine Papin–, nos permitió abordar este último sesgo en el marco especular de la
"agresión suicida narcisista", y de aquello que determina
la emergencia del objeto criminógeno. Terreno en el cual,
siguiendo a los autores que fabricaron el caso, situamos
también la *folie à deux* no como cuadro clínico específico, sino como forma generalizada que conduce a Lacan al
planteo del *campo paranoico de las psicosis.* Interrogamos,

---

rante de pertenencia a una *estirpe enfermiza*, respecto de la cual no se sentía
culpable. Es por este sesgo que su posición no deja de revestir el carácter de
la *inocencia paranoica* –a lo cual debemos agregar la *persecución* que sentía
de los habitantes de dicho poblado–. No obstante esto último, en el reverso
de esta paranoia cobraba fuerza su núcleo melancólico, en el cual abrevaba la
convicción de una oscura culpa sexual, que él llamaba su "pecado de zoofilia".
Culpa que, a su vez, venía a confirmar la pertenencia a esa estirpe enfermiza,
razón por la cual mata a su descendencia: para que no sufran como él, y como
una misión con la humanidad –*"hay que extirpar la mala hierba"*–.

precisamente, desde ese campo, la dimensión transferencial, en cuyo seno el pasaje al acto supone un intento de
dar solución a algo. Algo que a través del acto loco el sujeto intenta *hacer saber*. Verbigracia las cartas que Wagner
envía antes de su crimen y su propia autobiografía, las cassettes que deja grabadas el cabo Lortie, la memoria del
crimen y sus razones que escribe Pierre Rivière, etc.

Destacamos también el aporte realizado por Maleval
en torno al delirio de reivindicación –y su articulación al
campo especular–, subrayando su vínculo estrecho con la
posibilidad de un pasaje al acto. Delirio de reivindicación
en contraste con el de interpretación. Cuestión que, aun
introduciendo otra perspectiva, va a plantear Allouch, al
definir la función del primero de ellos en relación al *empuje al acto*[350].

Nuestra labor, entonces, ha sido la de encontrar puntos de cruce –y a veces de encrucijada– en los aportes provenientes de estos diferentes autores que han interrogado
el acto loco homicida. Puntos de cruce que ponen en diálogo estos diferentes discursos.

El caso de Iris Cabezudo, fabricado por los psicoanalistas uruguayos Raquel Capurro y Diego Nin, nos permite
interrogar varias problemáticas, suponiendo por tanto un
múltiple interés.

En principio, y fundamentalmente, se trata de una
nueva singularidad subjetiva que se agrega al abordaje,
caso por caso, que venimos haciendo en relación al acto
loco homicida. En segundo lugar, se plantea la cuestión
de la paranoia y el modo particular en que ésta se desencadena en Iris, además de los virajes subjetivos que en
la misma se van produciendo. En tercer término, el caso
nos presenta, de modo ejemplar, la estructura de los lazos

---

[350] *Cf.* Allouch, J., *Margarite, Lacan la llamaba Aimée*, Epeele, México, 1995, p. 442.

familiares que determinan el *campo paranoico* desde el cual la psicosis debe ser interrogada. El cuarto punto, que hace al múltiple interés de esta fábrica del caso, es todo lo referido a la construcción jurídico-psiquiátrica del mismo y sus consecuencias en el sujeto.

Es de destacar, en esta fábrica del caso, la riqueza de las fuentes en las cuales se ha fundado: los anales jurídico-psiquiátricos del caso, escritos de la madre de Iris Cabezudo, escritos de la propia Iris, publicaciones e informes relativos a su posterior internación psiquiátrica, los testimonios de maestras y de quienes conocieron a Iris y a su familia, los fragmentos periodísticos, e, incluso, no deja de relevarse en la investigación el "*se dice*", que quedó flotando en el barrio y entre los vecinos de la que fuera la casa de Iris y de su extraña familia. Casa hoy en ruinas, en la cual se cometió el crimen, y que los autores de esta investigación no dejaron de visitar.

En la escena de esta escritura, nos encontramos, además, con la modalidad "del texto dentro del texto", no se trata de citas fragmentarias, con lo cual contamos con la posibilidad de acceder a los originales, y de seguir, si se quiere, escribiendo el caso.

Por último, un señalamiento. En su primera edición, este texto llevaba como título: "*Extraviada*" y como subtítulo: "*Del parricidio al delirio*". En la segunda edición este sub-título fue borrado: ¿por qué? Dejemos por el momento sólo planteado este interrogante, para pasar al caso mismo que dividiremos en tres partes, en aras de su inteligibilidad.

PARTE I – El pasaje al acto: "Yo lo maté, es mi padre". "Mi madre, una santa a quien yo adoro"

Cuando el infierno privado traspasa el umbral y se hace público

Eran las seis y media de una tarde de diciembre del año 1935, cuando un periodista cruzaba casualmente la calle Larrañaga, en la ciudad de Montevideo. De pronto, escucha cuatro detonaciones, y luego otra, que permite localizar de dónde provenían. Al entrar al lugar, él y otros ocasionales transeúntes, se encuentran con un hombre herido en el suelo, y una jovencita empuñando el arma, con la que habría dado ese último disparo contra un cantero. Ella estaba vestida de colegiala y tenía trenzas, daba el aspecto de una niña, pese a sus veinte años. Fue así como lo contó en su testimonio este periodista.

Se lee en el diario *La mañana* al día siguiente y en primera plana:

"Una joven normalista mató a su padre en una quinta de la Avenida Larrañaga. Procedió desesperada por la vida de martirio que el autor de sus días daba a la madre a causa de sus celos: *'yo lo maté* –nos dijo– *es mi padre'*. Y su hermano agregó: 'si no lo mataba ella, lo hubiera muerto yo...'"

Para la prensa, y en base a los testimonios por ella recogidos, el horror del parricidio se oculta –por lo visto- tras la cortina de humo que representa la locura de la víctima, puesta en el centro del drama familiar. La culpabilidad de este acto loco se desplaza desde un comienzo hacia la víctima, al tiempo que se desdibuja en quien fuera la autora –o actora– del mismo. Y es allí precisamente donde esta primera versión del parricidio encuentra su límite: ¿podría acaso esta locura desgajarse de la locura de los otros protagonistas del drama?

Esa tarde, que no fue como otras, la discusión entre el matrimonio Cabezudo había cobrado un tenor diferente, al menos ante los ojos de Iris –su hija mayor–. El padre enfurecido –veremos luego más detalles– se está yendo de la casa, no sin antes decir:

"Ya lo sabes –dijo–, pronto vuelvo; esta noche te mato a ti y a tus hijos; mañana habla la prensa"[351].

Amenazas de esta índole no era la primera vez que habían sido proferidas. Pero esa tarde, Lumen Cabezudo no llega a traspasar la reja que conducía desde el jardín a la calle. Su hija mayor Iris le dispara cuatro tiros.

¿Habría Iris premeditado este crimen, o acaso fantaseado con él? Algunas cuestiones parecen indicarlo, pero no en absoluto a la manera de un "plan", tampoco a la manera de una mera fantasía. Sin embargo, ¿de dónde sacó el arma? Su madre, hacía unos años, había escondido en la biblioteca el revólver de su marido, temiendo que éste la matara. La única confidente de este secreto de la madre fue su hija Iris, a quien la unía un estrecho lazo. No podemos negar que, de alguna forma, la madre había puesto en sus manos el arma asesina. Sin embargo, no vayamos tan rápido, las cosas no son tan simples, y corremos el riesgo, nuevamente, de desplazar la responsabilidad subjetiva a otro de los actores de esta tragedia.

Los disparos y el cuerpo de su marido que caía tras ellos no le hizo suponer a Raimunda, madre de Iris, nada de lo ocurrido. Pensó primeramente que su esposo se habría dado muerte. Pensó también que su hija podría estar herida. Luego, y a pesar de lo que tenía ante sus ojos, ella literalmente no podía creer que fuera Iris quien había disparado. Por un largo rato –más de tres horas– quedó sumida en esta respuesta renegatoria de los datos que la

---

351 Capurro, R., Nin, D., *Extraviada*, Edelp, Argentina, 1997, p. 37.

percepción le proporcionaba. Confirmación a la que llega sólo después de comprobar que el revólver no estaba en el lugar en que ella lo había dejado.

Su hermano Ariel, en el jardín, a solo unos metros del lugar donde ocurría el hecho, tampoco vio nada. Ni su hermano Ariel, ni su madre aceptaron testimoniar como *testigos presenciales*.

Iris no ofreció ninguna resistencia cuando fue conducida a la comisaría y dijo al comisario, sin vacilación –aunque *llorando y pálida como un espectro*[352]– estas palabras: "*He sido yo que lo herí*"[353]. Un momento antes también habría dicho: "*yo lo maté, es mi padre...*"

Declaración y primeros escritos de Iris: "Yo lo maté...", "odio no le tenía"

Retomaremos algunas cuestiones que Iris va a decir en sus declaraciones –fueron dos– y en sus escritos desde la cárcel, a los que diera comienzo cuatro días después de estar allí.

Apenas cometido el crimen, a Iris le surgió la idea de ir inmediatamente a la comisaría a dar cuenta del mismo, pues temía que su hermano Ariel se declarara su autor. Comenzará refiriendo a la vida de temor que llevaron en su familia, *últimamente convertida en terror*. Y esto habría sido así por la conducta y el modo de ser del padre. No por la madre, aclara y subraya: "*mi madre es una santa a quien yo adoro*".

---

[352] Estas palabras las dice Raimunda, la madre de Iris, en su libro.
[353] *Ibíd.*, p. 45.

Para Iris, su padre quería a su madre "con un egoísmo atroz" y "sus hijos no representaban nada para él, los insultaba, los humillaba". "Hacía objeto a su madre de continuos celos": apenas recién casados "le incendió unos zapatos y unas ropas porque decía que eran indecentes", "le prohibió usar collares", "no permitía que entraran proveedores a la casa" y "una noche se levantó de madrugada y empezó a revisar por todos los rincones en búsqueda de un supuesto amante de la madre". Su madre habría sufrido continuos insultos y reiteradas amenazas de muerte de parte de él. Por situaciones como éstas, ella llega, dice, "a la *convicción* y a la *evidencia* más absoluta de que su padre iba a terminar con su madre"[354].

Para Iris, su padre "últimamente estaba cada vez más raro, fuera de sí, hablaba siempre de él, con los ojos inyectados en sangre, daba miedo mirarle a la cara", ella pensaba que de ahí "iba a resultar algo malo". Pero, fue en la tarde del hecho en que sus padres discutían, como siempre lo hacían, que ella "evidenció que su padre iba a dar un paso más, cuando dijo que iba llevar el dormitorio al comedor", sintió, además, que en esa discusión su madre "perdía terreno". En ese momento, Iris se decide a buscar el arma, la cual dejará momentáneamente en su armario; al bajar, escucha que su padre le grita a la madre que la iba a "reventar" y que "iba a armar un escándalo que iba a salir en los diarios". Ahora sí, Iris busca decididamente el arma, espera a su padre en el jardín y cuando éste sale de la casa "furioso como una fiera", hace fuego contra él.

Iris aclara que "no fue un asunto del momento", que "esas cuestiones venían obrando en su ánimo". Ella remitirá, en su relato, al agravamiento de cierta situación, y de

---

354 *Ibíd.*, p. 46 y *ss*.

tensiones familiares, enmarcándolo desde un "últimamente"; situación a partir de la cual cobraba fuerza su convicción, su seguridad, de que su padre iba a matar a la madre.

Sin embargo, en este esfuerzo de elaboración de parte del sujeto, luego del pasaje al acto, no dejaron de surgir ciertos recuerdos de su infancia más temprana, en los cuales ella aparece como quien tiene que matar, en este caso, a los bichos del jardín que se comían las plantas, dado que su madre y su hermano Ariel no querían matarlos y "alguien tenía que hacerlo". Ella se quedaba mal por esto, y pensando. Concluía, entonces, que la vida es una lucha brutal y horrible. Cuenta también que muchas veces pensó en "el caso del que mata a un *semejante*", "no por el caso de papá", aclara, sino porque siempre pensó en la vida y la muerte, en la guerra, en los crímenes pasionales, en matar en defensa propia, en estas cosas que salen en los diarios. Y en este contexto, agrega:

"Y hace poco (hará un mes) le dije a mamá que quién sabe si estaba bien matar en defensa propia, y estuve razonando sobre eso [...][355], que tal vez sea mejor para uno, dejarse matar"[356].

Si bien es cierto que estas cuestiones venían obrando en su ánimo, no menos cierto es que será en un momento determinado, y no en otro, que ella pasa al acto, en la más absoluta *certeza* de la inminencia del crimen que cometería su padre. Cuando en su escrito vuelva a referirse al hecho, introducirá algunas cuestiones que nos aproximan, aún más, a su posición subjetiva en el momento preciso del pasaje al acto. Dirá que le tiró al padre en *"el momento más terrible de todos los que ellos hubieran presenciado"*: "[...] Yo le tiré a papá en el ÚLTIMO momento, [...] si no le hubiera tirado, [...] habría vuelto y matado a mamá

---

355 *Ibíd.*, p. 62.
356 *Ibíd.*, p. 177.

y a nosotros... Yo ya había *sentido* el estado de espíritu de papá... En ese momento papá era la personificación del crimen... Él estaba determinado a matar a mamá..." Y dice: "[...] Me ha pasado muchas veces, sólo con ver a una persona que conozco, *saber en qué estado de espíritu está* [...], si está bien o mal dispuesta hacia mí o hacia aquel o aquellos con quienes habla. Es como si yo recibiera *las ondas* que emiten las personas. *Siempre me pasa y no me equivoco.* Pues bien, *ese día*, además de todo lo que sabía del estado de papá en los últimos tiempos, *sentí* que ese día tenía una determinación hecha, y *esa evidencia horrible* [...] me movió a hacer una cosa que consideré siempre y que considero tan mala..."[357]

Iris bordea, con estas palabras, el punto preciso que la empuja al acto: se pone en juego un *saber inequívoco*, al modo de una *intuición* (sentía, recibía las ondas), que no es sino lectura del gesto y la mirada del otro, a partir de la cual queda situada en el *acmé* de la tensión agresiva: o lo mataba o él volvería a matarlos. Por lo demás, él salió *"furioso como una fiera".* Los autores de la fábrica del caso conjeturan, en relación a esa *intuición* y a aquella *certeza*, la emergencia en Iris de *fenómenos elementales*: "como todo acto, este es un acto imposible de situar fuera de las tensiones sociales que busca 'solucionar', pero es un acto paranoico porque –por su testimonio– Iris nos hace saber que su acto ha de ser leído como *consecuencia de un saber que se le impuso*, a través de dos tipos de fenómenos que la semiología psiquiátrica distinguió y llamó *interpretación e intuición*, y que adjetivó '*delirantes*' para distinguirlos del régimen común de funcionamiento que ambos fenómenos tienen en toda producción de saber"[358].

---

[357] *Ibíd.*, p. 253.
[358] *Ibíd.*, p. 257.

Cavilaciones tempranas en torno al matar; cavilaciones, también, muy próximas al momento de su pasaje al acto; y, luego, ya en esa escena, momento de absoluta certeza que la empuja al acto, impidiéndole sustraerse a esta imposición: "*es preciso que lo haga*"[359]. Momento de máxima alienación especular, que sitúa con claridad el objeto que se ha vuelto criminógeno, y que nos conduce a interrogar qué es aquello de sí misma rechazado, al tiempo que presentificado, en la imagen del "*semejante*", de este padre incapaz de hacerse soporte de la función paterna. ¿Qué queda al descubierto en esa imagen desencadenando la "agresión suicida narcisista"? Iris refirió, a propósito de ese "último momento", a la furia y fiereza del padre –por cierto, contra la madre–. Aludirá luego, remontándose a otros momentos, a la mirada de odio y codicia del padre hacia la madre, que le provocaba mucho fastidio[360]. Algo de esto parece ser entonces lo que Iris no puede subjetivar de sí misma, de su propio yo, y que retorna furiosamente en ese momento de máxima alienación especular. Algo inadmisible para su propio Yo se presentifica en la imagen especular, retornándole desde esta última: su propio odio hacia su madre[361], el cual, lenta y progresivamente, irá cobrando cuerpo. Visión insoportable, en ese momento, que *es preciso* eliminar.

Ingresamos de este modo a una cuestión de sustancial importancia: el odio en Iris. Ella decía en su declaración que, contra su padre, *no tenía ningún agravio*, que las cosas que le había hecho a ella *las podía perdonar y olvidar*, pero no ocurría lo mismo con las afrentas y vejámenes

---

359 Imperativo que hemos destacado ya en los casos precedentes.
360 *Ibíd.*, p. 56.
361 *Ibíd.*, p. 254.

que él habría inferido a su madre: "Es cierto que nunca llegué a quererlo, pero *nunca lo odié*, ni me impulsó el odio ni la venganza..."

Comienza incluso su escrito de este modo: "Odio no le tenía. En absoluto. Cuando veía las miradas, de odio a veces, de codicia, otras, con que miraba a mamá, me daba mucho fastidio, me enojaba y con razón..."[362]

Es cierto que el padre ocupó el lugar del tirano doméstico, lo hemos visto en ciertas cuestiones que dijo Iris, lo veremos luego en la versión de la madre. Sin embargo, y puntualmente para Iris: "Él traía el sueldito y nada más; en todo lo demás era *como otro hijo de mamá*..."[363]

No deja de situar de este modo en el padre a ese particular semejante especular y de quien, a renglón siguiente, dirá: "¡*Con seguridad* iba a llegar *muy pronto* a matarla!..." [Subrayado y destacado por Iris en el texto].

Reparemos, antes de dejar estas primeras declaraciones y escritos de Iris, en algunas respuestas que ella habría recibido de la madre, en diferentes momentos, en ese contexto de permanente tensión familiar, y que se había agudizado –tal como Iris lo señala– "*últimamente*".

Dice que su padre *era cruel por naturaleza* y, remontándose a tiempos más lejanos, dirá: "*nunca pensé que era malo; sabía que era malo*, pero nunca me lo expresé a mí misma, porque mamá siempre nos decía que era bueno..."[364]

Decía también que últimamente sus padres estaban muy peleados y, cosa curiosa, la respuesta que habría recibido de su madre fue: "Más vale ceder y aguantar, porque papá si ve que no puede triunfar, me mata"[365].

---

[362] *Ibíd.*, p.56.
[363] *Ibíd.*, p. 58.
[364] *Ibíd.*, p. 58.
[365] *Ibíd.*, p. 57.

"No pensé que era malo, sabía que era malo". Curiosa enunciación puesta a cuenta por ella misma de lo que sin duda no alcanzaba a entender del renegatorio discurso materno. ¿Cómo al mismo tiempo "papá puede matarla" y ella dice que es "bueno"? Pregunta informulada, por cierto.

No podemos dejar de situar este acto, por la certeza que empuja al mismo, por ese particular modo en que ella sitúa el *último momento* –dada la emergencia de fenómenos elementales– como un acto paranoico. Sin embargo, su posición más claramente paranoica no se evidenciará sino mucho después, cuando el perseguidor sea instituido en relación a sí misma, al mismo tiempo que el odio sea más claramente puesto en este último y no sólo como algo rechazado de sí misma –*"odio no le tenía..."*–. Una vez, por tanto, que se formule el delirio y se recorte más nítidamente el perseguidor, quien no será precisamente el padre.

Hasta el momento, lo que podemos señalar es esa posición enunciativa que ancla en ciertas certezas respecto de un perseguidor que es el padre, pero en relación al cual ella aclara que este perseguidor lo es de su madre. Ella no dice "él me odia...", sino "él la odia...", "él la va a matar..." Los hijos, dijo Iris, "no son nada para él". Al mismo tiempo, podríamos agregar, en el discurso paterno, los hijos a matar no lo serán sino por ser una prolongación de la madre: "te mataré a ti y a tus hijos..." – a ella, *la puta,* y a sus hijos *degenerados*–.

Parece ser este pasaje al acto, una huella –trágica, por cierto–, que bien podemos ubicar como complemento del cuadro que habría de manifestarse después con más claridad. Vale decir que este pasaje al acto deberá también leerse a la luz del delirio posterior.

La locura paterna

Lumen Cabezudo asistía al Centro Natura, lugar donde se sostenían ideales naturistas, que iban desde la comida vegetariana hasta el rechazo de la medicina, lo cual se enmarca en la lucha de aquella época entre homeópatas y alópatas. Este Centro estaba liderado por Fernando Carbonel, quien se apoyaba además en la enseñanza teosófica, que otorga un lugar central a los textos hindúes. Lumen se hizo discípulo de este hombre a sus 24 años, y en ese ambiente intelectual conoció a quien sería su segunda mujer, Raimunda Spósito, la madre de Iris. Se casa con ella, luego de recibirse de agrimensor.

Él era viudo, su mujer tenía 22 años cuando muere y se lo responsabilizaba de esta muerte por la vida que le hacía llevar. Se decía[366] que había aislado a su mujer de todo el mundo, sometiéndola a un muy riguroso régimen naturista y abusando de ella en la faz sexual, a raíz de lo cual, ella habría caído en una depresión psicológica. También se decía que el hijo de este matrimonio muere al año y medio por el descuido en que él lo tuvo. Raimunda conocía todas estas versiones acerca de la vida de Lumen Cabezudo, quien estaba viviendo circunstancialmente en el Centro Natura, porque su familia política no le permitía permanecer en la casa, dada "su conducta inmoral para con las personas" que allí iban[367]. Iris también creerá, según se lee en sus declaraciones, en estas versiones de la historia del padre que le fueron transmitidas.

---

[366] Entre febrero y junio de 1936, son citados a comparecer otros testigos, cuyos testimonios, curiosamente, se centraron no sobre Iris, de cuyo juicio se trataba, sino sobre Lumen Cabezudo. *Cf.* Capurro, R. y Nin, D., *Op. Cit.*, p. 80.

[367] *Ibíd.*, p. 79.

Por lo que se sabe, pocos meses antes de ser asesinado, Lumen Cabezudo entra en un período de crisis intelectual, provocada por las conferencias que Krishnamurti había dictado en Montevideo, en ese mismo año de 1935[368]. El punto central de sus conferencias pasaba por la crítica a las distintas formas de la autoridad. Un compañero de oficina, quien reconocía en Lumen Cabezudo "un perfecto caballero", pero con "rarezas sobre ideas filosóficas y religiosas que constituían para él una obsesión"[369], aludió a esta crisis desencadenada en él por la puesta en cuestión de la autoridad de los textos hindúes, por parte de este líder.

Las ideas de Krishnamurti transmitían esencialmente que la verdad puede ser descubierta por cualquiera, sin la ayuda de autoridad alguna: "la verdad es un tierra sin senderos a la cual es imposible aproximarse mediante ninguna religión, filosofía o secta convencional".

Curiosamente, Iris dirá que para ella la llegada de Krishnamurti significó reconocer en sus ideas lo que ella siempre pensó y le fue transmitido por su madre.

Declaración de Raimunda. Su libro. El tono de réplica

Para Raimunda, la tragedia no puede ser situada sino a partir de comprender lo que significaron los veintidós años de suplicio que su esposo le dio a ella y a sus hijos. Es así que escribirá un extenso texto, mecanografiado por Iris, entregado al juez y sobre el que se basará su declaración. Esta última tendrá un claro tono de réplica respecto de una declaración voluntaria que había hecho un hermano de

---

[368] *Escritos de Lumen Cabezudo*, Edelp, Serie Documentos, Argentina, 1996, p. 19.
[369] Capurro, R. y Nin, D., *Op. Cit.*, p. 74 y 75.

Lumen Cabezudo, Siul, quien no sólo reivindicó a Lumen, sino que acusó lisa y llanamente a Raimunda de instigadora de un crimen premeditado. Dirá también de ella que *quería hacer de sus hijos y sobre todo de Iris, "la niña prodigio", su obra*[370].

Lo que Raimunda dice en su declaración y lo que escribe en su libro en torno al día del crimen, *"El último día"* –tal como ella lo llamará–, nos transmite su modo particular de estar en la escena. Recortaremos ahora la misma escena desde esta otra mirada:

"Aquel día, el último, Lumen llegó extremadamente excitado. Yo lo vi raro y lo miré a los ojos; él también me miró; aquella mirada ¡fue horrible!... 'ya vas a ver, me dijo, esto se concluye'. Después, me pidió el diario, que yo había apartado con el deseo de que no lo viera, pues traía el relato de un espantoso crimen por celos; almorzó y se fue al jardín a leer... Yo, presa de un terrible presentimiento, fui a observarlo por la ventana del cuarto de trabajo... y vi que, sin leer nada de lo referente a la guerra ítalo-etíope que tanto le apasionaba, pasaba a la página que trataba *el asesinato de la esposa del polaco*, y que leía, y que miraba las figuras, y que pensaba... ¡y que se reía! ¡Qué horrible!"[371]

Raimunda permanece sobre el borde de una escena que no ha dejado, sin embargo, de generar. Esconde un diario que luego entrega, espía los movimientos del otro, presiente, acaso anticipa un desenlace fatal, pero de este modo y en esta escena de años ella juega –como bien señalan los autores– sobre el borde de su no efectuación, en eso que diferencia una escena de un acto.

---

[370] *Ibíd.*, p. 86.
[371] *Ibíd.*, p. 130.

Lumen, su esposo, le dirá, al terminar de leer la noticia del crimen pasional: "mira, he resuelto que consideres el terreno como si fuera la calle; en consecuencia no quiero que salgas de la casa para nada[372]. Pues la casa ya estaba abierta como una casa pública"[373].

Casa de prostitución, ante la perspectiva de Lumen, que le hará exclamar, fuera de sí, mirando a sus hijos, "*a quienes ya no distinguía, 'son unos degenerados'...*"[374], anunciando luego lo que para él sería la solución: "*ya lo sabes, pronto vuelvo, esta noche te mato a ti y a tus hijos; mañana habla la prensa*"[375].

Escenas como éstas habrían ocurrido muchas veces. En su libro, Raimunda no deja de abundar en detalles en torno a lo que bien podemos situar como el delirio celotípico de su marido. Nos hace saber de las escenas de celos que continuamente se producían en la casa, y de su progresivo encierro –ella se siente "*secuestrada*"–.

Raimunda, al casarse, abandona lo que hasta allí fuera su carrera de maestra, en la cual había alcanzado un cierto reconocimiento. Fue becada para proseguir sus estudios en Bélgica, y es a su regreso que se casa. Para ella, su marido quería destruirla intelectualmente y destinarle un lugar de sirvienta. Las escenas de golpes y de violencia empiezan muy tempranamente. ¿Cuál sería la posición de Raimunda frente a esto?:

"[...] Me pegaba cuanto podía. Muchas veces me trató así; y muchas también soporté sus golpes sin defenderme y obligando a los chicos a que dejaran que me pegara sin intervenir en absoluto... Me dejaba pegar sin defenderme, y no porque tenga yo pasta de víctima (siempre lo miraba

---

[372] *Ibíd.*, p. 130.
[373] *Ibíd.*, p. 67.
[374] *Ibíd.*, p. 67.
[375] *Ibíd.*, p. 68.

fijo a los ojos mientras me pegaba), sino porque sabía por amarga experiencia que eso era lo menos malo que podía pasar... es que Lumen no admitía obstáculo ninguno y al más pequeño signo de resistencia en casa, tiraba a matar... Como una fiera..."[376]

Fue en una de estas escenas que su marido, con "*la cara extraviada*"[377], la amenaza, revólver en mano, con matarla y matarse. Cuenta ella que sin miedo, y más bien con lástima hacia él, se le acercó y "*con frases de cariño*", logra sacarle el arma que esconderá luego de lo sucedido, haciendo de Iris la única confidente de este secreto.

Raimunda nos hace saber de este modo el tono decididamente pasional del discurso delirante de su esposo, y también de las reiteradas amenazas de muerte proferidas por él. ¿Estaría su esposo a punto del acto? ¿Su delirio lo empujaba o lo alejaba de este acto tantas veces anunciado, y aparentemente en suspenso? ¿Jugaban ambos, aunque de distinta manera, sobre el borde de la no efectuación de este acto?

Lo que sabemos es que, quien pasó al acto, rompiendo incluso la escena configurada por la locura de ambos padres –paranoico el uno, ¿goce masoquista en la otra?–, fue su hija. Cuestión que, podemos creerle, Raimunda nunca sospechó[378], pero cuyas condiciones de posibilidad no dejó de crear. Mientras la madre juega en aquel borde, en su hija Iris crece la certeza que determina su pasaje al acto: *fue preciso* matar a su padre "*antes de que él matara a mi madre*".

---

[376] *Ibíd.*, p. 113.

[377] *Ibíd.*, p. 114.

[378] Lo cual no excluye que Iris hubiera entendido, y sobre todo en el secreto compartido sólo con ella acerca del escondite del revólver, que su madre algo de esto le estuviera demandando: ¿cómo entender sino esa frase que ella le dice a la madre: "*¿sabes?, creo que tampoco está bien matar en defensa propia*". Frase que parece responder a una cierta demanda proveniente del Otro.

Por cierto, algo debió sumarse al panorama de esta locura familiar para que Iris pasara al acto. En los últimos meses, la tensión familiar había aumentado. No dejó de jugar su papel en ello la crisis subjetiva de Lumen, a la que ya hemos referido. Tanto Iris en su escrito como Raimunda en el suyo aludieron a un Lumen más enloquecido y furioso en los últimos meses.

Pero no fue éste el único factor que contribuyó al aumento de la tensión familiar. Otra coordenada venía ya configurando un cambio en el controvertido paisaje familiar: la temprana muerte de Edelweiss –a los dos años–, la hija más pequeña, *"la preciosa nena"* de Raimunda, acaecida hacía –también– dos años, y que habría sumido a esta madre en un difícil si no imposible duelo. Muerte, cuyas circunstancias permanecieron oscuras y que el fantasma materno no dejó de enlazar a una posible responsabilidad del padre. Así como también lo responsabilizó de un aborto que se le produjo o de todas las enfermedades de sus hijos. Decía ella que los continuos disgustos a que él la sometía hacían que ella les diera a sus hijos de mamar "leche envenenada".

Otro hijo había muerto ya a los ocho meses: Lumencito. Pero fue la muerte de Edelweiss la que cobró una singular importancia en su posición subjetiva. Ella quería morir. Así nos dice:

"Cuánto lloré cuando murió mi Edelweiss!; lloré tanto, que se me llenaron los ojos de ampollas; murió tan de repente, que me quedó la impresión de que me habían robado a mi nena.

Lumen al ver que mi dolor me tenía ausente, me decía enojado: 'merecerías perder los hijos que te quedan', y al decirle yo '¿tú me los sacarías?, me contestó: 'sí, yo te los sacaría para tenerte sólo para mí'...

[...] Cuando Lumen me amenazaba de muerte, ya olvidada de todo, deseé intensamente que se decidiera de una vez y que eso concluyera al fin, para siempre"[379].

Deseaba morir, pensó incluso en el suicidio[380].

Fue Iris quien representó para Raimunda –según ella nos dice– *"un consuelo que apaciguó su dolor"*, quien cuidaba a los niños que ella en ese momento descuidaba, y quien la sostenía y animaba.

Pero Raimunda no sólo nos habla de ese momento de desmoronamiento melancólico que en ella se produce y del consuelo de Iris hacia ella. Nos dice también de la respuesta especular de Iris frente al desmoronamiento materno:

"De todos mis trabajos, de todas mis fatigas, de todas mis penas, de todas mis continuas luchas, Iris fue la compañera constante... ella fue viendo cómo de resistir valientemente muchos años, fui cayendo y perdiendo la fe y la energía... ella fue viendo cómo, poco a poco, todo se iba *desmoronando* en casa...

Y ella luchó a su vez y me alentó, y me sostuvo... Pero su carácter se iba modificando [...], y a todos llamaba la atención esa chica *tan triste y tan seria...*

Después en estos últimos meses, *la tensión llegó a su colmo*, me acosaba Lumen de una manera tal, eran hasta tal punto categóricas sus amenazas de muerte, que todos tenían un miedo horrible y Iris no quería salir si no dejaba a Ariel a mi lado...

Iris cada vez más débil... Yo viéndola así me sentía decaer más y más..."[381]

---

379 *Ibíd.*, p. 127.
380 *Ibíd.*, p. 161.
381 *Ibíd.*, p. 130.

Entonces, si una de las coordenadas acentuaba cada vez más el tenor pasional y reivindicativo del delirio de celos del padre, la otra coordenada que vendría a configurar un cambio en el panorama familiar, estaba constituida por este matiz que anuncia algo diferente en la posición subjetiva de Raimunda. Allí, donde, podríamos conjeturar, el goce en el dolor y sometimiento masoquista venía a opacarse, a ser desplazado por ese otro dolor, esta vez melancólico. ¿No estaría la posición subjetiva de Raimunda en cierta encrucijada estructural entre el masoquismo y la melancolía, que este duelo habría venido a desenmascarar?

En cuanto al crimen, Raimunda tendrá su teoría del lugar de Iris en el mismo, según la cual esta última –ya no dueña de sí– queda ubicada como instrumento de las fuerzas del mal, desencadenadas por la locura de Lumen, en cuyo vaivén, en cuyo volver pendular encuentran a Iris como *"su instrumento propicio", "a la niña de frente inmaculada", "la más receptiva"*[382].

Construcción jurídico-psiquiátrica del caso: la inimputabilidad

En este "ardiente alegato", tal como lo calificara el abogado defensor, y donde no se advierte –como bien señalan los autores de la fábrica del caso– ni duelo por el esposo, ni conmoción por la hija, Raimunda, al defenderse, defiende a su hija y acusa al muerto.

Dijo Raimunda en relación a su propia versión de los hechos:

---

[382] *Ibíd.*, p. 297.

"Yo digo la verdad, lo que digo es lo justo y el que me oye queda convencido de inmediato"[383].

La versión materna del caso fue la que primó en la construcción jurídico-psiquiátrica del mismo. Los autores de la fábrica del caso harán un exhaustivo análisis de esta construcción, respecto de la cual no nos detendremos en todos sus detalles. Destacaremos solamente que el psiquiatra Payssé, reconocido en su medio, fue el autor del informe que tituló "Psicogénesis de un parricidio". Payssé va a declarar la irracionalidad del acto, lo patológico del mismo, sin declarar por ello anormal a Iris. Sí va a plantear en el meollo de su argumentación una "pasión" en Iris, definida como un "afectivismo fijo" o una "idea fija" por la madre, de carácter patológico: "*nosotros somos la obra de mamá*", decía Iris y retomaba Payssé, y sostendrá que fue eso *lo que armó la mano de Iris llevada por la impulsión y sin freno reflexivo*. Frente a un padre, *en quien ella veía "la personificación del crimen"* y que Payssé no dudó en calificar de paranoico. Pero lo que no entrará en absoluto en el análisis de Payssé, pese a insistir en la hipertrofia del complejo materno en Iris, fue en qué posición subjetiva pudo estar la madre como elemento determinante del pasaje al acto.

El argumento de la defensa seguirá aquella línea para sostener la inimputabilidad de Iris, y se apoyará como punto explicativo esencial en la locura del padre. El abogado defensor, Carrara, plantea el crimen de Iris como un caso de "impulso pasional delictivo", y en consecuencia inimputable, apoyándose en el argumento de la no conciencia del sujeto respecto de su acto delictivo. Lo ilícito del acto sería por "*obra del pánico obnubilador que la sobrecogió*"[384], y a partir del cual Iris *ya no es ella, es otra*.

---

[383] *Ibíd.*, p. 95.
[384] *Ibíd.*, p. 207.

Carrara y Payssé coinciden: no se trata de un trastorno crónico, que hubiera conducido a un diagnóstico de paranoia, sino de una *"reacción"*, un *"trastorno fugaz"* en un personalidad normal. Argumento que afirma: no es ella en ese acto, es otra. Advertiremos la distancia en que se encuentra la posición de este abogado defensor, del lugar que tomó la defensa en el proceso de Lortie, cuando apela para que se revise la sentencia de inimputabilidad de su defendido; a partir de lo cual, el imputado pudo decir, viéndose en el video que registró su crimen: *"¿sabes? Ese soy yo, no soy yo"*. La declaración: *"No es ella, es otra"*, muy distinta a *"soy yo, no soy yo"*, anula toda posibilidad de reabrir la grieta subjetiva que podría conducir al imputado hacia alguna elaboración de su pasaje al acto.

La defensa aducirá que no existe en Iris peligrosidad, dado que ella objetivamente consumó parricidio, pero psicológicamente no: no la guió el odio, sino circunstancias excepcionales que no podrán nunca repetirse[385]. Curiosamente, los autores de la fábrica del caso dirán también que, desde el psicoanálisis, no puede hablarse en este caso de parricidio. Modificación esta última que introducen en la segunda edición del texto, y que retomaremos más adelante desde un punto de vista crítico.

Por otro lado, y esto es algo muy interesante, la defensa introducirá un elemento que para nada el psiquiatra Payssé había tenido en cuenta: la sexualidad de Iris. Carrara, el abogado defensor, había sido profesor de Iris en el magisterio, y esto lo lleva a ocuparse especialmente del caso. Entre otras cosas, señalará el cuerpo de niña que tenía Iris, no afectado por los caracteres secundarios de la sexualidad. Mientras ella estuvo detenida, luego de

---

[385] *Ibíd.*, p. 210.

su crimen parricida, su cuerpo cambió y estos caracteres secundarios se desarrollaron en el lapso de ese tiempo, sorprendentemente.

El proceso de Iris se desarrolla durante dos años, en los cuales ella permanece detenida en el Hospital militar. El fiscal terminará coincidiendo con la defensa e Iris será declarada inimputable. Sentencia que rechaza la responsabilidad del sujeto y que deja nulos los posibles efectos de su enunciación inicial: "*yo lo maté, es mi padre*". Recordaremos también que su primer pensamiento luego del crimen fue que no quería que otro, su hermano, se declarara autor del hecho. Dejemos en el tintero, por el momento, la pregunta de si Ariel lo hubiera hecho –tal como él lo declaró–, si su posición y recursos subjetivos lo habrían puesto en el mismo camino que Iris.

Poema a la madre

Veamos, con el propósito de entender mejor cuál será el viraje posterior en la posición subjetiva de Iris, algunos fragmentos de un poema que, estando detenida, ella escribió a su madre:

"Madre mía... ¡te debo tanto! Todo estaba en mí, como toda la planta está en el germen de la semilla, pero tú cultivaste la planta, y pusiste en *tu obra* toda la inteligencia que un perfecto cultivo requiere... / ¡bendita seas por cómo me criaste! / porque tú fuiste mi madre, mi nodriza, mi niñera, mi maestra, mi compañera, mi amiga... todo lo fuiste para mí... / Nuestra casa es un lugar dulce y acogedor... / Tú eres el sol que ilumina y vivifica... / Me has enseñado a desearlo todo y a no desear nada: todo es lo mismo..."[386]

---

[386] *Ibíd.*, p. 261.

¿Qué lleva a Iris, en esos momentos, a la escritura de este poema? Poema que parece funcionar como un cierto y desesperado sostén yoico, claramente especular. ¿No da cuenta esto de la fragilidad de su posición subjetiva atada de un hilo cada vez más delgado a esta extrema idealización de la madre? ¿No da cuenta acaso de esa precariedad yoica ya prenunciada en aquel desmoronamiento especular correlativo al imposible duelo materno? Precariedad del Yo que, en el momento del pasaje al acto, se re-arma paranoicamente.

Poema, por lo demás, que escrito luego de su pasaje al acto y en medio de esas circunstancias, no puede menos que dejar resonando en nosotros esta convicción de Iris: *he sido tu obra,* ¿acaso en todo?

PARTE II – Después del pasaje al acto: del mito opresor a la persecución

Sobreseída la causa, Iris sale de prisión en 1938 y termina el magisterio, cuyos estudios había proseguido estando allí, con el apoyo de algunos de sus profesores. No mucho tiempo después, comenzará a trabajar, y en lo que respecta a su campo laboral se producirán toda una serie de situaciones que luego retomaremos. Consignemos por lo pronto una singularidad en la educación y formación cultural de Iris. Ella no fue a la escuela sino hasta los 14 años. Hasta allí, fue su madre la única maestra. La formación cultural de Iris era muy amplia, y también la de su madre, quien se jactaba de que Iris era tan pequeña cuando leía el Quijote que apenas podía sostener el peso de los libros. Iris se sostiene, en clara correspondencia dual narcisística, en ese *mito materno* que ella había construido –tal como lo llamará mucho después–, y que el poema refleja tan diáfanamente.

De regreso a su casa, Iris se encontrará con una madre que, pese a lo ocurrido, no cesaba de seguir peleando con el padre como si estuviera vivo, volviendo una y otra vez sobre los mismos hechos. Es así que Iris diría:

"Pasé muchos años ¡muchos años! procurando de todas maneras que mamá cesara de martillar mi conciencia en todos los instantes (hasta cuando íbamos al cine) con su versión de todo lo acontecido"[387].

Progresivamente, Iris irá cambiando de posición respecto de su madre. Proceso que culminará en un *delirio de persecución* en cuyo centro se ubica esta última. Aquel *mito materno* devino, entonces, *delirio de persecución*, teniendo a una y la misma protagonista en ambos casos. ¿No habría sido, entonces, y desde siempre, uno –aquel mito– el reverso del otro –esta persecución–?

En 1957, 22 años después de su pasaje al acto, Iris –al cabo de cinco años de vacilación–, se dirigirá a un psiquiatra, formulando esta demanda: que estudie la locura de su madre, de la cual ella estaba convencida. Veremos luego qué la decide a esto, pero señalemos ahora que en este acto Iris busca hacer saber de esta locura materna que ella no cesará de interrogar a lo largo de estos 22 años, en su doloroso esfuerzo por construir su propia versión de los hechos. La respuesta dada por el psiquiatra, el Dr. Más de Ayala, fue la internación de Iris, desconociendo el valor de acto que tenía esta demanda del sujeto. En contraposición a la clasificación jurídico-psiquiátrica de 1935, ahora Iris será declarada no sólo paranoica, sino también peligrosa.

El psiquiatra desconoce de este modo la dimensión investigadora de la locura de Iris y desconoce, al mismo tiempo, el planteo transferencial. Su lugar vira hacia el del perseguidor al rechazar la demanda que, virtualmente, lo

---

[387] *Ibíd.*, p. 95.

situaba como alguien a quien se suponía poder hablar *de*
la persecución que ella padecía, según su delirio. De allí
en más "todo aquel que se presentara bajo ese trazo significante, bajo ese nombre de 'psiquiatra', va a ser situado
como perseguidor aliado de su madre"[388].

Escribe Iris luego de esta respuesta del psiquiatra: "esa
tesis acerca de mi personalidad (así como di muerte a
mi padre, puedo dar muerte a mi madre) es *creación de*
mamá, que la viene repitiendo hace mucho y yo me enteré
hace poco [...]. Es la misma persona: mamá se pasó 15
años repitiéndome a mí que papá iba a matarla [...]. Que
mamá diga que 'yo la perseguía', 'que iba a terminar matán-
dola' se comprende: *está en su ley...* Pero lo que cuesta
comprender es que haya médicos psiquiatras [...], suges-
tionados por mamá [...], mamá consiguió que 'la sociedad'
acepte y adopte la farsa que acerca de mí fabricó... [...] *Es*
necesario que se deshaga el equívoco..." [389]

Así como en el pasaje al acto algo cobra fuerza desde
un "es preciso que lo haga...", su escritura cobra empuje
a partir de esta necesidad de deshacer el equívoco. ¿Será
esto posible? o, como dice Dupré, en la locura, en sus
diversas figuras, "se trata siempre de un intento de hacer
saber que no accede al decir, no logra encontrar en el Otro
esa acogida que haría que el loco pudiera pasar a otra
cosa diferente que este intento perpetuamente fracasado
de la transmisión de un saber. Cada caso de locura sigue
siendo, fundamentalmente, arar en el mar"[390]. Lo que no
será posible deshacer será, por tanto, el equívoco fundante
de su estructura.

---

388 *Ibíd.*, p. 273.
389 *Ibíd.*, p. 291.
390 Allouch, J., Viltard, M., Porge, E., *El doble crimen de la hermanas Papin*, Epele,
     Méjico, 1995, p. 13. Este texto fue publicado en su primera edición bajo el heteró-
     nimo de Dupré, al cual por momentos aludo.

Iris, en su delirio, le imputa a la madre poseer un plan para destruirlos a ella y a sus hermanos. Internada a raíz de esta consulta, piensa que los psiquiatras se han aliado con su madre en contra suya. Escribe para defenderse y entregará sus escritos al psiquiatra Brito del Pino, en ese momento a cargo del tratamiento, quien los publicará en condición de único ejemplo de un trabajo suyo sobre "La peligrosidad de los paranoicos". Volveremos luego sobre este punto de la supuesta peligrosidad de Iris en ese momento.

¿Cómo se fue gestando este nuevo lugar de Iris, este viraje en su posición subjetiva, después del pasaje al acto? En sus escritos, que no dejan de entretejerse con sus certezas delirantes, Iris da a leer una nueva versión de la historia familiar, de su lugar y, por añadidura, de su pasaje al acto. Por lo pronto, destaquemos el estilo testimonial en el escrito de Iris, rasgo que Lacan señala como propio del estilo paranoico[391]. Escritura, por tanto, enlazada a la dimensión transferencial y a la búsqueda de otro, a quien hacer saber algo, pasaje de lo privado a lo público, tal como ella dice: "va a remover y a contar todo lo acontecido en casa aunque sea sucio"[392].

¿Qué intenta hacer saber Iris en sus escritos producidos luego de ese viraje subjetivo en el lazo materno? ¿Cómo fue construyendo su propia versión de los hechos?

---

[391] *Cf.* Lacan, J., *El problema del estilo y la concepción psiquiátrica de las formas paranoicas de la experiencia*, en *De las psicosis paranoica en sus relaciones con la Personalidad*, Siglo Veintiuno Editores, México, 1976.

[392] Capurro, R. y Nin, D., *Op. Cit.*, p. 297.

Del no comprender a la certeza. Primer y segundo "basta" a "ser el dócil instrumento de las sugestiones maternas"

Escribía Iris, en 1956, un año antes de su internación:

"Existe en mi hogar un problema que yo no acabo de comprender totalmente porque cambia siempre de forma, pero que no se termina nunca, que me ha tenido y me tiene siempre con miedo..."[393]

Una vez internada dará comienzo a su escrito con esta pregunta: *"¿Borrar y empezar de nuevo?"*, re-anudando de ese modo un diálogo hacía más de 20 años interrumpido. El Dr. Salvagno Campos le habría dicho, una vez sobreseída la causa y de regreso a su casa: *"Ahora Ud. olvídese de todo"*.

Para Iris el drama anterior, el de su vida, había tenido un desenlace –el crimen– que sólo aparentemente fue el final: "Mi madre nos lo evocaba continuamente: los episodios vividos y las discusiones [...]. En *1944* le dije a los gritos que no me hablara más de papá [...]. Desde entonces, *mamá empezó a mirarme con desconfianza* [...]. Sin embargo, volvió al tema [...]. Así llegué a la conclusión (para mí desconcertante) de que *el odio de mi madre hacia mi padre es inextinguible*" [Las cursivas en el texto son siempre nuestras][394].

Su acto parricida no había sido, por tanto, la solución.

Iris nos previene acerca de no caer en la simpleza de creer que ella estaría reivindicando a su padre: "No hay en mí simpatía hacia él. Hubiera podido tenérsela y mucho. Pero la acción demoledora de mi madre fue tan eficaz..."[395] Seis años le llevó a Iris gritarle "¡basta!" a la madre. Aunque podríamos preguntarnos si el pasaje al acto no

---

[393] *Ibíd.*, p. 287.
[394] *Ibíd.*, p. 290.
[395] *Ibíd.*, p. 291.

fue, aunque veladamente, su primer basta. Ahora bien, ¿de
qué índole es este último *no* a la madre? Es un límite, por
cierto, pero sólo lo es dentro de los límites que le impone
su estructura. Lejos de separarla de su madre, surgirá allí
ese "pegoteo imaginario" en relación a una mirada cargada
de significación personal: una mirada de desconfianza. Su
delirio comenzará a cobrar fuerza, a desplegarse.

Iris nos dice que su "gran equilibrio psíquico" –no
olvidemos que ella trata de probar esto al psiquiatra– le
permitió "soportar duras pruebas" como "continuar estu-
diando con la terrible mácula de haber matado al padre"
y que, "simultánea y progresivamente, tuvo que soportar
la dura revelación" de que la madre la había engañado,
el terrible dolor de que no la quería y que se había servido de ella "como un instrumento dócil de sus sugestiones". Dice: "Desde hace cinco años, *comprendí* que mamá
es una voluntad de continuo ocupada en destruir lazos
afectivos"[396].

¿De qué índole es este comprender? Lo que antes no
se llegaba a comprender ahora se comprendió, se convirtió
–en el discurso de Iris– en la certeza de que su madre tiene
un Plan para destruirla: "mamá actuó con plan, con cautela [...], etapa por etapa [...], hasta que caí en la trampa,
mansita [...], la trama está tan bien tejida [...]. No quiero
ser destruida, aniquilada, como lo fue mi padre [...]. A mi
destrucción va a seguir a corto plazo e indefectiblemente
la destrucción total de mis hermanos"[397].

Para Iris se cristalizará en la madre la figura del perseguidor, de aquel que se habría servido de ella como *un
instrumento dócil a sus sugestiones*. Pero ¿cómo se fue produciendo este viraje en Iris?:

---

396 *Ibíd.*, p. 295 y 296.
397 *Ibíd.*, p. 296.

"Cómo fue que yo llegué a ver claramente cuál es la personalidad de nuestra madre, y perdí el mito consolador (y opresor)? Fue cuando, con el remordimiento latente por lo sucedido a mi padre (no por su muerte en momentos en que irremisiblemente se iba a perder, sino por no haberle apoyado cuando mamá me enviaba a espiarlo), con el remordimiento bien presente por haber permitido (en *1943*) que mamá echara de casa (la casa de todos) al mayor de mis hermanos (Ariel, dos años menor que yo), porque se permitía no estar de acuerdo con algunos detalles de la convivencia; en momentos donde parecía que ella y los tres hermanos restantes íbamos a poder vivir tranquilos (en *1949*), *vi con asombro lanzarse a mamá (con los mismos métodos y el mismo ímpetu de otras veces) en una campaña de ataque y desprestigio contra Lumen*, el menor, que tenía 21 años y que gracias a mí estaba encaminado, contento y seguro de sí mismo [...]. Empezó a decirme *con el 'convincente' tono que yo tanto conocía*: que me fijara, que Lumen era parecidísimo a papá [...]. Hacía semanas que mamá venía procurando con insistencia diluir mi cariño al hermanito [...]. Así que *ese día le respondí*: 'Tú sientes la necesidad de estar persiguiendo siempre a alguien: Primero fue a papá al que perseguiste y acosaste sin necesidad, exagerando las cosas; después fue a Ariel que 'no te dejaba vivir' y yo te creí; pero *ahora se acabó*, a Lumen no lo vas a perseguir [...]. *Esta vez no cuentas conmigo*' [...]. Mamá no me contestó nada; pero desde ese día volvió contra mí todo su rencor. Ese día yo labré mi ¿segura? destrucción"[398].

Sin duda, Iris, mostrando a su madre cómo ella atendía las necesidades de su hermano Lumen –en cuanto a sus amistades, a que se case, a que vaya a los bailes, etc.-, intentaba como bien lo dice "*educarla, transformar-*

---

[398] *Ibíd.*, p. 305 y 306.

la, hacerla una madre como se debe ser"[399]. Claro que, este acto a partir del cual Iris responde a su madre: "*ahora se acabó..., no cuentes conmigo*", este segundo *no*, cambiará definitivamente el signo de esa relación, rompiendo de modo explícito su alianza con ella. ¿Habría significado este "*se acabó*" un despegue en relación al Otro materno? Por el contrario –y cómo veíamos en relación al primer *no*–, no dejará de atribuirle por ese mismo acto una mayor consistencia imaginaria.

Percibirse como el dócil instrumento de las sugestiones maternas es, al mismo tiempo, instaurar a su madre como perseguidora: objeto antes de sus sugestiones, ahora de sus persecuciones, tras el *no* que supone la emergencia del sujeto en otra posición, claramente en defensa de su *propio* lugar. "*Basta*" a ser el dócil instrumento de las sugestiones maternas, que no llega a ser un *punto de basta*, de almohadillado, eficaz en la separación. Ese *no* ara en el mar. Tal como Iris misma lo dice, fue en el momento de *perder el mito consolador y opresor* que ella registra este otro lugar materno: *su perseguidora*.

Del mito a la persecución, la *falta en ser*, la castración no está en función en su lazo con el Otro primordial. Ella deja de ser "*la dócil y buena nena*", como la describía Raimunda, objeto fálico imaginario para su madre, no marcado por la castración, y empieza a percibirse como habiendo sido "*ese dócil instrumento a las sugestiones maternas*". El saber persecutorio del Otro se coagula, se localiza en un Plan de destrucción, del cual ella sería el objeto, según el delirio que empieza a cobrar cuerpo. Trabajo de la psicosis tendiente a acotar, en esta localización, el goce del Otro.

---

[399] *Ibíd.*, p. 374.

Vemos también cómo se va construyendo para Iris, de esta manera, una nueva versión de su pasaje al acto, producto ahora de haber sido ella *"el dócil instrumento a las sugestiones maternas"*. Claro que, no podrá escribir esto sino con la tinta del discurso materno, retomando –de algún modo– la teoría del Péndulo, por la cual Raimunda la ubicaba como *mero instrumento de las fuerzas del mal*, provenientes de su esposo. De un modo: versión materna, u otro: versión de Iris que pretende impugnar la materna, Iris queda ajena a su acto y, sobre todo, a su propia enunciación: *Yo lo maté*. Sea como *"instrumento de las fuerzas del mal"*, emanadas de la locura paterna –versión de Raimunda–, sea como *"instrumento de las sugestiones maternas"* –versión de Iris, desde el delirio–, ella ya no recuperará su enunciación inicial. No ha sido ella, fue otra.

Hasta allí llega su otra versión, su diferencia, sin poder zafar de esa misma concepción de instrumento –¿se anuda allí una *folie à deux* con la madre?–. Sin embargo, tan importante como señalar el límite de su otra versión es advertir qué la hace diferente, qué la hace otra. El giro decisivo estará dado, sin renunciar a la teoría del "ser instrumento", en que en esa afirmación "no ha sido ella, fue otra", ahora, desde su versión, esa otra es la madre[400].

Al mismo tiempo ella se referirá a su acto de un modo cada vez más elíptico, con eufemismos tales como: *"el episodio"*, *"el deplorable resultado de todos conocido"*, *"mamá deshizo al marido"*, *"(ser) aniquilada como lo fue mi padre"*, *"lo sucedido a mi padre"*, *"creé el antecedente"*, *"papá fue deshecho"*, *"la desaparición de papá"*, etc.[401].

Pese a que Iris nos advierte que no está ella ahora reivindicando al padre, es indudable que en sus escritos se manifiesta una cierta vindicación del mismo, incluso de la

---

[400] *Ibíd.*, p. 369.
[401] *Ibíd.*, p. 368.

familia paterna. Se trazan también ciertos rasgos identificatorios con el padre y se erige una imagen de él que nada tiene que ver con lo dicho en un primer momento. Todo lo cual es concomitante al vuelco en la relación materna.

Ella objeta ese "borrar y empezar de nuevo" que se le dijo, y escribe una nueva versión. Pero lo que ella borró, sin saberlo, es su propia huella enunciativa: *Yo lo maté*[402]. Es esto, con precisión, "arar en el mar" de las palabras maternas, sin poder alcanzar una enunciación que la sitúe en tanto sujeto dividido.

El paso que da, el giro que introduce es que ya no preserva a la madre, pero conserva el mismo núcleo de inercia dialéctica: ella es tomada como instrumento del goce del Otro. Núcleo de inercia dialéctica que pareció estar puesto en cuestión en su primera posición enunciativa inmediata al pasaje al acto: "*Yo lo maté, es mi padre*".

Los "indicios": su "locura agresiva" como producto de un goce enloquecedor materno

Señalemos ahora un momento decisivo en sus escritos, donde podemos leer su irreductibilidad al discurso común.

Su estilo testimonial va a cobrar mayor fuerza cuando nos hable de los "indicios" que a ella la condujeron a la confirmación de este Plan de destrucción atribuido a su madre. Cuando nos hable no ya solamente de la intención

---

[402] Cabe preguntarse si los autores de la fábrica del caso se suman a este acto de borrar, tanto como lo había hecho la primera construcción del caso jurídico-psiquiátrica –"objetivamente mató al padre, psicológicamente no"–, cuando dicen: "nadie tira directamente contra el padre". ¿No borra esta afirmación la propia enunciación de Iris: "Tiré contra mi padre en el momento más terrible que habíamos vivido?"; al igual que ahora ella misma la borra al proclamarse mero instrumento del Otro.

de su madre de destruir lazos afectivos o de la intención de enfrentarla con sus hermanos, sino cuando nos hable de una intención de destrucción física hacia ella. Ciertas situaciones serán interpretadas, des-cifradas en clave paranoica y, por tanto, se convertirán para el sujeto en "indicios": "puntos duros, de quiebre con el discurso común"[403]. Des-ciframiento que torna a la letra persecutoria, cargada de significación, tomando el estatuto de un "demasiado escrito"[404], pero que no deja de ser un intento de cercar, localizar el goce del Otro.

Ella destaca, fundamentalmente, tres "indicios". Hará, en relación a cada uno, una larga historia de sus interpretaciones conducentes a la confirmación que los convierte en indicios del Plan de destrucción materno. El *olor a naftalina* que encuentra desde hace diez años en el cuarto de trabajo y que apesta, la *muerte del tero* muy querido por ella y la situación con *el canario*. El desciframiento delirante que ella hace de estas diversas situaciones las convierte en "indicios" –letra persecutoria– de que su madre quiere "enfermarla físicamente o enloquecerla".

Sólo nos detendremos en la situación relativa a *la enfermedad del canario,* convertida para ella en el "indicio" decisivo que la empuja al acto de consultar a un psiquiatra para *hacer saber* de la locura materna, y por el cual Iris pasará a ser una perseguida-perseguidora. Se trataba de un canario un tanto agresivo, pero que habría ido perdiendo "*fiereza*", dice Iris, dado el buen trato que le procuraban ella y su hermana Halima. Su madre no quería al canario. Al poco tiempo, aparece enfermo e Iris consideró por varios indicios que su madre "*lo estaba enfermando con algo*". Ella lo curó, pero sucedió que "*el canarito*" volvió a ponerse

---

[403] *Ibíd.*, p. 329.
[404] *Ibíd,* p. 339. Los autores citan allí el texto de Jean Allouch, *El discordio paranoico,* donde se articula de modo preciso la función de la letra en la psicosis.

"fiero" y *"agresivo"*, estaba *"cada vez más loco"*. Ella lo mimaba y se tranquilizaba, pero *"a la mañana siguiente volvía a encontrarlo malo y chúcaro"*, *"encrespado y con la mirada extraviada"*. Ella concluye que cada mañana la madre, cuando se levantaba antes que ellos, *"lo despertaba toreándolo y acosándolo con el dedo, dejándolo aterroriza-do para todo el día"*, poniéndolo agresivo y chúcaro. Ella llega a la conclusión de que la madre había resuelto matar al canario por medio del miedo. Y confirma su sospecha, una mañana en que, encontrando agitadísimo al canario, va a la cocina "desde donde mamá me espiaba (es la pala-bra exacta), y dije: '¡qué barbaridad! ¡Pobre animalito!' a lo que mamá respondió con *una mirada y un gesto de prepo-tencia y de burla tan manifiestos, a través del espejo*, que no había ya porqué dudar... [...] Entonces yo resolví que a mamá la estudiara un psiquiatra"[405].

Advirtamos que lo que para ella es confirmación de la locura materna es, al mismo tiempo, certeza de que la madre tiene un Plan de destrucción contra ella. Querer hacer saber de esta locura no deja de confirmarla a ella misma en ese lazo loco con la madre. Sin embargo, esto no lo hace menos escuchable en su verdad.

Los autores conjeturan, y podríamos coincidir, en que este último "indicio" fue decisivo para Iris "en tanto ponía en juego un punto clave en la articulación de su pasaje al acto, punto velado por la versión materna, a saber la relación entre su propia 'locura agresiva' y su 'fiereza', con el goce destructivo de la madre. En ese punto insoportable Iris da el paso de buscar a quien hablar"[406]. El canario allí funcionó para Iris como un *alter ego*, en el que se vería reflejada. Raimunda se había referido en cierto momento a

---

[405] *Ibíd.*, p. 335-337.
[406] *Ibíd.*, p. 301.

la "locura agresiva de Iris". Además, "loco" y "fiero" son significantes que han quedado prendidos para ella a la imagen de su padre como "personificación del crimen"[407].

De este modo, continúan los autores, "Iris replantea que hay un 'más de allá' (Más de Ayala), de la interpretación que en 1935 'cerraba' el caso, poniéndolo a sola cuenta de la locura del padre, y en su movimiento de hacer-saber, ella pone sobre el tapete el lugar de la madre en esa locura. En la escena del canario ella capta una relación directa entre la locura agresiva y el goce de la madre".

Vemos, por tanto, cómo se sigue construyendo desde el delirio su versión del pasaje al acto. Si antes ella se descubría como *"dócil instrumento de las sugestiones maternas"*, ahora justifica su *"locura agresiva"* o *"fiereza"* –al mismo tiempo que la del padre– por un goce enloquecedor y persecutorio del Otro materno.

Cuando Iris se refiere a los indicios que confirman para ella el Plan de destrucción de la madre hacia ella, nos dice: "Pero entiéndase bien, yo no hubiera sido capaz de deducciones de este tipo, si no hubiera visto (muy bien y por mis propios ojos) *el rostro de mamá descompuesto por una feroz y canallesca alegría*, mientras se enteraba lo que Ariel había sufrido viviendo solo, y cuando miraba cuando Lumen me pegaba para 'defenderla' de mis reproches"[408].

Iris pasó de ver en la madre *"el sol que ilumina y vivifica"*[409] a descubrir –o atribuir– al Otro materno *"una mirada de desconfianza"*, a encontrarse luego *"con una mirada y gesto de prepotencia y de burla"*, como así también con un *"rostro descompuesto por una feroz y canallesca alegría"*.

---

[407] *Ibíd.*, p. 347.
[408] *Ibíd.*, p. 335.
[409] *Ibíd.*, p. 264.

La paranoia, dice Lacan en RSI, "es un asunto de enviscamiento imaginario. Es la voz que se sonoriza, la mirada que se torna prevalente, es un asunto de congelación del deseo[410].

No hubo para ella cambio de estructura, sino, tal como sostienen los autores, un cambio de signo en la relación con su madre[411]. Podríamos también plantearlo de este otro modo: el trabajo de su psicosis, a través del delirio, le permitió quizás operar esta separación en estos términos, acotando lo que se inscribía para ella como un goce del Otro persecutorio y demoledor. Separación que lleva el sello de la restitución, por ende, no deja de *arar en el mar*.

Del mito a la persecución: figuras del Otro materno como Otro gozador

Iris dirá, desde este viraje subjetivo que se ha operado en ella, que "*luego de desaparecido su padre*" –forma elíptica en la que ya se refiere al hecho–, examinó mucho los sentimientos hacia su madre, quien de ninguna manera era todo para ella, aunque parecía serlo[412]. Dice entonces: "lo que parece amor, las más de las veces no lo es [...], hay apego, adoración de algo que *sólo es un mito...* [...] hay temor, mucho temor"[413]. Se dará cuenta, así lo escribe, "*que hay hijos que viven enteramente 'según el dictado materno'*", y que "*hay madres que quieren a sus hijos como a una propiedad*"[414]. A lo cual agregará que si la pareja no está bien constituida, "la madre entonces quiere a sus hijos para el

---

[410] *Ibíd.*, p. 327. La cita de RSI corresponde a la sesión del 8 de abril de 1975".
[411] *Ibíd.*, p. 301.
[412] *Ibíd.*, p. 304.
[413] *Ibíd.*, p. 303.
[414] *Ibíd.*, p. 304.

desquite: la madre piensa (y casi siempre lo dice): 'Uds. son míos y no de él, y tienen que defenderme de él' ('que servir de *instrumento* para mi revancha')"[415].

Iris va a referirse a una novela de Pearl Bück, *La madre*, que *"muestra bien todo lo que de instintivo y de egoísta hay en el amor materno"* y dirá que en esto, en cuanto a ese punto, dicha novela *"es mucho más verídica que, por ejemplo, las poesías de Gabriela Mistral"*, en las que sin duda se inspiraba el poema a la madre al que nos hemos referido antes.

Advertimos una escena en la que puede verse cómo, y a partir de qué, va cobrando forma, en dicha novela, el personaje de la madre. En la misma, se vislumbra el goce incestuoso que atraviesa a esta mujer, joven y aún no madre, en su más temprana relación con un niño. Se encuentra ella a solas con un pequeño que aún no andaba, hijo de una vecina, su favorito y a quien cuidaba con gran placer. Ella había descubierto que este niño le despertaba "un deseo jamás conocido", "un deseo que era algo más que el deseo de tener hijos, una pasión secreta e incomprendida". De pronto, un día, estando a solas con el niño, éste comienza a lloriquear y ella bruscamente se abre el chaquetón y lo pone contra su pecho. Siente entonces un "tal tumulto en la sangre que jamás había conocido", "una oscura y feroz pasión que no comprendía". Estado de excitación, en ese instante, que pronto se quiebra y la criatura llora entonces con el engaño de ese pecho vacío. Para ella, sin embargo, esta escena habría sido "reveladora", "un despertar aún mayor que el encuentro con un hombre; a quien amaría más –y a partir de esta revelación– por la parte que tenía en su maternidad, que por sí mismo"[416].

---

[415] *Ibíd.*, p. 305.
[416] Buck, Pearl S., *La madre*, Editorial Diana, Barcelona, 1949, p. 69.

¿Habrían sido estos fragmentos de la novela, estas escenas, los que produjeron cierta revelación también en Iris? Ella no lo dice explícitamente. Sin embargo, desnudará, sin por ello des-anudar, lo que para ella habría estado detrás de los desgarrados velos del mito:

"Escribí en 1936 una especie de poema en prosa dedicado a mi madre, por el que cualquiera deduciría que yo la quería muchísimo. Sin embargo, por los *nítidos recuerdos* que conservo de la niñez he llegado a la consecuencia de que yo quería (con más propiedad en el concepto: adoraba) a mi madre (ser creado en mi imaginación, por ella con discursos y por mí con anhelos), pero al mismo tiempo: sentía repugnancia por su cuerpo desnudo; hallaba ordinarios y sin elegancia sus movimientos (modo de caminar, de comer, de gesticular): me desagradaban el color rojo de sus cabellos y su rostro pecoso: consideraba que tenía mal gusto para vestirse; temía el estallido de su ira; me crispaba su manera de cantar mientras trabajaba (repetición monótona y punzante durante toda una mañana o una tarde, de un mismo motivo, parte de una canción); y me producía miedo su modo de hablar: imperativo, airado y cortante..."[417]

Iris llega entonces a hablarnos de un amor que no es amor, sino adoración. Llega a palpar, detrás de esta adoración, la repugnancia, el asco, el rechazo. ¿La conducirá esta misma vía hasta su odio? Sí, pero de una singular manera, desde una singular posición subjetiva.

Iris nos habla también de una película que, por ese entonces, 1953, ella vio: *Odio que fue amor*, y cuyo título original es *La versión Browning*. "Mientras veía el film [nos dice], la acción de la esposa me estuvo recordando de continuo el modo de ser de nuestra madre: ella actuó

---

[417] *Ibíd.*, p. 305.

así, exactamente así con nuestro padre, y luego continuó actuando así con cada uno de los hijos apenas comenzaban éstos a poder emanciparse".

El film "describe de mano maestra cómo una esposa que no está conforme con su marido lo mortifica de continuo y lo rebaja ante sí mismo y ante los demás hasta conducirlo al borde de la ruina total..."

En la película el personaje del marido esgrime por un momento cierta teoría acerca de un odio que fue amor, en un intento de entender el odio de su mujer hacia él.

Al salir del cine. Iris reflexiona: "¿Odio que fue amor? ¿Cómo? ¿Acaso era amor lo que aquella esposa había sentido por su marido cuando se casó creyendo que sería feliz? [...] Odio sí, pero que nunca había sido amor. El amor nunca muere"[418]. Esa esposa, que le recuerda tanto a su madre, siempre ha odiado.

Y casi sin solución de continuidad, pasará del lugar del marido en el deseo materno, al de la hija, preguntándose: "¿Odio yo a mi madre? No, no la odio: la conozco y ya no la aprecio. Y como sé que busca mi destrucción y la de mis hermanos, me defiendo y los defiendo"[419]. Su posición enunciativa deja del lado de la madre el odio, cifrado en ese Plan de destrucción, cuya certeza ella tiene. Recordaremos en relación a esto último, precisamente, las reversiones gramaticales que Freud despeja en relación al delirio de persecución, en el texto de Schreber. Así como, también, cuando él sitúa el germen de la futura paranoia en la mujer en el lazo con la madre, allí donde la hostilidad no tramitada, retornará desde afuera. Iris rechaza su propio odio hacia el otro. Es el Otro, en la figura persecutoria de la madre, quien la odia: "No soy yo quien la odia, ella me odia y me quiere destruir".

418 *Ibíd.*, p. 306 y 307.
419 *Ibíd.*, p. 311.

En el film, en un segundo plano, cobra cierto protagonismo *El Agamenón* de Esquilo. El protagonista, este esposo odiado por su mujer, mantiene con su alumno una conversación, en la cual le transmite que ha hecho una traducción de esta tragedia, y le informa acerca de la existencia de una versión libre del *Agamenón* que pertenece a un autor llamado Browning. De allí el título original de la película. Es decir que, en un segundo plano, estaría, enmarcando el primero, la figura de Clitemnestra como la esposa vengadora de la muerte de su hija y que dará muerte a Agamenón. Recordemos aquí la muerte de Edelweiss, la "preciosa nena" de Raimunda.

El film muestra algo más a lo cual Iris no se refiere de modo directo, pero que sabemos era de mucho peso para ella. Se ve en el personaje de la esposa una mujer muy interesada en el dinero y que reclama con desprecio a su marido el cobro de una "pensión" que nunca llega. Este significante *pensión* no será cualquiera.

También Iris habla de su madre como alguien a quien sólo le interesa el dinero. En ese sentido, se inscribe, a modo de prueba, su relato acerca del modo arbitrario en que la madre manejaba la pensión que recibían del padre, primero involucrándola a ella: "La mitad de la pensión les toca a ti y a Halima, pero como Halima no es normal, somos tú y yo las dos personas responsables que tenemos que permanecer unidas para mantener la casa", y luego dejándola afuera: "*Ya ahora, a ti no te toca pensión con el sueldo que cobras*". En el mismo sentido, se inscribe lo referido al manejo de su sueldo. Como antes su padre, ella llevaba el sueldo a su casa, pero a diferencia de él, ella quería también decidir en qué gastarlo. En estos temas, la tensión crecía con la madre, quien prefería, según Iris, guardar todo y no gastar nada. Ella compara a su madre con el personaje de una parábola de Rodó, el viejo de "La pampa de granito"[420], quien explota y exprime a sus hijos hasta el límite.

La parábola describe, en la figura de este padre, a un viejo gigantesco en una inmensa pampa de granito, a cuyo lado se encuentran, ateridos y temblando, sus flacos y miserables hijos. Su propósito es hacer de este suelo de piedra un suelo fértil a costa de sus hijos. Así, por ejemplo, obligará a uno de ellos a hacer un hueco, en el suelo duro de la pampa de granito, para plantar allí una semilla. "¿Cómo podría?", exclama el niño. "Muérdelo", ordena el viejo, oprimiendo con la planta de su pie el lánguido pescuezo del niño. El niño roe hasta hacer el hueco todo lo hondo que se precisaba. Quien hubiera estado allí, continúa la parábola, hubiera visto algo más triste aún: que este niño, sin haber dejado de serlo, tenía la cabeza llena de canas.

"Lumen [escribe Iris] ha aumentado notablemente el encanecimiento de su cabello... [...] Mamá es como el viejo de la parábola de Rodó 'La pampa de granito'. Ahora está explotando a Lumen, pese a todos mis esfuerzos por evitarlo"[421].

El Otro materno queda investido de un incuestionable poder. Iris puede enfrentarse, disentir, pero no puede desinvestirla de este poder. Así, también dirá que su madre repetía a menudo y con complacencia la frase de Adolfo Hitler: "*Gobernaré a los hombres fomentando sus vicios en lugar de sus virtudes*". Y dice que lo hacía no por imitación, sino por instinto. Que de ese modo lograba enfrentar hermanos contra hermanos; hacía que sus hijos tengan plena confianza en ella para interferir en ellos de modo de evitar que tengan amistades y que se casen.

---

[420] *Cf.* Capurro, R. y Nin, D., *Op. Cit., Anexo 6 La pampa de granito*, p. 513.
[421] *Ibíd.*, p. 362 y 363.

La madre en la novela de Pearl Buck, la esposa en el film *De un odio que fue amor*, el viejo de "La pampa de granito" y Hitler: cuatro figuras del Otro gozador que su madre viene a encarnar, y a partir de no ser ya para Iris la "Madre mía" del poema. A partir de haber perdido, como ella misma dijo, ese mito consolador y opresor.

La declaración de sexo en Iris, sus impasses

Luego del pasaje al acto homicida, y progresivamente, la relación madre-hija dará un vuelco. Al caer el mito, correlativamente, cae también la frágil identificación fálica que la ubica como el objeto imaginario del Otro materno. Se resquebrajará esa imagen fálica no marcada por la castración e Iris quedará confrontada al impasse de la declaración de sexo, es decir, de su sexuación y de cómo ella podría verse afectada por la diferencia sexual.

Iris escuchará en un tono persecutorio las preguntas que le hace el psiquiatra acerca de por qué no se casó o no se fue a vivir sola: "Cuando lo vi en su despacho el Dr. Más de Ayala, me preguntó: '¿Ud. no se enamoró nunca?' y lo dijo con entonación acusativa, como para probar que carezco de sentimiento. Fue esa pregunta uno de los claros indicios de que había sido cuidadosamente informado por mamá"[422].

Contestará que no fue a vivir sola para evitar las murmuraciones. Según las circunstancias, podría ser tildada de *puta* (si volvía tarde), *homosexual* (si vivía con una amiga), *incestuosa* (si iba a vivir con Ariel)[423].

---

[422] *Ibíd.*, p. 317.
[423] *Ibíd.*, p. 321.

No se casó porque la madre siempre le inculcó que ella nunca se iba a casar, que no cometería el mismo error que ella, apartando de su hija –nos dice– todo lo que pudiera darle la oportunidad de sentirse mujer: vestidos, zapatos, peinado bonito, cariños y aprecio del padre. Y aunque esto le hace decir que su madre es una *infame madre*[424], dice al mismo tiempo que lo agradece, ya que ella siempre tuvo *vocación de sacerdotisa*.

Iris dice también haber sido criada como un *"ser neutro"*, *"sin sexo"*, y comenta que su madre, cuando le hacía ropa, *"hacía la delantera igual que la espalda"*, de lo cual se habría dado cuenta hacía muy poco tiempo.

Dirá también que cumplidos los 20 años se enteró de que en las relaciones sexuales hay algo más que el abrazo y el beso[425]. *"Pocos meses después creé el antecedente..."*[426] agrega, refiriéndose al crimen. Recordemos aquí la sutil observación de su abogado defensor, cuando descubre que Iris, en ese año que estuvo presa, había desarrollado los caracteres sexuales secundarios en lo que hasta allí fuera un cuerpo de niña.

La dócil y buena *nena*, la *sacerdotisa*, la *maestra, ser neutro y sin sexo*: lugares fálico-imaginarios preservados de los avatares de la castración y, por ende, de la diferencia sexual.

---

[424] *Ibíd.*, p. 317.
[425] Recordemos que el padre había amenazado, en su última pelea, con el hecho de que iba a llevar el dormitorio al comedor. Allí, Iris siente que su padre *daba un paso más* y que la madre *perdía terreno*. Es cuando se decide a buscar el arma.
[426] *Ibíd.*, p. 318.

El delirio se diversifica. Condiciones del alta

Por la misma época en que arrecia la persecución en su hogar, Iris está sumariada en su trabajo y está en cuestión su idoneidad para ejercer el cargo de maestra. Se irá consolidando en ella un delirio de persecución en relación a maestras, directoras e inspectores, cuya historia, prolífica en detalles, nos contará en sus escritos. Sin entrar en todos ellos, dejaremos planteado un punto esencial: la proximidad en que están para ella los significantes *madre* y *maestra*. Recordemos no sólo que su madre fue su única maestra hasta los 14 años, sino también que, según nos dice, su madre supo desde siempre que ella –Iris– iba a ser maestra, y "dio la casualidad" –así lo aclara– que nació con esa vocación: "Sabiendo ya que iba a ser maestra, pues eso lo había decidido mi madre desde el momento que nací (y dio la casualidad de que nací con fuerte vocación para el magisterio...)"[427].

Desde el comienzo, Iris tendrá problemas en su trabajo. Ella es una maestra dedicada y lleva adelante sus clases con orden, pero en general ese orden no se aviene al orden y las exigencias establecidas. Ya con su primera directora surgen malentendidos y es trasladada. Ella atribuye las bajas notas que recibe cuando es evaluada en su desempeño a una alianza de la Directora con los inspectores, cuyo rasgo común es que son católicos. Trazo que identificará a todos sus perseguidores en el ámbito escolar.

Los escritos de esta época de Iris son una defensa contra los cargos que a ella se le hacen en cuanto a las deficiencias en su trabajo. Escritos que se inscriben en el contexto de la época, enmarcado por la lucha entre la enseñanza católica y la laica. Iris defendía un laicismo no

---

[427] *Ibíd.*, p. 425.

dependiente del clero, cuestión que también defendió su madre y la familia Cabezudo. Sería un prejuicio mayor, tal como señalan los autores, "descalificar estos escritos de Iris por su locura. Por el contrario, si aceptamos que su paranoia es un estilo y una forma de participación social"[428], recordaremos precisamente en este punto lo que sostenía Lacan a propósito de Rousseau en su tesis: "los delirios y los actos de la paranoia 'se producen con frecuencia en un punto neurálgico de la actualidad histórica'" [...][429]. Hay allí para Iris un punto de encuentro de la Historia con su historia, re-escrita ahora desde su delirio.

Sin restar, por tanto, ningún valor a las ideas transmitidas en esos escritos, no podemos dejar de advertir cómo ellos se van entretejiendo al mismo tiempo con su delirio. Ella hará, por ejemplo, una interpretación de cómo fue elegida la Directora con la cual está enfrentada, concluyendo que esta última está animada por la finalidad de una destrucción sistemática de la laicidad, y desde allí se teje –según su delirio– una red de perseguidores, de la cual ella se constituiría en el blanco[430].

Uno de los puntos conflictivos –punto clave por cierto– que desembocará en los sumarios es que Iris se resiste a hacer un Plan, tal como la Directora le exigía. Esta última no sólo le pide un *plan*, sino que también va a sus clases a hacer *dictados* a sus alumnos, con lo cual ella tampoco acuerda. Iris le dirá a la Directora que con sus *dictados* se está burlando de ella, y que no vaya más a sus clases[431]. Esto desencadenará un sumario, por el cual será separada de su cargo hasta que el mismo se resuelva.

---

428 *Ibíd.*, p. 405.
429 Lacan, J., "El problema de estilo...", en *De la psicosis paranoica en su relación con la personalidad*, Siglo XXI, Buenos Aires, 1976, p. 337. Citado por Capurro, R. y Nin, D., *Op. Cit.*, p. 405.
430 *Cfr.* Capurro, R. y Nin, D., *Op. Cit.*, p. 418.
431 *Ibíd.*, p. 396.

Toda la cuestión que se genera en torno a su resistencia a entregar un *Plan* debemos entenderla como un punto de cruce con el campo de persecución materna[432]. Recordemos el modo en que este significante *plan* anuda la locura familiar. Raimunda imputaba a Lumen un plan para dominarla, degradarla y finalmente matarla. Iris hace de esta imputación de Raimunda una certeza que la empuja al acto criminal, para luego imputar a su madre un Plan para destruirla a ella y a sus hermanos. Trabajar con los niños con un Plan conecta de modo insoportable para Iris su desempeño de maestra con una figura de la maternidad que ella objeta. Madre-maestra o maestra-madre: el plan supone un saber del Otro que se torna persecutorio. Ella objeta este modo de practicar la maternidad-magisterio y desde este ángulo su delirio en el ámbito escolar no deja de constituir una barrera contra este saber-Plan persecutorio. Vemos acá nuevamente la eficacia del sujeto en el trabajo de la psicosis.

Del mismo modo, el significante *dictado* está para ella cargado de significación personal. Recordemos cuando, en decidida objeción al lugar materno, ella dirá que se ha dado cuenta que hay hijos que viven "bajo el *dictado* materno", no importa la edad, y hay madres que "quieren a sus hijos como una propiedad". Significantes que retornan persecutoriamente consolidando una transferencia materna hacia esta Directora, quien, según su certeza, se burlaba de ella cuando hacía *dictados* a los niños.

Estamos en la misma época en que se agudizaba la persecución en su hogar. Época del canario enjaulado y hostigado gozosamente por la madre –según versaba su "indicio"–. En febrero de 1957 es cuando ella va a hablar

---

[432] *Ibíd.*, p. 434 y *ss.*

con Más de Ayala, quedando luego internada bajo el diagnóstico de paranoia, y a partir del cual se plantea su peligrosidad.

Se decide, no mucho después, el alta de esta internación bajo dos condiciones:

1) Vivir fuera de la casa de familia, escenario de su dialéctica persecutoria;

2) acogerse a jubilación, abandonando sumarios pendientes y todo antiguo o nuevo pleito.

Para los autores se cristaliza allí un malentendido[433]. La dimensión de acto que tiene la consulta misma es confundida con la posibilidad de que Iris pase al acto homicida. Se desconoce que ella ahora está usando otro recurso: busca hacer saber de la locura materna, su respuesta no es pasar al acto contra ella.

Esto marca sin duda una diferencia. Hemos visto cómo, a partir de su pasaje al acto parricida, Iris comienza progresivamente a decir "no" a la madre. Hemos visto también que este "no" se fue forjando con el recurso que constituyó su delirio persecutorio, el cual, por momentos, parecía tomar un cierto tono reivindicativo sin definirse plenamente en este sentido. No obstante, este delirio es forjado luego del crimen, no lo precede ni empuja al mismo, y es desde el meollo de este delirio que sale a la luz una objeción al lazo loco que une madre e hija[434].

---

[433] *Ibíd.*, p. 387.

[434] Hemos interrogado, en capítulos precedentes, la relación entre el delirio y el pasaje al acto al retomar los casos de Wagner, Lortie, Pierre Rivière, las hermanas Papin. Recorrimos, en ese sentido, las articulaciones de Maleval y las de Allouch, Porge y Viltard, que en esencia no difieren en cuanto a este punto: mientras hay delirios que alejan del acto, como el de grandeza, los delirios de reivindicación y de celos llevan a él, empujan al acto. Se entiende que éstas serían variantes del delirio persecutorio, aunque, como bien señala Allouch este último es un carácter intrínseco a todo delirio.

Iris, al ir a consultar al psiquiatra, demuestra utilizar un recurso diferente del pasaje al acto homicida para hacer saber algo. En este caso, la locura de su madre y, cifrado en esa demanda, transmite o quiere hacer saber la implicación de esta locura en su propia locura agresiva: está construyendo, y quiere hacer saber su propia versión del pasaje al acto homicida.

Los autores, desde una visión crítica de las condiciones del alta, se preguntan si no hubiera podido ser otra la respuesta en lugar de esa decisión abrupta e impuesta a Iris de dejar su casa. "¿No podía acaso tramitarse esa separación de otra forma? Por ejemplo, apostando a sostener con ella, artesanalmente, la construcción de una bifurcación de caminos con su madre"[435].

En cuanto a la exclusión de la escuela, es claro que Iris cosechó en el decir de la madre el significante que libidinizó como su ideal: *maestra*. No obstante, en ese Yo ideal ella sostenía sus posibilidades de inserción social. La pregunta que se plantean los autores es si no era posible encontrar una solución diferente a su exclusión del sistema de enseñanza[436].

PARTE III – Sin hogar y sin trabajo: extraviada, tras el reflejo materno

¿Qué pasó con Iris luego del alta a cuyas condiciones primeramente se resistió? Por esa época, el sumario ya se resolvía y por cierto no a su favor. Sumario desde el cual

---

435 *Ibíd.*, p. 384.
436 *Ibíd.*, p. 349.

"se le está arrebatando la posibilidad de anclar su ideal en una práctica en la cual pudo sentirse narcisísticamente valorada"[437].

Le estaba indicado acogerse a la jubilación y separarse tanto de la casa como del trabajo. Estas condiciones del alta producirán en la locura de Iris un último viraje: errante y vagabunda, "extraviada", como la nombran los autores, se intensificará la persecución, perdiendo su delirio toda tonalidad reivindicativa, y cobrando fuerza las ideas de envenenamiento.

Cuenta una maestra[438] –entrevistada por los autores–, profesora del magisterio cuando Iris estudiaba, a quien ella visitaba en esta última etapa de su vida (que no duró poco: muere en 1985), que cuando no estaba internada –como vagabunda: de la comisaría al hospital–, a veces tenía donde dormir, y muchas veces dormía en la calle. El dinero de su jubilación lo gastaba casi por entero en la compra de diarios que acumulaba y llevaba consigo. Escribirá, hasta el final de sus días, muchas veces cartas al gobierno, donde da su opinión sobre conflictos internacionales, que nunca envía. Duerme muchas veces en la puerta de la Biblioteca Nacional. Cuando abría la Biblioteca, entraba, se higienizaba, pedía un libro. Recuerdan haberla visto dormida sobre un libro. Muchos la conocían como "la maestra".

Por el testimonio de esta profesora, también psicóloga reconocida en el ámbito profesional montevideano, y quien nunca fue una perseguidora para Iris, conocemos fragmentos de lo que fuera su delirio por ese entonces.

Iris pensaba que la querían envenenar. Significante, este último, también tomado del discurso y la locura materna –como ya lo había tomado antes, en la época de los *indicios*–: Lumen que quería envenenarla, leche

---

[437] *Ibíd.*, p. 349.
[438] *Ibíd.*, p. 453.

materna envenenada por los disgustos que le hacía padecer Lumen, etc. Vivió un tiempo en una *pensión* hasta que
se le impuso la idea delirante de que pasaban debajo de
su puerta un *cañito* con gases con el fin de intoxicarla, al
igual que querían hacerlo a través del agua. Fue entonces
a denunciar todo esto a Obras Sanitarias del Estado –lugar
en el cual trabajaba su hermano Ariel–.

También surgía en su delirio el tema de la duplicación
o desdoblamiento de personas. Freud puso de relieve, a
propósito de Schreber, este efecto de "des-multiplicación"
de las personas en el delirio, que bien podríamos leer como
un intento de des-potencializar al Otro, al perseguidor. Iris
sostenía que ella "tenía dos médicos mellizos", uno bueno
y otro malo. Decía también que la *pensión* –vuelve a apare-
cer el significante *pensión*[439]– tenía "tres dueños, hermanos
mellizos, uno blanco, uno judío, uno negro". El hermano
judío la trataba mal. Los judíos explotan a las mujeres,
decía, y la odiaba porque ella *no se dejaba explotar*[440]. Ella
sentía gritar a las mujeres en la pensión. Gritaban porque
los judíos les daban una paliza. Ella entonces iba a que-
jarse a la policía.

Otro tema de su delirio era contra los médicos[441]. Sostenía la teoría de que la gente no muere, que los médicos
matan, pero en verdad no matan a las personas, las tienen para que espíen a la gente –no olvidemos a Raimunda

---

[439] *La pensión* da título a uno de los temas tomados por Iris en sus escritos, con el fin
de hacer saber sobre la locura materna, tema a la vez de unión y de confrontación: "Había otro tema de dinero, en el que yo no reparaba, pero que mamá tenía
constantemente presente: la pensión. Mamá me habló mucho de la pensión; yo
la oía siempre, pero sin entender por qué daba ella tanta importancia al tema.
(Como yo daba por seguro y natural el que durante toda la vida le iba a entregar
mi sueldo... y como además tenía la idea de no tener que cobrar yo pensión proveniente del sueldo de mi padre...)."

[440] *No se dejaba explotar,* agreguemos, como los hijos de la parábola "La pampa de
granito". Meollo de su delirio.

[441] La animadversión hacia los médicos fue desde siempre una cuestión familiar.

espiando a Lumen, o mandándola a ella a espiar al padre, o, ya desde la persecución, su madre espiándola a ella-. Ella veía gente que los médicos soltaban, y una de las personas a las que ella veía era precisamente su madre, ya muerta hacía un tiempo. Para ella no había muerto: los médicos la tenían retenida en ese proceso particular que llevaban a cabo. Ocurría, entonces, de repente, que ella estaba mirando una vidriera, y en el vidrio veía a su mamá, que andaba por ahí. Se daba vuelta y la llamaba "mamá", y la mamá había desaparecido, corría entonces por todo el barrio -tras *su* reflejo- y nunca lograba darle alcance. Esto se repetía una y otra vez. Daba toda la explicación de cómo los médicos, al morir uno, lo adormecen, o le hacen una muerte ficticia, y al cabo de un tiempo, cuando lo necesitan, lo sacan.

Del padre nunca habló, nos cuenta esta interlocutora de Iris, o más bien, este Otro diferente que ocupa el lugar de testigo de su delirio.

¿Cuál fue el final de esta trágica familia? En el capítulo consagrado a los últimos años de Iris, y bajo el título "Las vecinas dicen…", los autores recogen de una de ellas el siguiente testimonio[442]: una mañana Lumen, el hijo de Raimunda, habría ido a buscarla para que intentara convencer a su madre de que viera un médico. Esta vecina acude al llamado y encuentra a Raimunda en la cama con una horrible herida en la pierna, cubierta de trapos sucios. Se entera allí que Iris, en una de las tantas veces que golpea la puerta de la casa, se encuentra con su madre, quien abre la puerta pensando que era su hijo. Como no la deja entrar, Iris le tira una baldosa que da contra su pierna y de ahí proviene la herida que tiene Raimunda. La familia, recordemos, tenía ideas adversas a la medicina alopática. Ella se

---

442 *Ibíd.*, p. 466.

resiste a ir al médico, la infección avanza mucho y cuando la llevan al Hospital, muere casi inmediatamente (1974). Dice esta misma vecina: "*[...] así que, indirectamente, también mató a la madre*".

Lumen queda solo en la casa, ya su otra hermana, Halima, había muerto. Luego de la muerte de la madre, Ariel vuelve a la casa. Lumen es el único que estudia y se recibe de Ingeniero químico, por ese entonces profesor en la Facultad. Se decía de él que era muy buen profesor y también que siempre estaba muy sucio. Ariel encuentra muerto a Lumen en su cama –probable muerte súbita–, en 1987. Luego de la muerte de Lumen, Ariel busca a Iris, sin saber que ella había muerto hacía ya dos años, en 1985. Un año después de la muerte de Lumen, Ariel mata de un tiro a su perro, y luego se dispara otro él (1988). La casa, que no tenía quien la reclame en herencia, entrará progresivamente en ruinas.

¿Cómo murió Iris?, en cuya vida nos hemos adentrado, dividiéndola, siguiendo a los autores, en tres etapas y casi de a veintenas de años. Veinte años del drama anterior al pasaje al acto, veinte años construyendo su otra versión que la lleva del mito a la persecución, y veintiocho años "extraviada".

En 1981, Iris es internada –la lleva la policía como vagabunda– por última vez en el Vilardebó, donde permanece hasta 1984[443]. El alta sobreviene por un acontecimiento externo: el traslado del Hospital. Sale y muere en 1985 a los 66 años, de un paro cardiorrespiratorio. Vivía en una pensión y los autores recogen de un vecino el siguiente relato:

---

[443] *Ibíd.*, p. 475.

"Dormía en la pieza que da sobre la calle, por las mañanas escuchaba en la radio los avisos fúnebres, mientras miraba por la ventana la vereda de enfrente: 'ahí, ven Uds., había hasta hace poco una funeraria'"[444].

La locura familiar

Sería un error considerar la paranoia de Iris desvinculada de la locura familiar. Tanto como considerar que los locos son los otros y ella no.

Este caso, quizás como pocos, permite abordar la estructura de los lazos familiares, de modo tal que podemos interrogar aquello que Lacan sitúa como el *campo paranoico de las psicosis,* tal como lo plantea en el Seminario *La relación de objeto.* Sin olvidar que ya en *Los complejos familiares* había planteado la *folie à deux,* no como un mero cuadro clínico, sino como aquello que hace a la generalidad de la estructura paranoica:

"En nuestra opinión, los delirios de a dos son los que mejor permiten aprehender las condiciones psicológicas que pueden desempeñar un papel determinante en las psicosis. Fuera de los casos en los que el delirio emana de un pariente afectado por un trastorno mental que lo ubica en una posición de tirano doméstico, hemos observado constantemente estos delirios en un grupo familiar al que designamos como descompletado (*décomplété*), en aquellos casos en los que el aislamiento social al que es propicio determina el máximo efecto: nos referimos a 'la pareja

---

444 *Ibíd.,* p. 477.

psicológica', constituida por una madre y una hija o dos hermanas (véase nuestro estudio de las hermanas Papin), y con menor frecuencia por una madre y un hijo"[445].

Asimismo, en 1975, cuando plantea que la psicosis paranoica y la personalidad son la misma cosa, momento en el cual se decide a volver a publicar su tesis, Lacan sostiene que "podría deducirse que a tres paranoicos podría anudarse, en calidad de síntoma, un cuarto término que se situaría como personalidad..."[446] Al menos tres paranoicos, en correspondencia con el anudamiento de las tres dimensiones –allí en continuidad– de lo imaginario, lo simbólico y lo real. Es desde este nuevo contexto, donde lo que está en juego es la lectura borronea de la clínica, que puede interpretarse lo que los clásicos de la psiquiatría intuían y nominaban en términos de *folie à deux*, ahora claramente interpretada como estructural, como condición de posibilidad de la psicosis[447].

Lo que se destaca en la noción de *folie à deux*, reconceptualizada desde el psicoanálisis, no es el hecho de una herencia biológica como podría plantearlo la psiquiatría, tal el caso de Gaupp al analizar el entorno familiar de Wagner, sino el anudamiento de las locuras familiares, tal como podemos situarlo en el caso de las hermanas Papin, redefiniendo en ese sentido los conceptos de "locura simultánea" y "locura comunicada", heredados de la psiquiatría.

Por tanto ¿cómo situar la posición subjetiva de Iris desde esta nueva perspectiva que supone el anudamiento de su psicosis a la locura del padre y de la madre?

---

[445] Lacan, J., *La familia*, Editorial Argonauta, Barcelona, 1978, p. 110.

[446] Lacan, J., *Seminario 23 - El sinthome*, Editorial Paidós, Argentina, 2006, p. 53.

[447] *Cf.* Allouch, J., *"tres faciunt insaniam"*, en *El doble crimen de las hermanas Papin*, Editorial Epeele, México, 1995, p. 301.

Cuando Iris pasa al acto homicida, el cual hemos situado como paranoico, obraba en ella la certeza –¿a coro con la madre?– de que el padre iba a matar a esta última. La versión materna, que no será sólo del crimen, sino también de la historia familiar, construida luego del mismo, cierra con cuatro llaves la posibilidad de extraer consecuencias del decir de Iris cuando afirma: *"yo lo maté, es mi padre"*, enunciación que se diluye al suscribir la versión materna.

Si hasta allí, y por la vía de ese mito tan ejemplar que ella construye, podemos situar la "pareja psicológica" que Iris conformaba con su madre, después del pasaje al acto, asistimos a la dislocación de dicha pareja y, consecuentemente, al trabajo de su psicosis en la elaboración de un delirio persecutorio que tendría por centro a su madre, y que viene a objetar la versión sustentada por esta última, denunciando su implicación en la loca escena familiar. No obstante, Iris seguirá corriendo tras el reflejo materno, aun cuando su madre, muchos años después, ya hubiera muerto.

Difícil de situar, en toda esta locura familiar y sus intrincados anudamientos, es el lugar de Raimunda. No cabe duda que ella autentifica la paranoia, típicamente pasional y de celos, de su esposo. ¿Cómo la autentifica? Sosteniendo la pelea y transmitiendo a sus hijos la creencia de que el padre iba a matarla. No era Iris la única convencida de esto. Una noche, Halima despierta angustiada y llama a su madre porque había tenido la pesadilla de que el padre mataba a la madre[448]. Raimunda, entonces, se da cuenta de que su esposo está despierto en la cocina y baja a espiar qué está haciendo, con el recuerdo de que cierta vez él habría estado poniendo veneno en su plato. Transmite a sus hijos de modo constante este temor y busca una

---

[448] *Ibíd.*, p. 245.

alianza con ellos. En este sentido, desde el cual ella autentifica las amenazas que son una consecuencia del delirio
de Lumen, ella parece co-delirar con su esposo[449]; y no
deja de preparar, desde este co-delirio, las condiciones de
posibilidad del pasaje al acto de su hija, que de ese modo
vino a propiciar[450].

Pero también podemos decir que ella permanece en
esta escena, ratificando el lugar del *tirano doméstico*, sobre
el borde de su no efectuación criminal: renegatoriamente,
ella cree y no cree que el marido la vaya a matar. Desde
esta perspectiva parece primar un goce perverso masoquista en este sometimiento a la "locura agresiva", tal como
ella la definiría, de su esposo –y, más tarde, a la de Iris–.
Masoquismo que no deja de extremarse hasta tomar un
matiz persecutorio y paranoico: podría ser envenenada, el
marido tiene un Plan, piensa que trama asesinarla al verlo
leyendo el Código Penal, etc. Claro que también es cierto
que, desde ese no creer, pone un límite a aquel co-delirio,
a aquella autentificación de las palabras amenazantes del
tirano doméstico.

Ahora bien, este creer y no creer parece instaurar un
loco y frágil equilibrio que, como hemos visto, se rompe
con la muerte de su hija Edelweiss, "la preciosa nena", ins-
talando a Raimunda en un difícil duelo que opaca y desplaza aquel goce en el sometimiento masoquista. Difícil
duelo en cuyo horizonte se dibujaba la inculpación filicida
al padre. No olvidemos la tragedia de Agamenón, en un
segundo y decisivo plano, de aquellas escenas que tanto
impactaron a Iris del film *De un odio que fue amor*. Tragedia que pone en escena la venganza de Clitemnestra,
quien mata a su esposo Agamenón por haber sacrificado
a su hija Ifigenia.

---

[449] *Ibíd.*, p. 483.
[450] *Ibíd.*, p. 245.

No es fácil situar de qué goce se trata en Raimunda, cuál es su posición subjetiva, y los virajes que en ella se fueron produciendo. Si un goce masoquista es posible que estuviera en juego en su vínculo conyugal, otro sería, podríamos conjeturar, aquel que la une a sus hijos. En un excelente texto, consagrado al estudio de la perversión en la mujer, Granoff y Perrier señalan –habida cuenta de haber transmitido sus reservas en cuanto a dicha posición subjetiva en la mujer– la particularidad de una posible perversión típicamente femenina.

Luego de analizar posiciones rayanas con la perversión, pero que no podríamos terminar de situar en ese sentido, como serían "la mujer que se convierte en *fetiche* para sí misma, [...] como único modo de defensa contra una homosexualidad latente", y una posición *masoquista* en la cual "su relación privilegiada con lo real de la ausencia fálica hace de la mujer la colaboradora complaciente del fantasma sadomasoquista que estructura el deseo del hombre contra la castración", plantearán lo siguiente:

"Hay otras situaciones, en las que para la mujer, los señuelos sexuales típicos fallan en su misión de implantar la búsqueda del goce en los meandros en los que puede hallarse el placer. En efecto, algo no habrá seguido el camino recto que es aquí el del necesario desvío; y se abrirá una vía, un circuito más corto que será el de una perversión propia de la problemática femenina: en la relación más estrecha, la de maternidad, en donde habrá de manifestarse la corriente perversa"[451].

Es en esa relación de la madre con el niño, la más directa de todas las relaciones posibles, que ellos conjeturan una posible posición perversa en la mujer. Incluso una erotomanía materna podría presentarse como alternativa

---

[451] *Cf.* Granoff, W., Perrier, F., *El problema de la perversión en la mujer y los ideales femeninos*, Crítica, Barcelona, 1980, p. 78 y *ss.*

abierta a esta relación perversa que se organiza de manera privilegiada en torno a las actividades de la lactancia, como consecuencia del fracaso del complejo de castración en el atravesamiento edípico de la mujer, cuya perversión viene a florecer en la maternidad. Plantean un caso extremo de esta perversión en la figura judicial de la secuestradora de niños, acto impulsivo que emparenta esta perversión con la relación fetichista. En esta escisión del yo, "en el que una parte niega y otra construye un monumento a lo inevitable, el sujeto se esfuma". La erotomanía le permitirá resurgir en la alienación delirante allí donde se escucha la certeza ciega de una afirmación, que referida al hijo, dice: "Yo lo soy todo para él" o "Me ama más que a nada en el mundo". El niño como juguete, objeto real sobre el cual recaerá la pulsión, oral o anal, y "cuyo tinte sádico no hay que descuidar, aun cuando no estalla públicamente" en la sección policiales.

Borde difícil de diferenciar entre una *locura maternal*, tal como se presentaba en la madre de Christine Papin, o como podría también situarse en la madre de Margarita Anzieu, y esta *perversión en la maternidad*, que puede incluso lindar con la psicosis. Lacan, en su tesis, habla de la *"perversión del instinto maternal* con pulsión al filicidio",[452] en relación a Margarita. Es cierto que no podríamos situar estas cuestiones de la madre de Iris sino desde la persecución delirante ya desencadenada en ella –la madre quiere matarla o enloquecerla, incluso envenenarla, según sus "indicios", o en su delirio posterior–. ¿Pero acaso la madre no habló de su leche envenenada por los disgustos que el marido le hacía padecer? Lo cual, es cierto también, tampoco alcanza para asimilar la posición subjetiva de Raimunda a la de la Margarita, o a Margarita misma,

---

[452] Lacan, J., *De la psicosis paranoica en sus relaciones con la personalidad*, Siglo Veintiuno, México, 1976, p. 240, *n.* 14.

o a Clémence. Así como tampoco la persecución que se instaura en relación al esposo termina de situarla como paranoica.

Veíamos en el delirio de reivindicación de Christine una respuesta, una objeción al delirio de celos de su madre, Clémence, y, consiguientemente, situábamos allí la *folie à deux*, que anudaba el delirio de una con el de la otra.

En Iris, escuchamos un eco de su reacción al goce materno incestuoso, de su objeción al mismo, en esa repugnancia a la que ella refiere recordar con nitidez, una vez caído el mito materno. ¿Recuerdo encubridor? O más bien nos evoca cuando Freud planteaba, en la proximidad de una construcción acertada, la emergencia en el sujeto de una escena que cobra el estatuto de una nitidez cuasi-alucinatoria. ¿No podríamos pensar, entonces, que la construcción delirante que lleva a cabo el trabajo de su psicosis, en ese esfuerzo de auto-elaboración que es el delirio, le permite la construcción –valga la redundancia– de este dique que sería la repugnancia frente al goce enloquecedor de esta madre? Dique que cobra fuerza desde esas imágenes de nitidez cuasi-alucinatoria, más que del improbable lugar de un recuerdo encubridor, como retorno de lo reprimido.

En apretada síntesis, y para concluir, diremos que el pasaje al acto no fue sin consecuencias decisivas en la posición no sólo de la hija, sino también de la madre. No es lo mismo permanecer sobre el borde de la no efectuación de una escena criminal, en el goce de esa inminencia al mismo tiempo improbable para ella, que haber visto –aunque esto fuera difícil de creer– pasar al acto a su hija en la certeza de aquella inminencia. Luego del acto parricida de su hija, Raimunda sigue, a través de sus escritos, en la pelea con Lumen, hablando a Iris como si el padre no hubiera muerto –y desde el mismo odio de siempre–, pero, además, sometida luego a la "*locura agresiva*" de Iris –según sus propias palabras–, como antes a la de su esposo. Iris ya no será, para esta madre, su buena y dócil hija.

Del parricidio, su lógica

El término parricidio jurídicamente tiene una extensión variable de acuerdo a los códigos penales de que se trate en los diferentes estados. Sin embargo, conviene dejar claro que nunca refiere sólo al padre, como se podría llegar a entender, sino que recae sobre todos aquellos con quienes se mantiene un lazo de parentesco directo, y a veces no tan directo.

Cuando Pierre Legendre, quien trabaja en el cruce del discurso jurídico y el psicoanalítico, habilita el término *parricidio* para ser retomado y pensado en el campo propiamente psicoanalítico, lo hará abordando y estableciendo una lógica del acto parricida, cuyo punto de partida radica, precisamente, en advertir contra toda banalización de la noción de *homicidio del padre*, "demasiado cercado por doctrinas que lo trivializan"[453]. Hemos puntuado en capítulos anteriores cuál es esta lógica, fundada ampliamente en el mito freudiano del asesinato del padre, el cual será desentrañado a partir de una lectura que extrae del mismo toda su complejidad y sus consecuencias. Resaltemos algunos puntos, en función de poner en consideración ciertos malentendidos.

Se argumenta –en el caso de Capurro y Nin– que, como habría dicho Lacan, "nadie tira contra su padre apuntando expresamente contra él": Edipo no sabe que

---

453 *Cf.* Legendre, P., *El crimen del cabo Lortie. Tratado sobre el Padre*, Siglo Veintiuno, México, 1994, p. 108.

mata a su padre, es más, se aleja de su padre –adoptivo– "para no correr el riesgo de golpearlo"[454]; se dice también –de parte de otros autores que han comentado el texto *Extraviada*– que se trata de un pasaje al acto que "intencionalmente" no nombran como parricidio, sino hasta después de haberlo cometido, porque es en ese después que se instauraría el padre. Así, nos dice Adriana Bugacoff: "Si aceptáramos por un instante la idea de que el pasaje al acto de Iris es un parricidio, nos toparíamos con la evidencia casi grosera de que la temática de la filiación está presente. Sin embargo, lo singular es que Iris requiere del pasaje al acto (e intencionalmente, no lo nombro como parricidio) para constituir recién entonces un padre. Ésta es una de las caras del pasaje al acto: a través del acto se provee un padre"[455].

Ambas posturas apuntan, en sus argumentaciones, contra la lectura de este *acto loco*, protagonizado por Iris, en términos de *parricidio*, según la lógica planteada por Legendre. Sin embargo, ambas posturas, quizás la misma en definitiva, no dejan de argumentar, sin saberlo, en favor de lo que Legendre –según mi interpretación– articula como la lógica del parricidio. Destaquemos entonces estos dos puntos esenciales que él nos transmite:

1– No se apunta directamente contra el padre, la madre, la hermana, porque lo que en verdad está en juego es atacar la Referencia fundadora, en la imagen que fuera, que podría encontrar su representación en ese padre, en esa madre, en esa hermana o aún, en la Asamblea de Québec.

---

454 *Cf.* Capurro, R. y Nin, D., *Op. Cit.*, p. 227.
455 Bugacoff, A., *Iris Cabezudo: acerca del extravío*, Laborde Editor, Rosario, 2000, p. 207.

2– Se ataca la Referencia enferma. Esto es, la Referencia que obtura el lugar de Tercero que le sería consustancial, anulando de ese modo la función del padre simbólico. En su acto, dice Legendre, el parricida intenta restaurar el padre simbólico. En consecuencia, se entiende que si es esto lo que el acto parricida viene a restaurar, esto mismo nos dice que no hay padre sino por este acto. ¿Pero lo habrá por este acto?: he ahí la intrincada lógica del acto homicida, en tanto loco, que viene a dejar al sujeto en un callejón sin salida.

Es por ello, y no por otra razón, que Legendre restaura el término de *parricidio* para desentrañar la lógica de un tal acto. Loco, precisamente, porque no se puede intentar restaurar esta función Tercera de la Referencia fundadora y sostener este mismo acto desde una pretendida Autofundación. Es el callejón sin salida al que nos hemos referido largamente: en el acto parricida el sujeto sucumbe en la intención malograda de fundar un padre y con ello un lazo filiatorio. El *parricidio* funda un padre, siempre y cuando ese asesinato tiene lugar en lo simbólico y se sustenta en su fantasma, es decir, ya no en tanto acto loco. De lo contrario, si el mito parricida no es tomado en las redes de la metáfora paterna, sufrirá entonces el destino que en el delirio y/o en el pasaje al acto le espera. Este texto pretendió versar, precisamente, en cuanto a sus posibles consecuencias.

Al comienzo de este capítulo, nos preguntábamos por qué los autores borraban su propia letra, aquella que en una primera edición del texto aparecía en el título: *Extraviada. Del parricidio al Delirio*. En la segunda edición, sólo se titula: *Extraviada*. A nuestro modo de ver, no está a la altura de la riquísima investigación y de sus rigurosas argumentaciones, de las que nos proveen a lo largo del texto, el fundamento por el cual pretenden renunciar a la noción de *parricidio*, cuya lógica desentrañó Legendre. Así nos

dicen: "El acto de Iris, al precipitarse y matar a este personaje que al parecer no sostuvo para ella la función paterna, no se inscribe como 'asesinato-del-padre', *en el sentido
freudiano*. Su caracterización como parricidio se circunscribe a su sentido legal, que incluye por ejemplo también el
asesinato de una madre. En consecuencia, *evitaremos* este
término *que no puede de ningún modo pretender nombrar
psicoanalíticamente este crimen*. Entonces, ¿qué pretendió
Iris solucionar así, incluso sin saberlo?" [Las cursivas son
nuestras]. Y en nota aclaran: "Por tal motivo esta segunda
edición de Extraviada elimina el subtítulo de la primera"[456].

No queda claro a qué se refieren los autores cuando
destierran el término *"parricidio"* por su no pertinencia,
"en el sentido freudiano", para nombrar este crimen. Iris,
precisamente, ataca la Referencia –enferma– en la *imagen* de este padre, *personificación* para ella *del crimen*.
Este padre que, por su posición subjetiva, se hace portador de esta representación del *tirano doméstico*, de aquel
que obtura desde un tal lugar la función y la eficacia del
padre simbólico. En ese sentido, el propio argumento de
los autores viene a nuestro favor: no se tira directamente
contra el padre, se ataca la imagen portadora de la Referencia –enferma–.

Que Iris haya pasado al acto según "el dictado
materno" no deja sin efecto el nombrar a este acto como
parricida, según nuestra lectura. Iris, del entorno familiar, es la única que podría haberlo realizado, señalan con
toda pertinencia los autores. Iris está en las redes tanto
de la locura paterna como de la materna, y no hay manera de separarse de esta madre sino haciendo efectivo ese
crimen, propiciado sí por Raimunda, bajo el particular
modo –y goce– de anunciar largamente la posibilidad de

---

[456] Capurro, R. y Nin, D., *Op. Cit.*, p. 229.

ser asesinada por su esposo. No es, o no sólo, matar para
defender a la madre, sino la pretensión de fundar con ello
un padre. No en vano, aunque no deje de arar en el mar, su
delirio posterior al acto: allí aflora el odio hacia su madre,
y, al mismo tiempo, alguna restitución del lazo filiatorio,
al quedar ella situada, al igual que el padre, en términos
de una "locura agresiva". Allí donde restituir no es instituir, sino un intento –una vez más– malogrado de hacer un
padre, de restaurar al padre en su función.

"Evitaremos este término" dicen los autores, "intencionalmente no utilizo el término parricidio" se dice en el
otro artículo citado, no obstante, en uno y otro, el término
reaparece, insiste, y resiste a su borradura. En la tercera
edición del texto *Extraviada*, el título sufrirá una nueva
modificación: *Yo lo maté –nos dijo–, es mi padre (Nueva
escritura de Extraviada)*[457].

---

[457] Texto cuya lectura aún no he realizado.

Conclusión: Acerca del acto

El acto analítico

Luego de muchos años de recorrido, en los cuales se abrieron diversas problemáticas en la enseñanza de Lacan, su Seminario de los años 67 y 68, intentará ceñir de un modo cada vez más riguroso y preciso la praxis que nace del descubrimiento freudiano del inconciente. Se trata siempre, y en todo momento, desde Freud o desde Lacan, de dar cuenta de ese dispositivo que hace posible una práctica clínica caracterizada por su ruptura con toda concepción positivista del sujeto del conocimiento en que se asienta la Psicología, y sus variantes a lo largo de diferentes épocas.

Definir en términos de *acto* aquello que hace al corazón mismo de nuestra praxis, y sus efectos en el sujeto, supone un paso decisivo en el avance de las formulaciones teóricas que dan cuenta de la misma. Ya no sólo se trata meramente de un hacer clínico, sino de especificar a este último a partir de dicha noción. Cuestión ya perfilada desde la temática abierta el año precedente en su enseñanza, cuando se abordó la Lógica del fantasma, y donde la noción de acto constituyó el hilo conductor de las argumentaciones a lo largo del Seminario.

Si bien el campo de las intervenciones del analista abriga más de una vertiente, aquello que define con precisión su acto es la interpretación. Esta última, en tanto corte, pone en acto la función significante en la palabra y su articulación al inconciente, por donde deja de reflejar

la identificación yoica, para abrir, en el retorno de lo reprimido, la hiancia de la repetición significante. El discurso
muestra allí su estofa de discontinuidad, de inacabamiento
en el orden del sentido, de falla, siendo esta última la que
representa en última instancia al sujeto.

Las formaciones del inconciente ponen de manifiesto
dicha discontinuidad, haciendo lugar a la interpretación
analítica, a partir de la cual es posible sostener que un significante, en su función de retorno de lo reprimido, es lo
que representa al sujeto para otro significante. Definición
que, al mismo tiempo, está planteando la representación
del sujeto *por* la vía significante, y *en* la falla que le es
inherente: es en ese *entre* significantes, de cuya repetición
se trata, que se abre la dimensión del objeto causa del
deseo, objeto cuya falta es estructural. El sujeto quedará
representado tanto por el significante como por la pérdida del objeto que habilita esta misma función significante.
El sujeto, en última instancia, está en el intervalo significante, en el silencio que emerge en ese re-envío de un
significante a otro. Ningún significante llega a decir acerca
del objeto que causa el deseo, perdido desde siempre, y
en estrecha vinculación con el enigma del deseo del Otro
del que ha nacido.

La interpretación entendida en estos términos, en tanto corte, y en el marco del dispositivo transferencial, define entonces el acto propio del analista. En el Seminario
consagrado a este último, Lacan seguirá precisando todo
lo relativo a su lógica, y donde no sorprende ver a Lacan
volver una vez más a las preguntas más elementales, para
desde allí relanzar la problemática: "¿qué es ser psicoanalista? Hacia este objetivo se encamina lo que trato de
decirles este año bajo el título del acto psicoanalítico. [...]
¿Qué es en efecto el psicoanálisis? [...] es la cura que se
espera de un psicoanalista".

Respuesta sólo en apariencia tautológica, ya que, en verdad, nos abre hacia la complejidad del acto a partir del cual alguien puede ser calificado de analista. Es habiendo sido psicoanalizante, y habiendo llevado lo más lejos posible las consecuencias del acto en su propio análisis, que alguien puede hacer ese pasaje de analizante a analista. ¿Qué significa "las consecuencias del acto"? Significa haberse topado con el límite que es el fin último del análisis, su roca misma: el objeto causa del deseo, ese vacío de goce que habría sobrevivido velado por el fantasma. Siendo de este último que abrevaban los síntomas, no sin abrigar en ellos mismos la falla, la falta constitutiva.

Los síntomas, vía el fantasma, son ya una interpretación, una respuesta al enigma del deseo del Otro. La interpretación analítica "lee de otra manera" esa cadena que es ya una articulación significante, "es una re-traducción"[458], emergiendo de lo que allí se muestra como falla, en esa laguna, en esa contradicción, en esa ambigüedad discursiva, que abre desde el sinsentido a otro sentido posible, sin por ello anular el silencio que lo habita. "El acto está en la lectura del acto", revelando en ello la temporalidad que le es propia: el efecto *nachträglich*[459]. El analista devuelve allí al sujeto su propio mensaje en forma invertida, transpuesta, advirtiendo la falla misma que cobija el síntoma. Si el analista está en ese otro significante que vuelve al sujeto, no menos lo estará en el intervalo entre uno y otro, lugar mismo del objeto y su ineludible caída.

El acto, en tanto corte revelador de la falla misma, disuelve cada vez esa ilusión que abriga la transferencia: hay un sujeto que puede saber sobre el enigma del deseo del Otro. Pero no es sin esta ilusión que se sostiene el

---

[458] Lacan, J., *El acto psicoanalítico*, impreso por Discurso Freudiano–Escuela de Psicoanálisis, Traducción: Silvia García Espil, clase 29/11/1967, p. 23.
[459] *Ibíd.*, 22/11/1967, p. 12.

dispositivo analítico. Ilusión verdadera, si las hay, ya que forma parte de la estructura misma: Lacan lo plantea en términos de una coalescencia del Sujeto supuesto saber –cuyo soporte será el analista– y la estructura[460].

Ahora bien, si el analista *advierte* en el síntoma su hiancia, es porque "habiendo sido psicoanalizante", él se habría visto atravesado por esa misma verdad que hace tope a toda ilusión de saber. Por tanto, en las antípodas de un sujeto en el saber absoluto, es un sujeto *advertido* de la castración que funda su deseo, y del des-ser que le es concomitante. Todo acto, al mismo tiempo, es un re-acto, dado que sólo puede serlo en la medida misma que re-envía al sujeto a la hiancia, a la falla en que se ha fundado su ser deseante[461]. El acto analítico supone, en su finalidad última, la caída del Sujeto supuesto saber, reducido ahora a un residuo, un resto, del que se hace soporte el analista. Adviene allí ese objeto *a* como causa de la división del sujeto, revelando el vacío de goce que le daba sustancia.

El acto analítico tendrá, por tanto, una faz significante, y otra, en estrecha correlación con la anterior, que se ahueca en el silencio del objeto-falta, del enigma jamás revelado, de la ilusión cada vez caída. Dimensión del acto que ya Freud advertía al abrir la senda del descubrimiento del inconciente. No dejó de nombrar el *fallido* propio de la palabra en términos de *acto*, así como también habló del *acto sintomático*, o del *agieren*, ese *actuar* en transferencia. La *gama del acto*, tal como la nombra Lacan al comienzo de su Seminario sobre El acto, se abre, desde Freud, hacia más de una dirección. El asunto, desde Lacan, es hacer fructificar estas distintas vertientes en la definición del acto por donde el analista se revela en tanto tal. Y el sintagma

---

[460] Lacan, J., *De un Otro al otro*, Libro 16, Editorial Paidós, Buenos Aires, 2008, p. 353.
[461] *Ibíd.*, 20/3/1968, p. 21.

acto fallido es el que mejor emplaza la problemática del acto: no sólo el fallido es un acto, sino que es su carácter de fallido, de falla, lo que va a definir para Lacan el acto. El acto es significante, entonces, no sin la falla constitutiva que hace tope al orden del sentido, razón por la cual ningún acto se realiza en su plenitud de acto, allí donde el sujeto y el saber pudieran confluir. Saber que no puede sino remitirnos al saber sobre el sexo. Esa no plenitud, esa naturaleza del acto que se muestra en su falla misma es lo que con toda pertinencia viene a nombrar el término castración: "Es el sujeto que ha cumplido la tarea (psicoanalizante) al cabo de la cual se realizó como sujeto en la castración en tanto que fallo hecho al goce de la unión sexual"[462].

En *Lógica del Fantasma*, donde el abordaje del *acto* sexual constituye su meollo mismo, leemos una definición de *acto* que se asienta en los siguientes cuatro puntos: el acto es significante, es un significante que se repite y es creado a partir de un solo corte, es instauración del sujeto como tal –de un acto verdadero el sujeto sale diferente, su estructura es modificada por el corte– y, por último, el sujeto no puede reconocer ese acto en su verdadera pendiente inaugural, está tomado en la renegación –*verleugnung*–.

Decir que *el acto es significante*, primer punto de esta definición, podría condensar, si se quiere, los siguientes tres ítems en los cuales la misma se desgrana. Basta pensar que el significante no es la palabra, es decir, que dicho corte le es consustancial y supone la caída en acto del objeto, en consecuencia, la emergencia de la *escisión* constitutiva del sujeto, de la cual es tributaria la *renegación* planteada. No obstante, uno de esos puntos subraya de modo decisivo las consecuencias del acto: "de un acto verdadero el

---

462 *Ibíd.*, 17/1/1968, p. 12.

sujeto sale diferente, su estructura es modificada por el corte". Modificación que supone cierta ruptura con aquella coalescencia de la que hablamos entre el Sujeto supuesto saber y la estructura, re-abriéndose la hiancia que dicho sujeto recubre. En otros términos, y retomando *Los cuatro conceptos fundamentales del Psicoanálisis* de Lacan, la interpretación que definimos en términos de acto analítico supone un ir más allá de la Identificación en la que se sostiene el Ideal del yo. La repetición significante deja en suspenso la identificación, de donde surgirá un sujeto cuya estructura se verá modificada por esta puesta en suspenso, por ese ir más allá del soporte identificatorio, desatando cada vez el lazo que allí se anudaba al objeto fantasmático.

Ahora bien, ¿de qué no nos habla aquella definición de *acto* que Lacan hace valer también para el acto analítico? Del lugar del analista, el cual, aunque implícito en esa definición, no nos dice aún del movimiento que habilita la emergencia misma del acto que define su lugar. Tema que parece obsesionar más a Lacan en el Seminario del año siguiente, volviendo, como decíamos antes, a las preguntas más elementales: ¿"Qué es ser psicoanalista?", "¿Qué es en efecto el Psicoanálisis?" Para precisar luego: "Del Psicoanálisis, partamos de lo que por ahora es nuestro punto firme: que se practica *con* un psicoanalista". Destacando en ese *con* su sentido instrumental: "Si lo que hay del saber deja siempre un *residuo*, un residuo de algún modo constituyente de su estatuto, la primera cuestión que se plantea es a propósito del partenaire, del que allí es no digo ayuda sino *instrumento* para que se opere algo que es la tarea psicoanalizante al término de la cual el sujeto, digamos, está *advertido* de esta división constitutiva, después de lo cual, para él, algo se abre que no puede llamarse de otro modo distinto que *pasaje al acto*, digamos, *esclarecido*, es justamente por saber que en todo acto hay algo que, como sujeto, se le escapa [...]" [La cursiva es nuestra][463].

En la reunión siguiente del Seminario, volverá sobre este mismo punto, sin hablar ya de sujeto *esclarecido*, y retomando exclusivamente el término *advertido*, más pertinente para plantear la posición del sujeto en relación a su propia división: "No hay psicoanalizado, hay 'un habiendo sido psicoanalizante', de donde no resulta más que un sujeto *advertido* de eso en lo cual él no podría pensar como constituyente de toda acción suya. Para concebir lo que debe pasar con ese sujeto advertido [...] Sólo es juzgable con respecto de un *acto a construir* como aquel donde reiterándose la castración se instaura como *pasaje al acto*, de igual modo que su complementario, la tarea psicoanalítica misma se reitera anulándose como sublimación" [La cursiva es nuestra][464].

La pregunta, entonces, es allí por el partenaire que hace posible la tarea analizante, *con* el cual es posible, en tanto instrumento que re-lanza esta última para operar en ella el corte propio del acto. Si él se hace soporte de la función del Sujeto supuesto saber, únicamente podrá hacerlo en tanto sujeto *advertido* de su división constitutiva, posición desde la cual *pasa al acto*, por el cual, produciéndose "la eyección del objeto *a*"[465], cae en el *des-ser*: "*reiterándose la castración se instaura como pasaje al acto*". Lo que vale como *acto* al término de la tarea psicoanalizante, para el sujeto, no es sin dicho *pasaje al acto* del lado de su analista, el cual, repitamos, habiendo sido psicoanalizante está *advertido* del recubrimiento que opera el Sujeto supuesto saber sobre la hiancia causal del deseo.

---

463 *Ibíd.*, 13/3/68, p. 12 y 13.
464 *Ibíd.*, 20/3/1968, p. 25.
465 *Ibíd.*, p. 21.

Ahora bien, en este movimiento que define la naturaleza misma del acto analítico, ¿las nociones de acto y de pasaje al acto quedan superpuestas?

Pasaje al acto

Si la noción de acto parece allí replegarse sobre la de pasaje al acto, no por ello debemos confundirlas. Pareciera que, en esos enunciados, la noción de pasaje al acto imprimiera a la de acto la fuerza de la ineludible caída del objeto, es decir, de la castración: pasaje del "habiendo sido psicoanalizante" al lugar del analista. Ese sujeto *advertido*, habiendo atravesado él mismo su análisis, *pasa al acto* en el cual se reitera la castración y es desde ahí que se construye el *acto* que opera en el psicoanalizante. Se trata entonces de un *acto a construir* desde la tensión misma que se establece entre el sujeto *advertido*, desde el cual se hace soporte del Sujeto supuesto saber, y aquello de lo cual está advertido: su escisión misma, la ineludible caída del objeto. Se trata de un *acto a construir* sobre la base de este *pasaje al acto* del analista, en la reiteración de la castración. Reiteración que remite al corte inaugural del sujeto tanto como a la castración, cuya experiencia ha atravesado el propio analista en su análisis.

No podemos, por tanto, desprender esta utilización de la noción de *pasaje al acto* del contexto mismo en el cual cobra sentido, legitimándola. Por lo demás, según entendemos, la noción de *pasaje al acto* conserva su autonomía conceptual respecto de la de *acto*. Lo cual no obsta para que nos interroguemos ahora, a la inversa, y para mejor establecer dicha autonomía, acerca de cómo podría enriquecerse la noción de *pasaje al acto* desde esas nuevas conceptualizaciones en torno al *acto analítico*. ¿Qué conserva del *acto* el *pasaje al acto*?

Allouch, trabajando sobre el pasaje al acto de Margarita Anzieu, se interroga sobre la proximidad de ambas nociones, y también sobre sus diferencias. Recorre, en primer lugar, los puntos que definen el acto y que no podríamos negarle a la noción de pasaje al acto: el acto posee siempre una dimensión relativa al lenguaje –es el caso del *niederkommen* de la joven homosexual, o del crimen de las hermanas Papin, que escenifica, al arrancar los ojos de sus víctimas, las "metáforas más gastadas del odio"–, el acto implica compromiso y el acto es un acontecimiento que acarrea consecuencias. Tres caracteres de innegable presencia en el pasaje al acto, pero que alcanzarán mayor precisión estructural en las siguientes dos determinaciones y de las cuales participan también ambas nociones: en primer lugar, "todo acto –dice Lacan en este Seminario– promete a todo aquel que toma la iniciativa de llevarlo a cabo, ese fin que señalo en el objeto *a* minúscula", y, en segundo lugar, el acto "no implica, en su momento, la presencia del sujeto"[466].

Identificación al objeto y ausencia del sujeto en el momento del acto se convierten, por tanto, en las coordenadas que sitúan tanto el pasaje al acto como el acto. Allouch avanza en su interrogación para aproximar luego, de algún modo, el *hacer* de la tarea psicoanalizante que instauraría el acto, a esa otra batería *acting out*/pasaje al acto, donde el primero quedaría del lado del *hacer* transferencial[467]. Ahora bien, ¿dónde, en qué punto, se detendrán las proximidades para hacer lugar a una diferencia

---

[466] Allouch, J., *Marguerite. Lacan la llamaba Aimée*, Editorial Epeele, México, 1995, p. 478.
[467] *Ibíd.*, p. 479.

decisiva? En aquel que define de qué sujeto se trata, lo cual supone interrogar su posición en relación al lenguaje y al campo del goce.

Un sujeto *advertido* de su división constitutiva está en las antípodas del sujeto cuyo pasaje al acto homicida fue el objeto de interrogación a lo largo de este texto. Con lo cual, aquellas coordenadas que aproximaban ambas nociones, sin dejar de hacerlo, se vuelven imprecisas a la hora de definir su diferencia, tomando como eje la pregunta por el sujeto. Si la posición subjetiva difiere tan radicalmente, diferirán, en consecuencia, el objeto en juego, aunque siempre hablemos del objeto *a*, y la ausencia del sujeto de la que se trate.

La no contemporaneidad del sujeto y el acto, presente en ambos casos, no supone el mismo tipo de ausencia del sujeto. Mientras en el acto analítico la no presencia del sujeto supone quedar confrontado a su división constitutiva, y a la caída del objeto, en el pasaje al acto homicida la ausencia del sujeto se define a partir de su identificación masiva a un objeto, no vaciado de goce, sino relativo al goce del Otro. El Otro del que se trata no está barrado, y es esta ausencia de barradura, la que, a falta de otros recursos propios del trabajo de la psicosis, empuja al acto, cobrando la forma de una ley superyoica de la que el sujeto no se puede sustraer.

En el acto loco homicida el sujeto se precipita hacia un abismo, en cuyo fondo sólo puede encontrar la aplastante identificación al objeto. Y esa determinación abismante nada tiene que ver con la escisión a la que se confronta el sujeto –ausente por ello mismo– en el acto, y del que saldrá *advertido*. Allouch utiliza el término *advertidor* para precisar la posición del sujeto en el pasaje al acto psicótico. *Advertidor*, no *advertido,* en el sentido, entendemos, en que siempre estará en juego allí una relación muy particular con el saber, donde no se trata de una demanda dirigida al Sujeto supuesto saber, sino, de un *hacer saber*, a través de su pasaje al acto. *Hacer saber* que hay algo que el sujeto ya no seguirá tolerando respecto de un Otro no barrado, que no deja de ubicarlo, de un modo u otro, según su certeza delirante, como objeto de su goce. Pero el pasaje al acto no dejará de ser una encerrona, donde el sujeto no podrá escapar a aquel aplastamiento por el objeto.

Es como *arar en el mar*, decían los autores de la fábrica del caso, a propósito del crimen de las hermanas Papin, es un callejón sin salida, decía Pierre Legendre, respecto de la pretendida autofundación del sujeto. De un modo u otro, tras el pasaje al acto homicida el sujeto re-encuentra ese lugar de objeto del que pretendía escapar. El pasaje al acto homicida se entrelaza muchas veces con la idea misma de suicidio, precediéndolo, a veces, otras incluyéndose en la misma planificación homicida, o bien sobreviniendo después.

Wagner quiso primero suicidarse, planificó luego el homicidio que culminaría con su propia muerte, le fue impedida, pero él no dejó de pedirla, clamando por un Tribunal que lo juzgue, y lo decapite. Lortie también quería morir en el ataque perpetrado contra la Asamblea de Quebec. Pierre Rivière había planificado su muerte después del crimen, la esperó luego estando confinado, y se la dio por propias manos, finalmente. La *caquexia vesánica* en la que caerá Christine Papin y de la que se deja morir no nos habla de nada diferente; así como tampoco el destino último que sufrió Iris Cabezudo.

"Todo acto –decía Lacan– promete, a todo aquel que toma la iniciativa de llevarlo a cabo, ese fin que señalo en el objeto *a* minúscula". Sí, pero en el pasaje al acto homicida, tal como lo hemos considerado, no es aquel que se ha vaciado de goce, sino, por el contrario, donde la certeza de goce del Otro no ha dejado de imperar.

Este libro se terminó de imprimir en agosto de 2016 en Imprenta Dorrego (Dorrego 1102, CABA).

www.ingramcontent.com/pod-product-compliance
Lightning Source LLC
Chambersburg PA
CBHW020341270326
41926CB00007B/268